혁명의 맛

혁명의 맛

음식으로 탐사하는 중국 혁명의 풍경들

가쓰미 요이치
임정은 옮김

교양인
GYOYANGIN

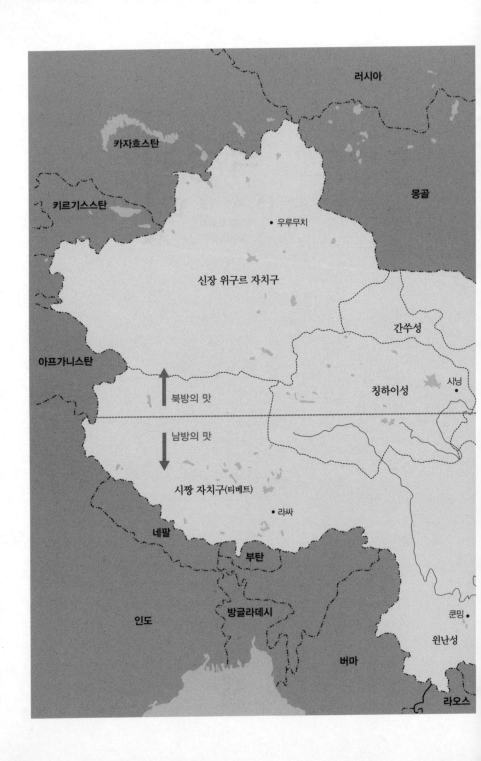

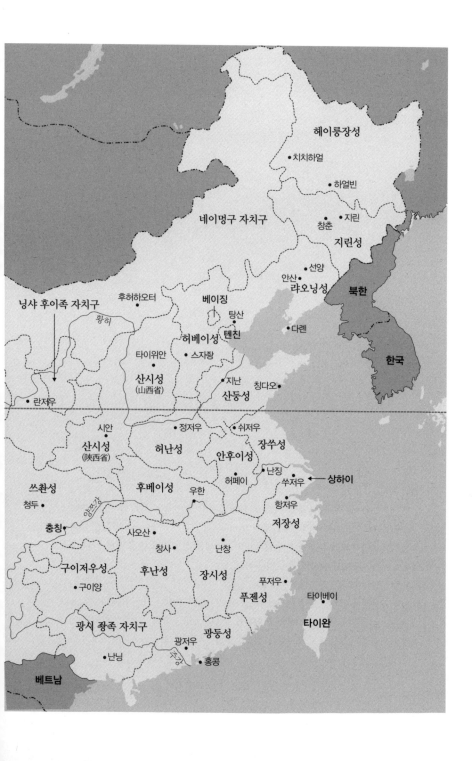

| 일러두기 |

1. 이 책은 2009년 '아사히신문출판(朝日新聞出版)'에서 출간한 《중국 요리의 미궁(中國 料理の迷宮)》(문고판)을 저본으로 삼아 번역하였다. 원서 초판은 2000년 고단샤(講 談社)에서 출간되었다. 특별히 이 책의 9장 '고추와 쓰촨 요리의 탄생'은 한국어판을 위해 저자가 2012년에 새로 쓴 글이다.

2. 본문 하단의 각주는 옮긴이가 작성했다.

3. 외국 고유명사 표기는 현행 외래어 표기법을 기본으로 삼았다. 중국 인명과 지명은 중화민국 시기를 기준으로 하여, 그 이전에 활동했던 인물과 그 이전에만 쓰였던 지 명은 우리 한자 발음으로 표기했다. 음식점, 희원(극장), 학교 이름은 기본적으로 우 리 한자 발음으로 표기했으며, 음식명은 대부분 중국어 발음으로 표기했다.

맛으로 읽는 중국 현대사

중국의 속도에는 혀가 내둘러진다. 1990년대 후반까지만 해도 중국에서 국내 우편물을 부치면 닷새는 예사로 걸렸다. 항공 회사는 놀랍게도 예약과 발권을 아직 완전히 전산화하지 않은 상태였다. 그런데 2, 3년이 채 지나지 않아 중국인들은 워드프로세서의 존재를 알지 못한 채 시대를 질주하여 하루아침에 컴퓨터를 널리 애용하게 되었다. 물론 질이 꽤 좋은 중국산 소프트웨어와 온갖 해적판 소프트웨어도 빠짐없이 갖추었다.

그뿐 아니다. 중국은 전국 가정의 유선 전화기 보급률이 10퍼센트에 못 미치는 상황에서 순식간에 세계 2위의 휴대전화 대국 자리에 올라섰다. 중국 청소년들에게 전화기는 곧 '휴대폰'이며 '집전화'라는 것은 존재조차 모른다. 일본에서는 집집마다 한 대씩 놓은 전화기가 다이얼 방식에서 버튼식으로 바뀌고 팩스 복합기로 발전하는 데만 수십 년이 걸렸다. 진보의 역사가 이렇게 단숨에 생략될 수 있다니 놀라울 뿐이다.

자기부상열차에 이르러서는 중국이 벌써 일본을 앞질렀다. 이제 중국에서는 국제적 선진 기술이 연달아서 현실이 된다. 자본주의 국가가 경험한 아날로그 시대를 알지도 못하고 맛볼 기회도 없었던 사람들이 눈앞의 디지털 기술에 냉큼 달려든다. 디지털 세계에서 기술은 새로울수록 좋다. 반년 전 기술도 퇴물이다. 현대화라는 말로는 부족하다. 현대를 뛰어넘어 미래화하고 있는 게 아닌가 싶다. 에이, 도시 지역이나 그렇지. 옛날이나 지금이나 똑같은 농촌에 가봐. 이렇게 말할 사람이 있을지 몰라도, 지금 중국의 도시가 급변하고 있다는 것은 틀림없는 사실이다.

그렇다면 오늘날 중국 음식은 어떻게 바뀌었을까? 이를테면 다른 별에서 온 우주인이 '지구인 미각 조사대'를 만들어 현재 지구상에 존재하는 모든 요리를 샅샅이 조사했다고 해보자. 중국에 대해서는 아마 이런 결과가 나올 것이다.

'지구상에서 가장 매운 요리를 즐기는 지역'.

그럴 리가 없다는 생각이 들 것이다. 물론 쓰촨(四川) 요리가 맵다는 건 누구나 안다. 하지만 광둥(廣東) 요리나 상하이(上海) 요리나 베이징(北京) 요리는 인도의 카레보다 덜 맵지 않은가 하고 고개를 갸웃하게 된다.

그러나 최근에 한 중국 기관의 협조를 받아 '베이징 맛집 베스트 10'이라는 가벼운 기획을 진행해보니, 맛을 내는 기술과 완성도와 가게 분위기까지 따져봤을 때 선정된 열 군데 중 베이징 전통 음식점은 얼마 없었다. 그밖에는 몽땅 쓰촨 요리나 쓰촨 식으로 맵게 만든 지방 요리를 내놓는 가게였다. 바야흐로 베이징은 매운맛 문화권에 속하게 되었다. 그렇게 된 계기로는 원래 매운맛 문화권에 살던 노동자가 베이징이나 상하이 같은 대도시에 유입되었다는 것을 꼽을 수 있겠다.

한편 매운맛 요리에도 유행이 있어 새로운 스타일이 연이어 개발된다. 수도의 요리사가 갈고 닦아 세련되게 반짝이는 쓰촨 요리 앞에서 베이징 전통 요리는 도리 없이 광채를 잃는다. 이상한 일이다. 시대의 흐름마저 매운맛 편을 드는 듯하다. 이런 경향은 본디 매운 음식을 잘 못 먹는 지역인 상하이에서도 마찬가지다. 도대체 이게 무슨 일인가, 중국인이여. 순수한 미각을 지닌 베이징 사람, 광둥 사람, 상하이 사람은 이제 사라진 것일까?

그보다 젊은 세대 중국인들이 고향 땅의 맛보다 쓰촨의 맛에서 새로움을 느끼고 있다는 설명이 맞을 것이다. 젊은 세대가 디지털적인, 그러니까 1 아니면 0이라는 식의 뚜렷한 맛을 좋아하는지는 잘 모르겠지만 말이다. 매운맛으로 쏠리는 신세대를 구세대가 제어하지 못하는 상황이 아닐까 싶기도 하다. 지구 전체가 매운맛을 선호하는 추세로 가고 있다는 생각도 든다.

요즘은 외국인들도 즐겨 먹는 '충칭휘궈(重慶火鍋)'를 드셔본 적 있으신지? 한때 중국을 휩쓸었던 열광적인 인기는 잦아들었지만, 지난 20여 년 동안 중국 전역에서 끊임없이 사랑받고 있는 전골 요리다. 먼저 매운 국물이 그득 담긴 냄비가 나온다. 국물 맛은 음식점에 따라 조금씩 다르긴 하나 기본적으로 가오탕(高湯, 돼지 뼈를 고아 우린 국물)에 고추, 쏸차이(酸菜, 시큼한 채소 절임), 화자오(花椒, 초피), 생강 따위가 들어간다. 한입 삼키면 바로 얼굴이 얼얼해질 정도로 맵다. 이 냄비에 갖가지 건더기를 취향에 따라 넣고, 곱게 간 깨와 푸루(腐乳, 삭힌 두부)를 기름에 푼 사차장(沙茶醬)에 찍어 먹는다.

이 사차장과 비슷한 것이 베이징 명물인 양고기 샤브샤브 '솬양러우(涮羊肉)' 국물이다. 솬양러우는 원래 몽골과 이슬람 지역에서 먹던 요리였다. 그렇다면 혹시 충칭훠궈도 렌궈쯔(連鍋子, 고추와 초피로 양념한 내장탕)에서 유래한 것은 아닐까?

아니, 나까지 유래를 찾아 나설 필요는 없다. 이미 온갖 전설이 창작되어 퍼져 있다. 쓰촨에 살던 뱃사공이 만든 요리라거나, 쓰촨 대갓집의 전통 요리였다거나, 신해혁명이 일어나기 전에 어느 사상가가 나라의 앞날을 염려하면서 매운 국물 요리를 먹고 눈물지은 데서 유래했다거나…… 믿을 만한 이야기는 없지만 앞으로 수십 년만 지나면 그중 하나가 정설이 될 게 틀림없다. 중국인은 원래 전설 만들기를 좋아하는 사람들이다. 스스로 지어낸 전설에 기대 결국 그것을 믿어버리기도 한다. 진(陳) 씨의 아내인 곰보 아낙(마파麻婆)이 만들었다고 전해지는 진마파두부(陳麻婆豆腐, 통칭 마파두부) 전설도 있다.

베이징에 충칭훠궈를 처음 소개한 곳은 호텔 중경반점(重慶飯店) 1층의 레스토랑이다. '충칭(重慶)'이란 이름을 단 체인점이 베이징 시내 곳곳에 생기면서 금세 인기에 불이 붙었다. 마침내 첸먼제(前門街)에 있는 베이징 솬양러우의 명가 정양루(正陽樓)가 1층을 개조해서 충칭훠궈를 팔기에 이르렀고, 누가 등이라도 떠민 양 새로운 충칭훠궈 음식점들이 앞다투어 문을 열었다.

가게를 꾸미고 냄비와 식기만 갖추면 누구든지 개업할 수 있고 그럭저럭 장사가 된다. 특히 냄비에 들어가는 국물과 양념이 전부 업소용 제품으로 나와 있는 덕분이다. 그러니 요리사가 없어도 된다. 극단적으로 말하면 어느 가게에 들어가든 맛도 똑같고 수준도 똑같다. 익혀서 먹을 수 있는 재료라면 뭐든 집어넣는다.(이건 좀 심한가?) 충칭훠궈를 딱히 싫어하지는 않지만, 지극히 안이한 요리라고 할 수 있다. 여하튼 중국 방방곡곡이 한 집 건너 훠궈집이다. 실패 사례는 딱 하나밖에 없었다. 베이징의 번화가 다스란(大柵欄)에 문을 열었던, 회전 초밥집을 흉내 낸 회전 충칭훠궈집이다. 개업하자마자 재미삼아 가봤지만 빙글빙글 도는 건더기 접시에 초밥 접시처럼 여러 번 손이 갈 리 만무했고, 아니나 다를까 얼마 못 가 문을 닫았다.

시간이 흐르면서 훠궈도 진화했다. 냄비를 두 칸으로 나눠 매운 국물과 순한 국물을 같이 맛볼 수 있는 '위안양훠궈(鴛鴦火鍋)'가 생겼고, 진화를 거듭한 끝에 냄비 한복판에 작은 냄비를 하나 더 붙인 '쯔무궈(子母鍋)'가 등장하기도 했다. 그리하여 1996년에는 베이징 북부의 둥즈먼네이다제(東直門內大街)가 기어이 훠궈 거리로 탈바꿈했다. 빨간 등롱이 빼곡히 들어차 휘황찬란하게 빛나는 길로 변모하면서 '구이제(鬼街)'라는 별칭이 붙었다. 이곳에서 만들어진 '마라샤오룽샤(麻辣小龍蝦, 민물가재를 맵게 조린 구이제 명물 요리)'와 후난(湖南)식 훠궈, 구이저우(貴州)식 훠궈 따위가 접전을 펼치고 있다.

훠궈는 이제 중국 전체를 아우르는 공통의 맛이 되었다고 할 수 있다. 각 지방 요리가 치열하게 군웅할거를 펼쳐 온 중국 역사에서 이런 일은 처음이다. 저마다 제일이라고 뽐내던 지방 요리의 팽팽한 경쟁 구도가 훠궈 덕분에 느슨해지기도 했다.

이처럼 베이징에 매운맛이 활개 치게 된 계기는 무엇일까? 기원은 1984년 여름으로 거슬러 올라간다. 그 시절 베이징 거리는 민간의 상업 거래가 갑자기 허용되면서 뜨겁게 들끓었다. 사회주의 국가인 중국에서 상점과 음식점은 전부 국영이었다. 그러던 상황에서 민간 경영이 가능해졌으니 자못 흥분되는 광경이었다. 첸먼제에는 옛 베이징의 영광이 되살아난 듯한 '중화부흥(中華復興)'의 기운이 흘러넘쳤다.

새로 생긴 음식점의 메뉴는 하나같이 간장에 절인 고기나 내장, 생선 조림 따위의 간단한 술안주에 단단멘(擔擔麵, 매콤한 비빔국수)과 자오쯔(餃子, 만두)뿐. 자오쯔는 베이징 음식이니 그렇다 치더라도 단단멘은 쓰촨 요리다. 그 자리에 있어야 할 베이징 전통 요리 자장멘(炸醬麵)은 어딜 가도 없는 게 아닌가?

돼지고기와 달짝지근한 톈몐장(甜麵醬)에 갖은 양념을 넣어 볶은 '자장(炸醬)'을 그릇에 담은 국수에 부어 비벼 먹는 요리, 베이징의 스타일 그 자장멘이 없다니. 그야 단단멘보다 자장멘 만들기가 더 품이 들긴 한다. 하지만 베이징의 '중화부흥'은 자장멘으로 이루어져야 했다는 생각을 지울 수 없다.

아마도 덩샤오핑(鄧小平, 1904~1997)이 인민의 인기를 한몸에 받으면서 그가 태어난 고향 쓰촨의 단단멘이 '시대'를 상징하게 되고, 곧 사람들이 가장 먹고 싶어 하는 음식으로 떠오른 게 아닌가 싶다. 시대의 요청이었던 것이다. 이제 와서 돌이켜보면 이때 벌써 베이징의 매운맛 문화가 시작되었다고 할 수 있다.

그렇다면 1984년부터 현재에 이르기까지 중국은 어떤 요리의 시대를 맞이해 왔을까?

　　단단몐과 자오쯔 열풍

　　솬양러우 가게의 시대

　　자창차이(家常菜, 가정식) 가게의 시대

　　광둥 요리의 시대

　　뱀 요리 열풍

　　달콤한 맛에 열광하던 시대

　　윈난(雲南) 요리 열풍

　　차오저우(潮州) 요리 열풍

　　이쿠쓰톈* 음식점의 시대

　　둥베이(東北) 음식점의 시대

　　맵디매운 훠궈 가게의 시대

대략 이 정도의 변화를 겪었다고 정리할 수 있다.

지금은 흥청거리는 세태를 반영하여 베이징에도, 상하이에도 고

이쿠쓰톈(憶苦思甜) 행복할수록 고생했던 지난날을 잊지 말자는 구호. 문화혁명 시기 중국에서 주로 제창되었다. 여기서 고생했던 지난날이란 사회주의 중국이 건설되기 이전을 뜻한다. 이쿠쓰톈의 일환으로서 당시 중국인들은 밀기울이나 쌀겨, 잡초, 풀뿌리, 상한 야채 이파리 따위 질 낮은 재료로 일부러 맛없게 만든 식사를 하며 지주에게 착취당하던 가난한 농민들의 삶을 추체험하도록 권장받았다.

급 회원제 클럽의 연회(宴會) 음식점 열풍이 불고 있다. 민간에서 중국 전역이 매운맛의 시대를 구가하고 있을 뿐 아니라, 군대 내부도 매운맛이 점령했다. 베이징의 해방군(解放軍, 중국인민해방군)은 도시 중앙부에 주둔하지 않는다. 전 부대가 과거 성벽이 있었던 시 외곽을 둘러싸듯 '대원(大院)'을 형성하고 있다.

대원이란 병사와 그 가족의 숙소, 유치원부터 중학교까지의 교육 기관, 병원과 영화관과 상점, 병사의 계급에 따라 나뉘는 주바오(酒保, 술집)와 식당을 비롯한 시설을 높은 벽으로 둘러친 군대 부지 안의 거대한 땅이다. 대원에 사는 군인은 전부 같은 고향 출신이다. 후난군이면 후난군끼리, 산시(山西)군이면 산시군끼리 모여 사는 것이다. 따라서 대원은 가장 순수한 지방 요리의 보고일 수밖에 없다. 한편 많은 대원이 공유하는 맛의 특징이 있었다. 맛의 요소를 몇 가지로 추려 직선적이고 명쾌한 맛, 미각을 수렴한 맛이다. 이를테면 두께가 1센티미터나 되는 강철 청룡도를 예리하게 간 듯 선뜻한 느낌. 민간의 세련된 맛과는 또 다르다. 그런데 이제는 각 대원이 매운맛을 겨루게 되었으니 재미있는 일이다. 그런 움직임이 민간의 다른 음식점에도 영향을 주지 않을 리가 없다.

중국의 역사가 3천 년, 4천 년이라는 것을 알고 있기에, 우리는 곧잘 대하처럼 도도한 시간의 흐름을 상상하기 마련이다. 그러나 현재의 중국인을 관찰해보면 그렇지 않다는 생각이 든다. 시간에 떠밀려 흘러가는 게 아니라 잇달아 새롭게 버전을 바꾸어 다시 쓴다. 어제의 몸뚱이는 빈껍데기에 지나지 않는다.

중국 요리의 특색은 다른 어떤 곳의 요리보다도 시대와 함께,

그리고 정치적 분위기와 인간의 움직임과 함께 책장을 넘기듯 변해 간다는 것이다. 앞 페이지에 쓰인 내용과 전혀 딴판이라 하더라도 지금 펼쳐진 페이지에 승부를 거는 것이다.

자, 그렇다면 현대 중국 요리의 페이지를 어떻게 평가해볼까? 옛날 주사(廚師, 요리사)는 선명한 색깔과 맛을 내기 위해 기름의 온도를 다양하게 조율하는 '훠궁(火功)'으로 승부하곤 했다. 꼬투리에 든 강낭콩을 익힐 때는 기름이 부글거리기 시작한 고온에서 단숨에 익혀 초록색이 돋보이도록 했고, 민물새우도 고온에서 국물과 함께 순식간에 조리했다. 기름의 열기로 민물새우의 향취를 이끌어내는 것이다.

그러나 전통적인 조리법과 요리가 낡아 사라지는 것도 시대의 추세다. 유행하던 요리가 한물가고 다시 급변하는 사이, 중국 요리에서 이어져 내려오던 전통은 그 수가 줄어들고 대부분 잊혀졌다. 그렇더라도 새로운 맛이 생긴다면 그 또한 지켜볼 만하지 않겠는가? '바뀐다'는 것은 과거의 자취조차 남지 않을 만큼 새롭게 바뀌지 않으면 의미가 없다.

앞으로 또 몇 년이 지났을 때 과연 어떤 맛이 살아남고 어떤 요리가 새롭게 각광받게 될까? 그리고 10년 뒤 그들 중국인은 어떤 맛을 그리워하게 될까?

차례

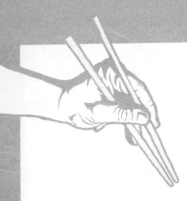

1장

중국 요리란 무엇인가

중국 요리와 중화 요리

일본인은 어릴 적부터 중국 요리를 먹어 왔다. 아니, 중국 요리라는 말을 쓰기 시작한 것은 중국과 일본이 국교를 회복한 1972년부터이며 그전에는 중화 요리라고 불렀다. 더 거슬러 올라가면 모든 중국인이 싫어하는 명칭인 지나(支那) 요리라고 부른 적도 있다.

'중화'는 중화민국의 약자다. '중국'은 중화인민공화국의 약자라고 한다. 첫 글자와 마지막 글자를 딴 것이다. 국교 회복 전에는 '중공'이라고 부르던 시절도 있었다. 줄여 부르는 것은 이름이 길기 때문이지만, 여하튼 '중국 요리'는 정식으로 말하면 '중화인민공화국 요리'인 셈이다. 국교 회복과 동시에 '중화민국 요리'가 '중화인민공화국 요리'로 명칭이 바뀐 것이다.

라멘(ラーメン)을 먹어본 적이 없는 일본인은 없다. 라멘을 비롯한 중국 요리가 번성한 것은 제2차 세계대전 이후의 일이니, 전쟁이 끝나고 태어난 일본인은 자연스럽게 라멘을 먹으며 자랐다. 나는 철들고 나서야 라멘이 동네 경양식 집의 오므라이스나 함박스

테이크와 마찬가지로 '외국 요리'라는 것을 알고 깜짝 놀랐다. 그만큼 라멘에 친숙했던 것이다.

얼마 지나지 않아 라멘집에 야키소바(ヤキソバ), 탄멘(湯麵), 간돈멘(廣東麵), 지금도 정체를 알 수 없는 산마멘(サンマーメン) 같은 메뉴가 있다는 것을 알고 머뭇머뭇 주문해보았다. 그리고 중국 음식점에는 라멘집, 중국집, 고급 레스토랑 세 종류가 있다는 것을 알게 되었다. 특별한 날 탕수육, 후요하이*, 잉어 튀김(鯉の唐揚げ) 같은 일품 요리를 먹게 되고서부터는 베이징, 광둥, 상하이, 쓰촨 등 여러 지방 요리가 있다는 것도 배웠다.

그러던 차에 모든 중국인이 당연히 일본에서 먹는 중국 요리와 똑같은 맛을 먹고 있겠거니 했던 내 생각이 틀렸다는 이야기를 듣게 되었다. 일본인이 먹는 중국 요리는 대중 음식점과 고급 레스토랑을 막론하고 전부 일본화한 맛이며 광둥 요리가 기반이라고 했다. 중국인은 어느 나라에 가서 요리를 만들어도 그 나라의 맛에 동화시킨다는 것이었다. 그뿐 아니라 일본에서 먹는 그 '라멘'은 본고장에는 없다고 했다. '현지'와는 맛도, 스타일도 전혀 다르다는 말이다.

무엇이 어떻게 다른 걸까? 일본의 중국 요리에서 빠진 것이 뭘까? 반드시 들어가야 중국 요리라고 할 수 있는 무언가가 있는 것일까? 어쩌면 그 이전에 일본의 중국 요리는 중국 요리가 아닌 것

후요하이(芙蓉蟹) 중국어로는 '푸룽셰'라고 하는 이 요리는 게살을 찢어 넣어 익힌 달걀에 새콤달콤한 맛의 걸쭉한 녹말 소스를 끼얹어 먹는 음식이다. 겉모습은 오믈렛과 비슷하다. 일본에서는 일본어 단어 '가니(蟹, 게)'와 '다마고(玉子, 달걀)'를 합친 단어 가니타마(蟹玉)라고도 불리며 대표적인 일본식 중국 요리로 널리 퍼져 있다.

일까? 그렇다면 우리가 중국 요리라며 먹고 있는 라멘이나 볶음밥(차항チャーハン)은 무엇일까? 애초에 중국 요리의 법칙은 도대체 무엇인 걸까?

고도 경제 성장과 함께 '본고장'을 좋아하는 일본인은 요코하마(橫濱)와 고베(神戶)의 차이나 타운으로 몰려들었다. 기대한 대로 그곳에는 중국어밖에 못하는 중국인이 있었고, 라멘집의 삶은 차슈(煮豚, 돼지고기 간장 조림)가 아니라 구운 차슈(燒豚)가 있었으며, 그전까지 미지의 맛이었던 '중국 낫토(納豆, 일본식 생청국장)', 즉 더우츠(豆豉)와 갓도 맛볼 수 있었다.

이 정도로 본고장 느낌을 만끽하던 때는 순진한 시절이었다. 그러나 일본과 중국의 관계가 호전되면서 이른바 '문화대혁명' 시기에도 바다를 건너 오가는 것이 어느 정도 가능해지자 이런 이야기가 들려오기 시작했다. "본고장은 의외로 맛이 없다." "우리 입맛에 안 맞는다." 왜 맛이 없는지, 왜 입맛에 안 맞는지 설명은 없었다. 물론 무엇에 비해 그렇다는 건지도 알 수가 없다. 옛날이 더 맛있었다고 술회하는 사람도 없다.

일본인은 제2차 세계대전 이전부터 중국에 발을 들여 놓았으니 당시의 중국 요리를 알아야 마땅하다. 중일 친선의 바람을 타고 중국에 대표단으로 다녀온 사람 중에는 예전에 자신이 살던 곳을 둘러보는 '센티멘털 저니(sentimental journey)'가 목적이었던 이도 많았다. 그런데 왜 그런지 구체적인 이야기는 아무 데도 없다.

그들이 옛날 중국의 맛을 까맣게 잊어버려 비교할 수가 없거나,

대륙에 있으면서도 일본 요리만 먹는 실례를 저질렀거나 둘 중 하나일 것이다. 그러던 차에 중국 요리는 홍콩이 제일이라는 풍문도 흘러들어 와 순식간에 대세를 점령하기에 이르렀다.

현대 중국 요리를 논한다면 광둥 요리 하나만으로도 충분하다. 왜냐하면 전 세계 중국 요리는 광둥 요리의 지배 아래 국제적인 성격을 갖추었기 때문이다. 오히려 광둥 요리 이야기만 해야 독자들이 중국 요리에 대해 아는 상식에 어긋나지 않을 것이다. 홍콩 요리와 더불어 전 세계에 흩어진 화교의 광둥 요리만이 중국 요리 중에서 유일하게 프랑스 요리와 이탈리아 요리, 일본 요리와 나란히 설 만한 현대적 경쟁력을 지니고 있다. 제2차 세계대전 이후 지금까지 국제 사회를 무대로 삼아 경쟁해 왔으며, 이는 곧 음식 전쟁에 참가할 수 있는 티켓을 확보하고 있다는 말이다.

산둥(山東) 요리도, 상하이 요리도, 쓰촨 요리도 모두 광둥 요리와 동등한 수준의 요리 체계를 갖추고 있다. 그러나 국제 사회에서 일가를 이루기에는 살짝 아쉬운 면이 있다. 제2차 세계대전 이후 자유주의 국가들이 준비 땅! 하고 시작한 경주에 중국 대륙 각지의 '본고장의 맛'은 참가하지 못했다.

홍콩과 타이완의 거리 음식, 파리와 로마와 뉴욕, 그리고 도쿄 변두리의 중국 음식점에서도 벌어지고 있는 그 경주의 참가 자격 티켓을 중화인민공화국이 국빈을 대접하는 대식당 조어대 국빈관(釣魚臺國賓館)조차 지니지 못한 것이다.

그렇다고 조어대 국빈관이 맛이 없는가 하면 당치 않은 말씀이다. 요리의 기술적 수준은 이의를 제기할 여지 없이 세계 최고다.

진미 중의 진미가 나오는 곳이다. 단 세계의 미식가들이 '이것이 중국 요리'라고 생각하는 맛의 좌표와는 거리가 있다. 아무래도 '중국 요리'와 '중화인민공화국 요리'는 맛의 경향이 조금 다른 것으로 보인다. 홍콩과 화교의 중국 요리는 중국의 고유한 부분까지 새롭게 재구성하여 미각 하나하나를 다른 나라 요리와 견주면서 맛을 연마해 왔다.

그러니 오늘날 중국 본토의 요리를 논하려면 다른 외국 요리를 논할 때와는 다른 좌표축으로, 다른 무대로 이동해야 한다. 세계라는 무대에서는 광둥 요리가 중국 요리의 대표 격이지만, 중국의 관점에서 바라본다면 결코 광둥 요리만이 대표 주자가 아님을 깨달을 수 있을 것이다. 두 개의 관점을 갖춰야 하니 무척 어려운 일이기는 하지만 말이다.

'문화혁명의 맛'

내가 처음으로 중화인민공화국을 방문한 것은 문화대혁명, 줄여서 문화혁명이 한창이던 때였다. 중국 미술품 감정과 국제적인 가격 판정을 의뢰받아 중앙문물연구소(中央文物硏究所) 등지에서 일을 했는데, 중국에 체류하다 일본으로 돌아오면 언제나 경찰이 찾아왔다. 뭘 자세히 캐묻지는 않았고 어떻게 생겨 먹은 인간이 중국까지 갔다 왔는지 구경하러 왔던 듯하다.

그때는 중국에 가려면 홍콩에서 국경을 넘는 경로밖에 없었다. 처음 갔을 때는 국경을 넘자마자 보이는 거대한 마오쩌둥 초상화와 귀청을 찢을 듯 쩌렁쩌렁한 〈동방홍〉*에 오금이 굳었다. 거기서 베이징으로 가는 손님은 자동으로 차에 실려 광둥 거리를 스쳐가 듯 공항으로 호송되었다.

그리고 베이징 서우두(首都) 공항에 도착했다. 주변은 이미 밤이었다. 비행기 계단을 내려와 공항 건물을 향해 불안한 마음으로 터벅터벅 걸어가던 중, 희미하던 조명이 꺼졌다. 암흑에 휩싸였다. 1분쯤 지나자 이번에는 탐조등 빛 여러 줄기가 공항 건물 위쪽으로 쏟아졌다. 건물에 게양되어 있던 거대한 마오쩌둥 초상화가 암흑 속에서 두둥실 떠올랐다. 그리고 째어지게 우렁찬 〈동방홍〉. 간신히 공항 건물을 빠져나와 마중 나온 차를 타니 운전수가 라디오를 틀었다. 피아노 협주곡 〈황허(黄河)〉가 작곡되고 나서 라디오에 나오는 것은 오직 그 한 곡이다. 전방은 진홍색 터널이었다. 붉은 깃발이 양쪽에 쫙 늘어선 사이로 전조등을 위로 비추며 달렸다. 터널은 베이징 시내로 들어가기 직전까지 이어졌다. 그리고 아침이 밝은 뒤 호텔에서 밖을 내다보니, 여름에도 겨울에도 어둡게 가라앉은 잿빛 거리에는 진홍색 간판에 흰색이나 금색 글자로 쓴 《마오쩌둥 어록》과 정치적 구호가 가득했다.

바깥으로 한 발짝 나가면 보이는 사람들의 얼굴에는 생기가 없었다. 공허하면서도 의심이 가득한 채 치켜뜬 눈길이 나를 따라다녔다. 문화혁명 때문에 그리 된 것인지, 아니면 공산당 국가가 그리 만든 것인지 알 수 없었다. 정치적 사상도 뭣도 없는, 전후에

동방홍(東方紅) 중국 산시성 민요를 개사하여 만든 마오쩌둥과 중국공산당 찬양 혁명가.

■■■ 1960년대 후반, 베이징 둥안(東安) 시장 입구에 선 저자 가쓰미 요이치. 중국 당국으로부터 외국인임이 잘 드러나 보이도록 옷을 입고 다니라는 주의를 들었다고 한다.

태어나 신바시(新橋)와 긴자(銀座) 등지에서 자란 '도련님'이 인민복만 걸친 사람들 속에 내팽개쳐진 이계(異界)의 여행이었다. 그야말로 흥미진진했다. 처음 겪은 중국이 이 시기였다는 게 좋은 일인지 나쁜 일인지는 모르겠지만, 한편으로는 내가 태어났을 적보다 훨씬 오래전 아름다운 중국의 옛 시절을 마음으로 그려보기도 했다.

특히 일본 맛과 중국 맛의 차이에 놀랐다. 시간이 지나면서 홍콩을 비롯한 세계의 중국 요리와 중국 본토의 맛이 다르다는 것을 알게 되었다. 이 맛은 대체 무엇일까? 시대의 흐름에서 비껴나 남겨진 과거의 맛일까? 순수한 중국 요리 본연의 맛일까? 아니면 오히려 왜곡된 맛일까? 그런 의문이 머릿속을 맴돌았지만, 호텔 또는 왕푸징(王府井)과 첸먼제(前門街)의 몇 군데 안 되는 국영 음식점 외빈석(外賓席) 말고 외국인이 식사할 수 있는 곳은 없었다. 그처럼 외국인을 받는 것이 허용된 가게에서는 맛있는 음식이 나오긴 했다. 하지만 매일 같은 곳에만 갈 수는 없었다.

도대체 이 나라 사람들은 뭘 먹고 사는 걸까? 자동차를 타고 가던 길목에서 후통(胡同, 뒷골목) 입구를 살피니 식당 같은 것이 보였다. 위법으로 손에 넣은 양권(糧券, 식량 배급표)을 움켜쥐고 감시인의 눈을 피해 후통에 잠입하자 거민위원회(居民委員會), 즉 마을 자치회 식당이 동네마다 하얀 연기를 내뿜는 풍경이 눈에 들어왔다. 그 식당에서 한 식사가 어땠는지는 이 책의 뒷부분에 쓰기로 하겠다. 민간 레스토랑은 아직 영업을 허용하지 않던 시대였다. 혀를 도려내는 것처럼 초라하고 빈곤한 그 맛에 나는 남몰래 '문화혁명의 맛'이라는 이름을 붙였다. 왠지 몰라도 똑같이 맛없는 음식이 전국에 퍼져 있었다.

요리는 인간이 만든다. 그 요리가 유통되고 사람들의 혀를 즐겁게 했을 때 사회는 활력이 넘치고, 그런 분위기에 세련미가 더해지면 그것이 문화다. 그런 줄 알았던 내 생각은 산산이 부서졌다. 한결 괜찮은 국영 음식점에서도, 맛있다고 요리사를 칭찬하면 마오쩌둥 동지의 위대한 영도 덕택이라는 대답이 돌아왔다. 문화혁명이 시작되기 전인 1949년, 중화인민공화국이 성립하고 중국인들의 표현을 빌리면 중국이 '해방'되었을 때부터 요리를 하는 것은 인간이지만 그 인간을 지도하는 것은 당이며 위대한 마오쩌둥 동지가 되었던 것이다. 그곳에서는 전통적인 문화도 풍속도 부정당하고 있었다.

그러나 한편으로 가끔 초대받았던 당의 연회에서는 지금 기준으로 생각해도 전 세계 어느 곳의 중국 요리보다 세련된 요리가 나왔다. 중국에서 돌아오는 길에 들렀던 홍콩의 고급 음식점 맛이 촌스럽게 느껴졌다고 한다면 너무 호들갑일까? 그 당의 연회는 껍데기뿐인 '정치적 세련'이었던 것일까?

몇 번이나 중국에 갔다. 안 가본 데가 없을 만큼 여러 지방을 돌아다녔다. 러우란(樓蘭)까지 해방군의 헬리콥터를 타고 가기도 했다. 한때 주거지를 파리로 옮긴 적도 있어 파리와 베이징을 왕복하는 일도 종종 있었다. 그럭저럭하던 사이에 1976년이 되고 문화혁명이 끝났다.

그때부터 조금씩 요리책이 출판되기 시작했다. 베이징에서 출간된, 자못 권위 있어 보이는 진홍색 표지의 두툼한 요리책에 수록된 상하이 요리 항목에는 이렇게 쓰여 있었다. "상하이 사람은 전통 음식보다 서양 요리를 더 많이 먹는다." 그리고 그에 못지않을 만큼 위용을 자랑하는, 상하이에서 나온 책에는 "베이징 요리라는 것은 존재하지 않는다. 베이징에서 먹는 음식이란 모두 주변 성(省)의 영향을 받았거나 그 특색을 훔쳐 온 것인 데다, 전혀 세련되지 못하고 천박하다."라고 적혀 있었다.

다른 지방에 대한 비방, 오해, 지식 부족, 논리의 비약이 넘쳐흘렀다. 그러면서도 책에 실린 요리 사진은 하나같이 어느 지방 음식인지 구분할 수 없을 만큼 비슷비슷했다.

오래전부터 중국의 출판물에는 대충 만든 엉터리가 많다고들 한다. 옛날 책에다 자기가 쓴 서문을 붙여서 자기 책인 양 내는 일은 일상다반사이고 당연히 고치는 것도 제 마음이다. 요리책도 원전에 없는 요리를 새로 써넣거나 요리법을 고쳐버린다. 원전을 읽은 후세 사람이 자기 시대의 상식과 어긋난다고 느끼고 자신 있게 수정했을 것이다. 원 저작자와 다른 시대, 다른 지방을 기준으로 펜을 휘두르는 것이니 사실 당치 않은 일이다. 오백 년 전 요리에 케첩이 등장하니 말 다한 셈이다.

청나라의 양식 있는 저술가이자 《수원식단(隨園食單)》의 저자인 원매*조차 자기 취향이 아닌 식자재나 요리법은 생략하고 책을 썼다. 그 탓에 《수원식단》 같은 문헌을 토대로 삼아 그 시대를 추적하려는 후세 학자들이 혼란에 빠져 말도 안 되는 실수를 저지르게 되는 것이다.

원래 청나라 중기까지 왕후 귀족이나 지방 호족, 소수의 민간인 부유층은 가문에 전해져 내려오는 고급 요리를 바깥에 새나가지 않도록 비밀에 부쳤다. 따라서 요리법을 글로 남기지 않고 입에서 입으로 전수했다. 그러니 제대로 된 조리법이 기록된 문헌이 남아 있을 리가 없다.

그뿐 아니라 요리의 명칭이 문화혁명 시기에 바뀐 것도 문제다. 신중국(新中國)이 건국되는 소란 속에서 이름이 달라진 요리도 있다. 옛날에 쓰던 번체자를 현대의 간체자로 바꿀 때 오자가 생기기도 했다. 바뀌고 틀린 정보를 그대로 받아들이는 신세대 중국인도 늘어났다. 게다가 중요한 원전마저 문화혁명 때 분실된 것이

원매(袁枚, 1716~1798) 청나라 때의 시인이자 문인. 호사스런 생활을 좋아했고 식도락가로 유명하다.

많다. 청나라 시대 궁중 주방 어선방(御膳房)의 기록 《어선방당책 (御膳房檔冊)》도 후세에 호사가를 겨냥하여 가짜가 여러 권 만들어 졌고, 고궁에 남아 있던 책은 환관들이 반출하거나 바꿔치기했다 고 한다.

그렇다면 수천 년 역사를 지닌 중국 요리의 밀림 속으로 들어가 는 올바른 길을 어떻게 찾아야 할까?

요리에 깃든 해체와 융합의 중국사

중국처럼 왕조가 몇 번이나 다른 민족으로 바뀌는 역사를 경험 한 국가는 달리 유례가 없다. 변화를 겪을 때마다 문화가 성숙해 진 역사를 지닌 나라가 중국이다. 그렇다면 중국이 가장 수준 높 은 요리를 자랑하던 시기는 언제였을까?

당나라 이전에는 미주(美酒)는 있어도 미식이 있었다고 하긴 어 렵다. 당나라 때 요리도 너무 오래됐다. 타임머신을 타고 먹으러 간다 해도 중국의 맛이라고 느껴지지 않을 게 틀림없다. 게다가 된장, 간장은커녕 요리법마저 아직 완성되지 않았을 때다. 중국인 의 정신 구조에 미식이란 개념이 정착하려면 조금 더 시간이 필요 했다.

우리 현대인의 혀가 맛있다고 느낄 만한 요리라면 《동경몽화 록》*에 그려진 꿈의 도시, 북송(北宋, 960~1127)의 변경(汴京, 현재 의 허난성河南省 카이펑開封)이 흥성할 때까지 기다려야 한다. 변경 은 음식의 역사를 휘황찬란하게 꽃피운 문화 도시였다. 나아가 북송인이 금나라의 기세에 밀려 강남(江南, 양쯔강 이남)으로 쫓겨난 뒤 임안(臨安, 현재의 항저우杭州)에서 남송(南宋, 1127~1279)을 꾸리고 난 뒤 어두운 앞날에 대한 초조함에서 생겨난 향락주의가 변경의 요리를 더욱 발전시켰다. 귀족들은 재료와 조리법, 전속 요리사를 둘러싸고 경쟁을 벌였다. 북송에서 시작된 요리 '완진루냥위(完進乳釀魚)'는 생선 배에 요새 말로 하면 코티지 치즈를 채워 통째로 찐 요리였는데, 이것이 강남에 와서 쌀과 만나 쌀누룩 소스를 곁들이게 되면서 진미의 경지에 다다랐다. 또 단순히 우유에 담가 익혀 먹었던 닭고기 요리가 서역에서 북송으로 전해지고 그 뒤 한족의 손을 타고 남하하면서, 강남의 싱싱한 나물과 향신료가 더해져 복잡하고 야릇한 미각으로 진보했다. 주밀(周密, 1232~1308)의 《무림구사(武林舊事)》에는 희대의 여성 요리사 송오수(宋五嫂, 송나라의 다섯 번째 형수兄嫂라는 뜻이므로 실명인지는 알 수 없다)에 관한 기술이 있는데, 그가 만들었다는 명물 요리 '우사오위(五嫂魚)'가 과연 어떤 맛이었을지 궁금하다. 그러나 이런저런 자료를 토대로 상상해보면 이때도 아직 현대 요리와는 조리법도, 미각도 상당히 거리가 있다. 그도 그럴 것이 한족은 아직 상어 지느러미와 제비 집조차 발견하지 못한 상태였다.

중국 요리가 근대적 정신 구조를 갖추기 시작하는 모습을 보려면 청나라 때까지 기다려야 할지도 모르겠다. 뒤에서 자세히 살펴

《동경몽화록(東京夢華錄)》 중국 남송 시대 맹원로(孟元老)가 지은 저서. 1147년에 완성되었다고 알려져 있다. 북송의 수도였던 변경의 궁전, 거리의 가게들, 세시의 물품, 음식과 풍속이 기록되어 있어 그 시대 도시 문화를 이해하는 데 좋은 자료이다.

■ ■ ■ 송나라 휘종(徽宗, 재위 1100~1125) 시기 궁중 생활과 식문화를 사실적으로 묘사한 〈문회도(文會圖)〉 일부. 중국 역사상 송나라 시대에 이르러 비로소 미식을 즐기는 문화가 발달하기 시작했다.

보겠지만 청나라 시대에 한족 문화와 만주족 문화는 격렬하게 뒤섞였다. 다른 시대에는 찾아볼 수 없었던 청나라의 특징은 바로 정보 공개였다. 중국은 다른 어느 나라보다도 수도에 문화가 집중된 곳이다. 과거 시험에 합격한 진사들이 중앙을 목표로 삼듯, 중국 각지의 요리사들이 이름을 떨치고자 수도로 몰려왔다. 요리의 명인들은 자연스레 조정이나 관리와 환관에게 고용되었다. 정보 공개의 분위기에 휩쓸려 이제 이름난 요리사들이 비결을 꺼내놓기 시작했다. 이렇게 문화와 습속이 화합하고 또 서로 거부하면서 독특한 분위기가 형성되어 갔다.

그런 풍토에서 청나라 제6대 황제 건륭제(乾隆帝, 재위 1735~1796)는 만주족이면서도 한족 요리를 애호했고 특히 강남 요리를 편애했다. 문인이었던 건륭제가 과거 남송의 문화를 동경했던 영향도 있었을 것이다. 그리고 특별히 건륭제는 미식가였다. 베이징에서 강남의 양저우(揚州)로 곧잘 순행을 했는데, 강남 요리를 먹으러 간 것이었다고 한다. 그리고 마침내 항저우의 요리 명인 장동관(張東官)을 자금성의 총(總)주방장으로 초빙하기에 이른다.

이렇게 한족의 맛은 다른 민족에 의해 해체되고 또다시 종합되어 오늘날까지 이어지는 중국 요리의 미각을 획득했다. 또한 한족의 맛은 몽골족, 후이족(回族)과 동화하여 광대한 국토를 다스리고자 한 다민족의 역사로서 세계적으로 유례가 없는 진보의 길을 걸어 왔다. 요리의 종수가 비약적으로 늘어나고 체계도 점차 분명해졌다. 지방 요리의 성격도 한층 뚜렷해졌다.

건륭제 이후에는 요리의 발전을 퇴폐적인 방향으로 이끌고 가 단숨에 성숙시키는 힘이 필요했다. 그 과제를 멋들어지게 달성한 것이 서태후(西太后)였다. 그 무시무시한 인물이 없었다면 중국 요리는 청나라의 붕괴와 함께 광채를 잃었을지도 모른다.

문제는 1949년 이후다. 우리의 상식으로 따지자면, 요리란 인간, 그리고 인간이 사는 사회의 진보와 공존하는 것이다. 인간의 감성이 진화하여 사회 문화와 풍속이 성숙함에 따라 요리도 발전한다. 뭐가 됐든 일단 먹어 배를 채워야 했던 미성숙한 시대나 만성적인 기아 상태에서 요리가 진보할 수는 없다. 그러나 공산주의 사회는 우리가 사는 사회와 다르다. 문화와 풍속의 성숙보다 이념의 성숙이 주역이다.

그리고 지금 중국에서는 고급 요리가 점점 달콤해지고 있다. 개방 정책이 거둔 최대 성과가 광둥이라는 선전과 함께 광둥 요리는 죄다 달다는 잘못된 상식이 만연하게 되었다. 뒤따라 다른 지방 음식 요리사도 무턱대고 설탕을 냄비에 넣었는데 손님들은 이를 더 좋아했다. 지금 단 음식은 광둥 요리뿐이 아니다. 온 중국이 달콤해지고 있다.

광둥 요리는 옛날부터 단 요리가 많았지만 단맛이 전부는 아니었다. 마찬가지로 쓰촨 요리도 매운 요리가 많았지만 '전부'는 아니었다. 그것이 '전부'라고 중국 요리의 역사를 무의식중에 바꿔 쓴 것이, 바로 대약진운동과 중국 전역을 덮친 기근을 거쳐 모든 중국인의 삶과 경제 기반을《삼국지》시대로 되돌려버린 문화혁명이다.

오늘날 베이징에서 다양한 직업에 종사하는 사람들을 만나 환담을 나누다 보면 이런 말을 듣곤 한다. "일본 사람은 좋겠어요. 태어날 때부터 맛있는 중국 요리를 먹을 수 있어서."

1950년대 중반을 기점으로 해서 1980년대 중반까지 30여 년간 민간에서 고급 식자재가 자취를 감추었던 것이 현대 중국의 역사다. 그리고 마흔 살이 넘어 처음으로 해삼, 상어 지느러미, 전복을 맛보았다는 사람이 대부분인 것이 중국의 현실이다. 홍콩에서 수입하는 물량에 의존할 수밖에 없었던 상어 지느러미와 전복은 한때 고급 관료들에게도 꿈속에서나 먹어볼 수 있는 음식이었다. 그리고 산악 지역의 농민 출신이 많았던 당시의 고급 관료들은 애초에 그런 음식이 있는지도 몰랐다.

중국 요리의 여러 얼굴

중세 유럽은 이웃의 여러 나라와 전쟁을 거듭했어도 미각의 근간과 풍속의 성격은 별로 바뀌지 않았다. 칭기즈칸이 유럽을 위협해도 유럽 내부의 식생활은 바뀌지 않았다. 프랑스가 체험한 시민혁명조차 요리의 모습을 바꾸지 못했다. 혁명 이전에도, 혁명이 한창일 때도, 그리고 왕조를 쓰러뜨린 혁명 이후에도 대중은 줄곧 같은 것을 먹었다. 대중이 요리에까지 변혁을 요구하지 않았기 때문이다. 수요가 없으니 새로운 요리를 공급할 이유도 없었다.

반면 중국은 금나라, 원나라, 명나라 같은 새로운 왕조가 들어설 때마다 도시의 중심이었던 랜드마크가 파괴되고 다시 세워졌다. 그리고 지금까지와는 다른 풍속이 사회를 점령했다. 어제까지의 요리 체계도 휴지 조각이 되고 대중은 새로운 요리를 환영했다. 그러나 한편으로는 과거의 요리에서 좋은 것들이 신중하게 선별되어 치열한 경쟁과 도태를 거쳐 살아남았다. 뒤에 다시 쓰겠지만 살아남은 것들의 숫자는 의외로 많다.

몽골족과 만주족 왕조는 한족과 융화를 꾀했는데, 도시 차원에서까지 이전 왕조의 시스템을 그대로 사용한 것은 마지막 왕조 청나라가 처음이었다. 당연히 풍토가 다른 두 문화와 풍속이 뒤섞였다. 이처럼 무엇에든 '문을 열어젖힌' 분위기를 타고 요리에서도 융합과 각개약진의 극적인 폭발이 일어났다. 수천 년간 한껏 발휘되지 못하고 쌓여 온 에너지가 드러났다고 할 수도 있을 것이다. 그 회오리에 대중뿐 아니라 왕조까지 휘말렸다.

이 시대에 이르러 '선택'이 아닌 '융합'과 '적대'가 중국 요리의 유전자에 깊숙이 각인되었다고 한다면 과도한 해석일까? 이 경험이 중국의 근대 의식이 겉으로 드러나는 계기 중 하나였다고 할 수 있지는 않을까? 나는 이때 겪은 두 가지 문화의 '융합'과 '적대'가 이후 중국 요리를 지탱하는 힘이 되었다고 본다.

상하이 요리는 서양 요리와 필연적 융합을 거쳐 쑤저우(蘇州) 요리와 항저우 요리를 병합한 끝에 하나의 제국을 방불케 하는 지역 특유의 맛을 부흥시켰다. 한편으로 광둥과도 융화하면서 베이징을 적수로 확고히 자리매김했다. 나아가 최근에는 베이징 내부에 있는 산둥 요리의 요소와도 묘하게 융합하는 양상을 보이게 되었다.

홍콩은 공산 국가인 중화인민공화국을 적으로 상정하고 민주주의 화교 요리 또는 범아시아 요리로서 주변 여러 나라와 융화하며 광둥 요리를 발전시켰다. 하지만 홍콩은 곧 가상의 적대국이자 지난날의 모국으로 귀환해야 할 처지에 놓이게 된다. 이 시점에서 정체성을 상실하는 것이 일반적일 텐데, 반환 뒤 홍콩 요리의 변화에 관해서는 뒤에서 다시 이야기할 것이다.

중국 요리의 특징을 하나 더 들자면, 중국 요리는 일국 일요리(一料理)의 개념에는 들어맞지 않는다. 일본 요리, 프랑스 요리, 이탈리아 요리라면 여러 지방 요리를 한 나라 요리의 범위 안에 포괄할 수 있을 것이다. 지방 요리가 다양할수록 그 나라의 요리는 풍성하다고 할 수 있다. 그러나 중국의 경우에는 그렇게 말할 수 없다. 여러 개의 중국이 있기 때문이다. 사회주의 국가로서 본토 중국, 홍콩을 중심으로 한 화교 네트워크로서 중국, 타이완의 중국. 세계 곳곳에 퍼져 있는 중국이 그것이다. 그리고 그 중국 안에서도 상황은 단순하지 않다. 한 나라 안에 다른 종족과 관습이 잡다하게 뒤섞여 있기 때문이다.

보통 중국 요리를 논할 때는 4대 요리(베이징, 광둥, 상하이, 쓰촨)로 분류해서 설명하곤 하는데, 실제로는 8대 요리, 16대 요리로 분류하는 것도 가능하다. 또 이를테면 광둥 요리라고 해도 그 안에는 4대 요리의 체계가 모두 들어 있다. 이것이 다른 나라 요리와 극명하게 다른 중국 요리의 성격 중 하나다. 그리고 각 지방 요리는 한 가지 흐름으로 묶이지 않는다. 인접 지방과 어우러지고 공명하며 경계선을 서로의 색깔로 물들인다.

예를 들어 차오판(炒飯, 볶음밥)은 본디 서역 후이족의 요리다. 신장(新疆) 위구르 자치구에 먼저 전해졌는데, '폴로'라고 하는 양고기 기름으로 볶은 밥으로 정착했다. 일반적으로 양파와 당근을 잘게 썰어 넣어서 함께 볶는데, 양 골수 기름만 사용하여 초록 건포도, 살구와 같이 볶는 스타일도 있다. 이 볶음밥이 어느새 쌀 곡창 지대인 강남으로 건너갔다. 그리고 광둥에서 홍콩으로, 전 세계 중국 음식점으로 퍼져 나갔다.

베이징에서는 상황이 더욱 복잡하다. 베이징을 선두로 한 화베이(華北) 지역은 전통적으로 곡식을 빻아 먹는 곳이라, 지금도 베이징 토박이(老北京, 라오베이징) 중에는 쌀밥 같은 것은 안 먹는다는 이들이 많다. 쌀은 베이징 사람의 정신 구조에서 주식이 아니다. 그렇긴 해도 베이징 각지에 쌀밥은 존재한다. 그것도 오직 한 종류, 계란 차오판이다. 평소에는 먹지 않는 쌀이기에 막연히 고급 음식이라는 이미지를 품은 중년층이 있는가 하면, 광둥 요리의 차오판에 비해 저급이라고 느끼는 베이징 신세대도 있다. 남은 찬밥을 쓰기 때문에 더더욱 그런 느낌을 받는 사람도 있을 것이다. 개중에는 주식에 들어간다기보다 달걀을 넣은 채소 요리에 가깝다고 생각하는 사람마저 있다. 그런가 하면 베이징의 주식 중 하나인 만터우(饅頭, 찐빵)는 남쪽 지방에서는 아침 식사라면 몰라도 저녁의 주식은 아니다.

중국 요리를 알면 알수록 의문이 풀리지 않는 것이 일본에서 먹는 라멘이다. 지금 베이징 번화가에서는 눈에 불을 켜도 찾아볼 수 없는 '댜오쯔(吊子)'라는 요리가 있다. 먹고 싶으면 뒷골목의 톈차오(天橋, 베이징 청난 구역에 있는 다리) 근처에 가야만 한다. 이 요리는 돼지 내장을 간장 국물로 익힌 데다 옥수수 경단을 넣어 수제비처럼 먹는 것인데, 베이징 최하층 계급의 요리라고 할 수 있다. 댜오쯔를 만들려면 우선 큰 솥에 물을 붓고 돼지 내장과 간장을 넣는다. 그러고 나서 펄펄 끓이면 끝이다. 국물이 모자라면 물을 더 넣고 건더기가 모자라면 내장과 간장을 더 넣으니 솥이 바닥을 보일 날이 없다. 비가 오나 눈이 오나 댜오쯔 가게 앞에 걸린 솥에서는 갈색 거품이 부글거린다. 원래는 만주족 요리였다.

그런데 이 댜오쯔 국물이 옛 도쿄의 라멘 국물과 꼭 닮은 맛이다. 도쿄 라멘은 가다랑어포로 국물을 우렸기에 가벼운 신맛이 있었다. 게다가 일본 간장은 중국 본래의 간장보다 신맛이 강하다. 그런데 이 신맛과 똑같은 신맛이 댜오쯔에도 있다. 돼지 내장에서 나는 신맛이다. 일전에 노점에서 파는 댜오쯔 국물을 들이마시다 문득 이런 생각이 뇌리를 스쳤다. 라멘에는 왜 차슈라는 이름의 삶은 돼지고기가 들어가는 걸까? 삶은 돼지고기는 만주족의 간판 음식이 아닌가? 어쩌면 라멘은 만주 둥베이에서 온 맛이 아닐까? 만주족이 만들어 먹던 요리가 일본에 전해진 것은 아닐까?

애당초 제2차 세계대전 전에 중국의 간장 맛을 바꾼 것이 일본이다. 일본이 간장을 대량 생산하는 방식을 중국에 전했고, 그 방식이 눈 깜짝할 새에 북방 중국에 퍼진 것이다. 그렇게 생각하니 나루토*에도 간장으로 국물 맛을 낸 옥수수 수제비의 흔적이 남아 있는 것만 같았다. 그러고 나서 저도 모르게 무릎을 쳤다. 일본의 라멘집 메뉴에는 그냥 라멘 말고도 간돈멘(廣東麵) 즉 '광둥' 국수나 '상하이' 야키소바가 있지 않은가? 그렇다면 일본 라멘의 핵심을 이루는 중국 요리는 어느 지방 것일까? 적어도 라멘집의 근간은 광둥 요리도, 상하이 요리도 아니다. 라멘집의 중국 요리는 항간에서 이야기하는 것처럼 광둥 요리를 비롯한 중국 남쪽의 맛이 일본화한 모습이 아니다. 어쩌면 라멘집의 요리만이 홀로 일본 전역에 퍼진 중국 요리와 그 본질을 달리하는 것이 아닐까? 엉뚱한 이설(異說)은 이런 순간에 생겨나는 것일 테다. 하지만, 어쩌면, 혹시나……

나는 베이징의 노점에 앉아 사발에서 피어오르는 김에 안경이 흐려지는 줄도 모르고 어수선한 머리를 내저으며 넋을 잃고 생각했다. "중국 요리란 뭘까?"

나루토(ナルト) 으깬 생선을 이겨서 만든 어묵의 일종. 라멘 고명으로 올리는 경우가 많다.

2장

루쉰이 본
베이징의
음식 풍경

루쉰, 베이징을 밟다

이야기를 본격적으로 시작하기에 앞서 시계 바늘을 1912년 5월 5일로 돌려보자.

베이징은 이날 하루 종일 날이 흐렸다. 바람이 세게 불었지만 저녁에는 잦아들었다. 밤이 슬며시 다가오던 오후 7시, 저우수런(周樹人, 1881~1936), 필명 루쉰(魯迅)이 처음으로 베이징 동(東)역을 밟았다. 그날 아침 11시에 상하이에서 배를 타고 톈진(天津)에 도착해서 기차로 갈아탄 것이었다.

청나라 왕조가 신해혁명으로 쓰러지면서 베이징은 정치적 불안의 수렁으로 빠져들었다. 1912년 1월에 쑨원(孫文, 1866~1925)이 난징(南京)에서 중화민국임시정부를 세웠다. 당연히 수도가 난징으로 옮겨졌고, 베이징은 원나라 때부터 600년하고도 수십 년을 유지한 수도의 자리에서 밀려났다.

쑨원은 청나라 왕조와 관계가 밀접했던 위안스카이(袁世凱, 1859~1916)에게 대총통 지위를 양보했다. 양보하는 조건은 청나

라에 반기를 드는 것과 난징 천도 두 가지였다. 위안스카이는 청
나라에 등을 돌리기는 했으나 난징 천도라는 조건에서는 쑨원의
뒤통수를 쳤다. 결국 난징이 수도였던 기간은 넉 달 만에 끝이 났
다. 위안스카이는 1912년 4월부터 베이징에서 이른바 '북양군벌
정부'를 지휘했다. 쑨원은 고향 광둥으로 돌아가 광저우(廣州)에
중화민국 혁명정부를 세우고 자세를 가다듬어야 했다. 요컨대 중
국이 남과 북의 두 중화민국으로 나뉜 것이다.

　도대체 진정한 수도는 어디일까? 베이징 시민으로서는 이도 저
도 아닌 불안정한 상황에 놓인 셈이었을 것이다. 그리고 베이징의
문화와 풍속은 청나라 말기와는 다른 분위기로 기울었다. 수도는
베이징이라는 가치관에 흠집이 났다는 사실은 사람들의 생각에 커

다란 변화를 몰고 왔지만, 어떤 측면에서는 정신의 해방으로 이어졌다. 베이징 사람들은 보수 세력이 강한 베이징에서 예전처럼 생활하며 옛 베이징의 정서를 칭송하면서도 한편으로는 문화와 예술에서 새로움을 추구했다. 정치에서도 급진적인 남쪽을 눈여겨보면서 비판 정신이 커져 감에 따라 정치적 언론의 도시로서 베이징의 면모가 분명해졌다. 이처럼 신선한 변화의 기운을 '경미(京味) 문화'라고 한다. 이 시기에 장차 중국을 만들어 갈 수많은 인물이 베이징으로 모여들었다.

루쉰은 이날부터 1926년 8월 26일 오후 4시에 베이징 동역을 떠날 때까지, 14년 동안 베이징에서 살게 된다. 비망록 정도의 내용이기는 하나, 《루쉰 일기》는 1912년 도착한 날부터 시작한다.

5일 : 오전 11시에 배로 톈진에 도착하다. 오후 3시 반에 기차가 출발하다. 도중에 황토를 멀리 바라보니 사이사이 초목은 보이나 구경할 만한 것은 없다. 7시쯤 베이징에 도착하여 장발(長發) 여관에서 묵다.

기차에서 내다보는 화베이의 적막한 느낌을 "황토를 멀리 바라보니 사이사이 초목은 보이나 구경할 만한 것은 없다."라고 루쉰이 표현한 대로, 창밖으로 보이는 것은 끝없이 펼쳐진 불그스름한 황무지뿐이다. 흙더미가 여기저기 쌓여 있어 멀리서 볼 때는 부드러운 곡선의 구릉을 이루나 싶더니, 뒤이어 쩍 갈라져서 바짝 마른 강바닥이 벌어진 상처처럼 모습을 드러낸다.

베이징에 점차 가까워지면서 승객들은 그런 황토 지대의 갈색 바다 한가운데를 항해하는 거대한 선박을 발견했으리라. 길이 9킬로미터에 육박하는 베이징의 성벽 한 면이다. 성채 도시 베이징은 육지에서 고립된 덩어리와도 같다. 성벽 바깥은 손꼽을 정도의 촌락이 있을 뿐 대부분 아무것도 없는 평지에 가깝다. 하지만 성벽 중앙에는 자금성이 우뚝 섰고 뱃머리와 뱃고물에는 누각이 몇 개씩 올라가 있다. 서산 쪽에서 역광이 비치면 황혼의 바다를 항해하는 새카만 전함으로 보였을 만도 하다. 마침내 열차가 속도를 늦추며 성벽의 위용을 따라 달리다 벽돌로 지은 베이징 동역에 도착한다.

이 인상적인 광경을 묘사한 내용이 일기에 없다는 것은, 지난해 신해혁명에서 느낀 좌절감과 북양군벌 정부에 대한 불안이 루쉰의 마음속에서 소용돌이치고 있었기 때문일까?

4월에서 5월에 걸친 시기에는 버드나무 열매가 터지고 속에서 하얀 솜털 달린 씨앗이 나와 하늘하늘 공중을 떠다닌다. 마치 눈이 내리는 광경 같다. 가까이 있는 대사관 거리인 둥자오민샹(東交民巷)에도, 성벽 바깥을 마구잡이로 파헤쳐 만든 철도 징펑선(京奉線)과 징쑤이선(京綏線) 앞을 흐르는 수로에도 지금까지 버드나무가 남아 있다. 역에 내린 루쉰은 늦봄 저물어 가는 하늘에 흩날리는 버드나무 씨앗에 시선을 빼앗겼을지도 모른다.

오른쪽에는 정양면(正陽門), 왼쪽에는 젠러우(箭樓)가 보이는 역 앞 광장에서 루쉰의 눈을 강렬하게 사로잡은 것은 역전에 모인 짐꾼과 양차(洋車, 인력거)꾼, 말똥을 밟고 다니는 짐마차, 인신매매

꾼과 여관에서 나온 호객꾼 무리, 그들의 고함이 울리는 거대한 메아리의 도가니였을 것이다. 민국(民國)도 중반에 이르러서는 경찰관이 역전 광장을 통제하기 시작하지만, 이때는 아직 무법지대에 가깝도록 소란스러웠다.

그런 형국이었으니 루쉰은 주변에서 감도는 냄새에 코를 틀어쥐었을지도 모른다. 광장을 둘러싸고 장사하는 노점에서 돼지 곱창 구이 '바오두(爆肚)', 간장 국물에 돼지 허파와 옥수수 경단을 넣어 먹는 '댜오쯔', 그리고 사골 국물과 칡을 섞은 미숫가루 '유차(油茶)', 참깨와 기장 가루로 끓인 간식용 죽 '몐차(麵茶)' 따위가 풍기는 연기와 악취 세례를 받았을 것이다. 사오싱(紹興)이라는 온후하고 습한 땅에서 나고 자라 상하이와 난징 정도밖에 몰랐던 루쉰으로서는 지금까지 경험하지 못했던 중국 북부의 건조한 풍토에 흐르는 저속한 냄새에 당황했을 것이다.

하지만 이 지방 중국인들도 그리 익숙하지 않은 이런 음식들이야말로 원나라와 명나라 때 생겨나 지금까지 이어지는 베이징 고유의 토착민의 맛이다. 게다가 이후 중국공산당이 대약진운동에서 실정을 저질러 일어난 대기근이나 문화혁명 같은 혼란과 정체를 겪으면서도 끝내 살아남은, 수도 베이징 뒷골목에 뿌리내린 맛이라고 할 수 있을 것이다.

1912년 베이징의 뒷골목 풍경

청나라 중기의 익살스러운 말장난 민요 중에 이런 것이 있다.

日斜戲散歸何處, 宴樂居同六和局

三大錢兒買好花, 切糕鬼腿鬧喳喳

清晨一碗甜漿粥, 才吃茶湯又麵茶

涼菓炸糕聒耳多, 吊爐燒餅艾窩窩

又子火燒剛賣得, 又聽硬麵叫餑餑

稍麥餛飩列滿盤, 新添掛粉好湯圓

爆肚油肝香灌腸, 木須黃菜片兒湯

해가 지고 경극도 끝났으니 자, 어디에 갈거나? 연락거(宴樂居)
나 육화거(六和居)에 가면 어떨까? 아니면 주머니 사정을 봐서 동
전 세 닢으로 체가오(切糕, 댓잎에 싼 절편)나 구이두이(鬼腿, 훈제
허벅지 살)를 먹어도 썩 흥겹지 않겠나? 그러면 내일 아침에는 달콤
한 죽을 한 사발 먹어야겠군. 그러고 나서 차탕(茶湯, 곡물 가루에
뜨거운 물과 설탕을 부어 걸쭉하게 만든 간식)이나 멘차로 목을 축이
고, 찬 과자나 갓 구운 떡을 먹으면 너무 배가 부를까? 그러면 처
음부터 달콤한 죽에다 만두나 앙금 떡을 곁들여야 하려나? 꼬챙이
로 내장이 든 사오빙(燒餅, 둥근 밀가루 빵)을 쿡 찔러도 좋겠고, 다
제쳐놓고 쫄깃쫄깃 씹히는 면발을 목이버섯 국물에 담가 구수한
바오두, 기름진 간, 관창(灌腸, 순대)을 반찬 삼아 먹으면 극락이 따
로 없겠군.

운율이 재미있을 뿐 별다른 의미는 없다. 하지만 오늘날에도 이
노래에 등장하는 '베이징 샤오츠(小吃, 간식)'는 나이 지긋한 중국

노인에게 '그 옛날 베이징의 맛'을 떠올리게 한다.

그런데 이 노래가 흥미로운 점은, 만두와 앙금 떡을 빼고는 나오는 음식이 거의 후이족과 몽골족 음식이라는 것이다. 명나라 이후 베이징의 미각이 주위의 산둥성과 산시성, 둥베이 지방의 만주, 거기다 궁중 요리의 요소까지 섞인 맛이자 역사였다는 것은 여러 서적에서 찾아볼 수 있는 내용이다.

그러나 정말 그런지를 지금 루쉰의 눈앞에 있는 베이징의 평민에게 묻더라도 즉답 아닌 당혹스러운 표정이 돌아올 뿐이리라. 틀렸다고 생각하는 사람도 있을 것이고, 가만히 생각해본 끝에 베이징 뒷골목의 맛은 후이족과 몽골족의 맛이 맞다며 술회하는 사람도 있을지 모른다. 좀 더 박식한 사람이라면 베이징 서민 음식에는 만주 특유의 짠맛과 신맛이 섞여 있다고 알려줄지도 모른다. 그러면서도 그것이 정말 베이징의 맛이냐고 다시 묻는다면 글쎄요, 하고 석연치 않은 낯빛으로 중얼거릴 게 틀림없다. 이것은 지금도 마찬가지다. 그렇다면 한족이 권력을 손에 쥐었던 명나라 시대, 계절마다 맛볼 수 있었던 '베이징 샤오츠'는 어떤 것이었을까?

1월 녠가오(年糕), 위안샤오빙(元宵餅), 양솽창(羊雙腸), 자오니좐(棗泥卷)

2월 젠빙(煎餅)

3월 장미몐(江米麵), 량몐(凉麵)

5월 쭝쯔(粽子)

11월 양러우바오(羊肉包), 볜스(扁食)·훈툰(餛飩)

12월 관창(灌腸), 유빙(油餅)·러우빙(肉餅)

　위안샤오빙과 국수 종류 이외에는 전부 몽골과 후이족, 실크로드 지역의 요리라는 데 주목하자. 즉 베이징 서민의 맛은 원나라이후로 명나라와 청나라를 거치면서 현대에 이르기까지 놀라울 만큼 변한 것이 없다.

　청나라 때 들어와 만주족 특유의 맛이 더해져 봄의 '완더우황(豌豆黃, 완두콩으로 만든 찜 과자)', 한여름의 '싱렌더우푸(杏仁豆腐, 살구씨 가루와 우유로 만드는 젤리)', '지마량펀(芝麻凉粉, 참깨 소스를 뿌린 묵)', '나이라오(奶酪, 요구르트)', 가을의 '바바오롄쯔저우(八寶蓮子粥, 연밥과 대추를 넣은 죽)', 겨울의 '양러우짜몐(羊肉雜麵, 녹두나밤 가루로 만든 국수에 양고기를 곁들인 것)' 따위가 베이징 서민의 맛에 추가되었다. 바바오롄쯔저우는 원나라의 궁중 요리가 명나라때도 유지되다가 청나라 때가 되어서야 시정(市井)으로 내려온 것이다. 밀가루 빵에 저민 고기를 넣은 '러우빙'은 몽골족의 궁중 요리였으니, '궁팅샤오츠(宮廷小吃, 궁중 간식)'가 베이징의 맛을 구성한 요소의 하나였음은 자명한 사실이다. 이 궁팅샤오츠는 청나라왕조의 맛일 뿐 아니라 원나라와 명나라 왕조의 맛 역시 계승하고있다.

　서민의 맛으로 한정해 이야기하자면 베이징은 명나라 요리의 영향을 거의 받지 않았다. 이것은 특기할 만한 일이다. 같은 한족이더라도 중원 남쪽의 광둥이나 상하이와는 거의 다른 민족인 것처럼 식성이 다르다. 이슬람의 맛이 몽골 기마 민족으로부터 전해져서 베이징에 원형 그대로 정착하고, 그 맛이 중국 둥베이 지방에서 한반도까지 이어져 하나의 흐름을 이루고 있다. 지금 한국에 남아 있는 다양한 요리에서 16세기 말에서 17세기 초 무렵에 전래되어 정착한 것으로 알려진 고추를 빼고 쇠고기 국물을 양고기나 돼지 고기 국물로 바꾸면, 중국 북부에서 몽골에 이르는 미각과 꼭 같 아진다.

하지만 이런 식의 설명은 현대의 지형도와 국경 감각에서 나온 것이다. 실제로 만주 지역에는 중국어와는 다른 독자적 언어가 있 었고 한국어와 같은 우랄 알타이 어족에 속해 있었다. 일찍이 만 주 지역은 고구려 영토였다. 이 땅이 중국에 병합된 것은 당나라 때 신라가 당의 힘을 빌려 한반도의 삼국 통일을 달성한 때다. 그 대가로 드넓은 땅을 당나라에 넘겨준 것이다.

경극 스타 메이란팡이 즐긴 맛

필자가 경애하는 톈차오 예인*의 후손으로서 매화태고(梅花太鼓) 소리꾼인 궈바오탄(郭寶探) 씨, 톈차오 경극 희원(戲園, 극장)의 옛 명문 만성헌(萬盛軒)의 장남이자 미녀 경극 배우 신펑샤(新鳳霞) 를 할머니로 둔 위칭원(玉慶文) 씨는 당시 연극계 사정에 정통하 다. 이 두 경험 많은 노인에게 물어보니, 베이징 동역에서 루쉰이

톈차오 예인 자금성 남쪽에 있는 다리 톈차오는 명나라·청나라 때 황제가 천단(天壇) 참 배 길에 건너던 다리다. 톈차오 주변에서는 서민들의 오락 문화가 발달하여 20세기 중 반까지 예인들이 길거리에서 다양한 볼거리와 공연을 펼쳤다.

예약한 차이스커우(莱市口) 근처의 장발(長發) 여관까지 가려면 현재의 첸먼다제(前門大街)인 정양먼다제(正陽門大街)를 남쪽으로 쭉 내려가 주쯔커우(珠子口) 교차점에서 오른쪽으로 꺾어 직진해야 했을 거라고 한다. 그전까지 중요한 교통수단이었던 여차(驢車, 당나귀가 끄는 마차)는 도로가 쇠바퀴에 긁힌다는 이유로 정양먼다제 입구부터 진입이 금지되었고, 그로부터 5년도 채 지나지 않아 아예 베이징 중앙부를 다닐 수 없게 되었다. 루쉰은 공기로 부푼 고무 타이어가 달린 양차를 탈 수밖에 없었을 것이다.

최단 거리는 번화가인 다스란에서 관인쓰제(觀音寺街)를 지나 후팡차오(虎坊橋)로 향하는 코스였을 텐데, 이 근처는 1900년 의화단 사건으로 전소된 지역이었으나 이즈음에는 몰라보게 부흥하여 예전보다도 더 활기가 넘쳤다. 도로 양편에 수없이 늘어선 등롱이 알록달록 환한 거리에는 인파가 북적였다. 한창 붐빌 시간이었으니 찻삯을 웬만큼 얹어주지 않는 한 양차꾼은 여간해선 이 길로 들어오려 하지 않았으리라. 그러니 양차는 이곳을 둘러 가서 주쯔커우에서 방향을 틀었을 것이다. 주쯔커우에서 우회전하지 않고 그대로 직진하면 금방 유흥의 거리 톈차오에 다다른다.

루쉰의 일기에 쓰여 있는 여관 이름 '장발점(長發店)'이 정확히 어디인지는 지금 알 수 없지만, '장발점(長髮店)'이라면 차이스커우 자다오주(夾道居)에 존재한 적이 있다. '발(發)'과 '발(髮)'은 중국어로도 발음이 비슷하다. 어쩌면 루쉰이 청대의 구습 변발(辮髮)이 싫어 글자를 바꿔 쓴 것은 아니었을까.

무대를 잠시 옮겨보자. 같은 날인 1912년 5월 5일, 루쉰이 내린 베이징 동역에서 걸어서 10분도 안 걸리는 첸먼제 러우시(肉市)에 있는 경극 극장 광화루(廣和樓). 막 인기몰이를 시작하던 배우 메이란팡(梅蘭芳)이 여기서 〈채루배(彩樓配)〉 공연을 마친 것이 오후 2시쯤이었다.

기존 경극에서 볼 수 없었던 메이란팡의 화려한 연기 스타일은 베이징 경극 팬들의 찬반양론이 오가는 사이 점차 호평을 받게 되었다. 이날로부터 한 달 반쯤 뒤인 6월 18일에 메이란팡은 근처의 셴위커우(鮮魚口)에 있는 천락원희원(天樂園戲園)에서 부모자식의 석별의 눈물을 그린 〈상원기자(桑園寄子)〉에 출연해 '배꽃 그늘 아래에서 빗방울을 맞는 듯 요염한 목소리'라는 절찬을 받으며 대성공을 거둔다. 루쉰이 베이징에 도착했을 시각, 메이란팡이라는 새로운 '경극 머신'을 만든 막후의 연출자, 경극 연구의 1인자였으며 경극 작가이자 후원자이기도 했던 치루산(齊如山), 경고(京鼓) 연주자 쉬란위안(徐蘭元), 〈상원기자〉의 연출을 담당한 명배우 탄신페이(譚鑫培) 등과 함께 메이란팡은 6월 18일의 성공을 빚어낼 묘수를 다듬느라 여념이 없었을 게 분명하다. 5월 5일을 마지막으로 해서 5월 22일의 특별 공연을 제외하면 메이란팡은 광화루에서 하던 공연을 중단한다. 다음 작품 〈상원기자〉 준비에 들어간 것이다.

치루산의 저택은 골동품 시장 류리창(琉璃廠) 근처에 있었다. 하지만 치루산은 1912년 5월 한 달 동안 광화루에서 100미터 거리도 안 되는, '베이징 카오야(北京烤鴨, 베이징식 구운 오리)'와 오리 간 볶음으로 유명한 음식점 노편의방(老便宜坊, 베이징 토박이들은 베이징 시내 각지에 있는 오리 요리 전문점 '편의방便宜坊' 중에서도 꼭 이 가

••• 중국 경극에 현대극을 도입한 배우 메이란팡. 1930년대에 경극 배우로서 두각을 나타낸 뒤 20여 년간 베이징에서 활약하며 경극의 황금 시대를 열었다.

게에만 '라오老'를 붙인다)의 조용한 2층 별실과 정양먼다제 러우시에 있는 정양루반관(正陽樓飯館)의 큰 방 하나를 장기 임대했다고 한다. 노편의방은 내부 사람끼리 하는 연구 모임 용도로 썼고 정양루반관은 접대용으로 썼다.

청나라 도광제(道光帝, 재위 1821~1850) 치세인 1843년, 정양루반관은 산둥성 사람인 손학인(孫學仁)이 처음 문을 열었다. 처음에는 술과 안주, 제철 게 요리만 파는 조그만 가게였지만 광서제(光緒帝, 재위 1875~1908) 때 들어 산둥성 지난(濟南)에서 요리사를 데려온 뒤로 급속히 번창했다. 광서제 말년에 손학인의 종형제인 손학사(孫學士)가 경영권을 물려받았다. 당시 재계에서 인맥이 넓었던 손학사는 1912년에 이미 베이징 상회(商會) 위원이었고, 1923년에는 회장이 되었다. 당대의 유명인사는 누구나 정양루반관의 단골이었다. 그때 정양루는 베이징에서 가장 유명한 가게였다.

정양루에는 여러 가지 메뉴가 있었는데, 초겨울에는 게 찜 요리가 등장했다. 톈진 근처의 성팡진(勝芳鎭)에서 나는 게밖에 쓰지 않았다. 게살을 파낼 도구를 손님들이 각자 쓸 수 있도록 자리마다 놓아주는 것도 정양루 특유의 감각이었다. 조미료는 산시성의 질 좋은 식초와 함께 신선한 생강을 다져서 썼다.

《청가록(淸嘉錄)》의 기록에 따르면 강남 지방의 쑤저우 양청(陽澄) 호수에서는 일반적인 게 요리였던 '칭정세(淸蒸蟹, 게 찜)'와 달리 튀겨 먹었던 시기가 있었다고 한다. 깨끗하게 씻은 게를 반으로 갈라 녹말가루를 묻혀 튀기는 요리법도 있었다. 이런 게 튀김과 함께 게를 술에 담근 쭈이셰(醉蟹), 《중화주전(中華酒典)》에 나오는 게 절임 장웨이셰(美味蟹)도 정양루에서 맛볼 수 있었다.

베이징과 강남에는 신기하게도 똑같은 속담이 있다. "한겨울이 되면 게의 자취도 사라진다(交了冬 蟹無踪)."라는 속담인데, 이건 사실 틀린 말이다. 양청 호수에는 '진첸셰(金錢蟹)'가 있다. 새끼 게를 포획해 볏짚으로 만든 바구니에 넣어 춘절(春節, 음력 1월 1일)까지 사육한 것인데 살이 실하다. 이것을 베이징에서는 '쫭위안셰(狀元蟹)'라고 하는데, 잘 키운 게는 죽은 이를 추모하는 청명절(淸明節, 음력 3월경이며 양력으로는 4월 5일 전후가 된다)까지 살아 있었다. 청명절에 성묘를 하고 돌아오는 길에 쫭위안셰를 먹는 사람도 제법 있었을 것이다.

매년 입추(立秋)가 지날 무렵 정양루에서는 솬양러우(양고기 샤브샤브)도 개시했다. 양고기는 커우와이(口外, 만리장성 북쪽 바깥)에 모여 있던 양 목장에서 들여왔다. 고기를 종이처럼 얇게 써는 장인이 여러 명씩 있었다. 소스는 간장, 쌀 식초, 장더우푸(醬豆腐, 두부를 삭혀 만든 장), 생 참깨 양념장, 익힌 참깨 양념장, 부추 꽃, 새우기름, 참기름, 황주(黃酒, 중국의 전통 양조주)로 만들었다. 냄비에는 처음 끓일 때부터 생 표고버섯을 넣었다.

당시 베이징의 음식점은 경극 배우들 덕에 유지될 수 있었다고 봐도 좋다. 특히 희원이 쭉 늘어서 있었던 러우시, 셴위커우, 다스란, 주쯔커우는 원래 유명 반점(飯店, 음식점)이 집중되어 있었던 장소였다. 유명한 경극 배우의 왕림이야말로 가장 효과적인 광고거리였던 것이다. 가창(歌唱)과 몸짓을 면밀하게 점검하는 회의가 노편의방에서 끝난 뒤, 광화루 공연을 성공리에 마친 것을 축하하는 후원자와 신문 기자들을 접대할 만한 장소로는 정양루만 한 곳이 없다. 상식적으로 생각했을 때 연회는 오후 6시에 시작하여 9시쯤까지 이어졌을 것이다. 루쉰이 대략 7시 35분 전후에 정양루 앞을 지나갔을 테니, 루쉰과 메이란팡은 틀림없이 아주 가까운 곳에서 서로를 스쳐 갔을 것이다.

메이란팡은 성공을 손에 넣음과 동시에 다른 경극 배우들과 마찬가지로 미식의 세계에 발을 들여놓았는데, 그즈음까지는 다른 배우들의 습관을 따라 회원 밖 노점에서 꼭 뜨끈한 더우즈(豆汁, 콩국)를 마시고 각오를 다진 뒤 분장실로 들어갔다. 이날도 점심으로는 녹두 당면을 만들 때 부산물로 나오는, 걸쭉하고 가슴이 턱 막히도록 시큼한 회백색 더우즈와 곁들여 나오는 절임 반찬으로 옆자리의 베이징 서민들과 함께 배를 채웠을 것이다. 이 베이징의 더우즈는 신맛이 극도로 강하다. 다른 지방 사람은 한입 머금기만 해도 곧 뱉어버릴 정도다. 어딘지 에도(江戸, 도쿄의 옛 이름) 토박이 특유의 오기를 부리는 성질과도 닮았다. 하지만 베이징이 고향이었던 데다 경극 배우 양성 학교 푸롄청(富連成) 출신인 메이란팡뿐 아니라 지방에서 온 경극 배우들도 아무리 입에 안 맞아도 꾹 참고 더우즈를 마셨다.

"베이징에서 무대에 오르는 자가 더우즈를 마시지 않아서야 되겠나!"

정양루는 스스로 산둥 음식점이라고 내세웠지만, 실제로 정양루의 대표 요리는 후이족 요리인 솬양러우와 가을에서 겨울에 걸친 짧은 기간에만 잡히는 톈진 성팡진의 민물 게 요리였다. 치루산은 사실 후이족 출신이었다. 청고추와 채 썬 오이에 샹차이(香菜, 고수)를 고루 섞고 장(醬)을 끼얹은 전채 요리 '라오후차이(老虎菜)'나 푸루(腐乳, 삭힌 두부)를 녹색이 될 때까지 더 발효시킨 '처우더우푸(臭豆腐)' 같은, 후이족 색깔이 짙은 메뉴를 늘 빼놓지 않고 주문했다. 중간에 산둥 요리를 같이 시켰다 하더라도, 탄신페이는 양고기를 좋아했으니 특별한 날이 아니면 솬양러우로 입가심을 했을 것이다.

7년 뒤 누구도 범접하지 못할 명배우로 우뚝 선 메이란팡은 베이징에서 5·4운동이 한창이던 때 일본 무대에 진출했고, 결국 일본에 협력하는 태도를 취하며 '일지친선(日支親善)'에 가담했다. 나중에는 항일 애국 인사로 알려진 메이란팡은 문화혁명이 발발하기 몇 년 전에 죽었는데, 그때 죽은 것이 오히려 행운이었다. 문화혁명 때 경극의 명배우들은 거의 다 타도 대상이 되어 살해당했기 때문이다.

동래순, 베이징 명문 음식점의 탄생

루쉰과 메이란팡. 1912년 5월 5일의 우연은 이것뿐만이 아니다.

필자의 라오펑유(老朋友, 오랜 친구)인 동래순반장(東來順飯莊) 왕푸징점의 총책임자 류좡투(柳壯圖) 씨에 따르면, 1912년 5월 5일 오전 10시 둥안(東安) 시장의 북문 동쪽에서 동래순양육관(東來順羊肉館)이 착공되었다.

몇 달 전인 2월 29일 밤, 나중에 중화민국 총통이 되는 위안스카이의 군대가 내성(內城)의 번화가 왕푸징에 머무는 동안 시장에 불을 질렀다. 1903년부터 값싼 녹두나 밤 가루로 만든 국수 '짜몐(雜麵)'과 부슬부슬한 메밀가루 만터우(찐빵)를 팔아 온 잡일꾼 대상 노점 한 곳은 그즈음 천막을 치고 죽(粥)도 파는 '동래순죽붕(東來順粥棚)'으로 성장한 참이었는데, 이 소동 탓에 홀랑 불타 잿더미가 되었다. 그러나 경영자인 딩더산(丁德山) 삼형제는 이 불운을 계기로 삼아 주변 토지의 권리를 사들여 가게를 확장할 결심을 했다. 그러려면 메뉴 가짓수를 늘려야 했다. 후이족 출신이었던 딩더산은 한족 입맛에 맞는 후이족의 맛을 개발하는 것이 본디 꿈이었다. 이때 그들이 눈여겨본 것이 베이징에서 막 유행하기 시작한 정양루의 솬양러우였다.

정양루가 높이 평가받은 점은 양고기의 얇은 두께였다. 고기 500그램을 썰면 100점이 넘게 나왔으니 종이보다 얇다며 베이징 토박이들의 칭찬이 자자했다. 4월 중순에 딩더산은 정양루의 고기 써는 장인을 몇 명 스카우트했고, 베이징에 납품하는 양 목장이 모인 장자커우(張家口)의 후이족 지인들에게 냄새가 없고 산뜻한 맛이 나면서도 끓는 물에서 딱딱해지지 않는 종류의 양고기를 독점적으로 입수할 방법을 수소문했다. 또 정양루의 소스보다 후이족 스타일에 더 가까우면서도 한족의 기호에도 맞는 맛을 개발해냈다. 간장은 가게에서 특별히 따로 제작했다. 된장을 말려 기름기를 뺀 뒤 감초(甘草), 계수나무 껍질, 얼음설탕을 넣어 정제했다. 그리고 기본으로 삼은 정양루의 맛에다 부추 꽃을 배와 함께 푹 절여 만든 새콤달콤한 국물을 섞었다.

마침내 1928년 딩더산은 가까운 곳의 건물을 사들여 3층짜리 음식점 동래순의 문을 열었다. 동래순은 손님 500명을 수용할 수 있는 베이징 최대의 음식점 중 하나로 자리 잡았다. 1937년이 되어 베이징이 일본에 점령당하고 괴뢰 정권인 중화민국 임시 정부가 세워졌다. 이때 밀려들어 온 정치적 압력은 이제까지 의좋게 경영을 함께하던 삼형제를 분열시켰다. 또한 동래순이 간장 제조를 위해 사용하던 작은 집이 일본군에게 넘어가는 바람에 질 좋고 맛의 특징이 뚜렷한 간장을 만들 수 없게 되었다. 엎친 데 덮친 격으로 삼형제의 장남은 발에 앓던 병 때문에 아들 푸팅(福亭)에게 경영권을 물려주었다.

1949년 중화인민공화국이 성립하고 베이징은 신생 중국의 수도가 되었다. 1955년부터 동래순은 국가와 공사합영(公私合營, 사회주의 국가에서 국가와 민간이 공동으로 투자·경영하는 일)을 하게 되었고, 그 덕에 전통의 간판을 유지할 수 있었다.

그러나 다시 한 번 불행이 찾아왔다. 문화혁명의 돌풍이었다. 1967년에 베이징 시에 혁명위원회가 세워졌다. 동래순의 현판이 부서졌고, 베이징의 시민 생활을 해학적인 필치로 그린 작가 라오서(老舍, 1899~1966)가 가게에 써준 휘호 '노점신풍(老店新風)'도 봉건적이라고 하여 철거되었다. 이후 가게 이름이 '민족찬청(民族餐廳)', '민족반장(民族飯莊)' 따위로 바뀌었다가 1979년 10월에야 옛날처럼 동래순이라는 이름을 내거는 것이 허용되었다.

일본에는 수백 년이 넘는 역사를 자랑하는 오래된 가게가 곳곳에 있다. 하지만 동래순반장의 90년 남짓한 역사는 베이징에서 그

■■■ 1957년 베이징의 솬양러우(양고기 샤브샤브) 전문점 '동래순'의 모습. 1903년에 노점에서 출발한 동래순은 전쟁과 혁명 등 여러 위기를 겪었으나 지금도 베이징을 대표하는 음식점으로 건재하다.

런 가게가 존속하는 것이 얼마나 어려운 일인지를 보여준다. 청나라 왕조의 멸망을 경험하고 북양군벌의 할거와 일본군의 침공을 거친 뒤, 제2차 세계대전 이후에는 공산주의 사회를 맞아 문화대혁명의 수라장을 견뎌야 했다. 그 과정에서 수많은 전통 있는 가게와 명물 음식점이 사라졌다. 베이징을 대표하는 생선 요리로 유명했던 광화거(廣和居), 산둥 요리 음식점 치미제(致美齊), 게 요리로 유명한 설향제(雪香齊) 등 한때 귀인과 문인들에게 사랑받던 전통 있는 가게들은 이제 책 속에서밖에 찾아볼 수 없다. 오늘날 베이징에서 전통과 역사를 지닌 가게로 번창하는 음식점은 선택받은 한 줌의 소수에 지나지 않는다.

다시 1912년으로 돌아가자. 5월 5일에 착공한 동래순양육관, 현재의 동래순반장이 6월에 문을 열면서 솬양러우의 명가라는 평가는 정양루에서 동래순으로 금세 넘어왔다. 1912년 5월, 갑자기 고기가 두꺼워진 정양루의 솬양러우를 앞에 두고 치루산과 탄신페이는 어떤 표정을 지었을까? 이후 치루산은 공산당 군대가 베이징을 포위하기 직전에 타이완으로 도망친다. 그는 정양루의 출자자 중 한 명이었다.

루쉰의 음식, 마오쩌둥의 음식

이때 반장(飯莊, 반관飯館보다 규모가 약간 큰 음식점. 소규모 연회가 가능한 식당을 말한다)의 중심은 점차 러우시에서 주쯔커우로 이동하고 있었다.

루쉰이 탄 양차가 주쯔커우에서 우회전해 100미터쯤 간 곳에서 오른편을 보면 두 번째로 나오는 거리 메이시제(煤市街)가 있었다. 모퉁이에는 경극을 공연하는 화북희원(華北戲院)이 있었는데, 18년 뒤에는 이웃 쓰허위안*에 산둥 요리 음식점인 풍택원반장(豊澤園飯莊)이 생긴다. 안쪽에는 마찬가지로 산둥 요릿집인 치미제가 있었다. 이 두 가게에 관해서는 나중에 다시 자세히 이야기하기로 하겠다.

다시 수십 미터를 더 가면 광서 원년(1875년)에 설립된 동취관양육관(同聚館羊肉館)이 있었다. 양고기 구이와 볶음, 서역 스타일이 뚜렷한 양고기 항아리 구이가 독특한 냄새를 풍겼다. 또다시 수백

쓰허위안(四合院) 중국의 전통 가옥 건축 양식으로 특히 베이징에서 많이 볼 수 있다. 동서남북 네 방향을 바라보는 건물이 정원을 둘러싸고 입 구(口) 자 모양을 만든 형태다.

••• 중국 화베이(華北) 지방의 전통 건축 양식인 쓰허위안(四合院). 원래 경제적으로 부유한 사람이 거주했으나 청나라 시대에 이르러 베이징 서민들에게도 널리 보급되었다. 풍택원반장, 동화거 등 베이징 유명 음식점들도 쓰허위안 방식으로 지어졌다.

미터 나아가면 옛 베이징의 홍등가였던 산시샹(陝西巷)이 펼쳐진다. 중화반장(中華飯莊), 신진춘(新晋春), 그리고 송나라 시절의 조리법과 새콤달콤한 풍미를 계승한 '우류위(五柳魚)'의 베이징 본가라 할 만한 취경림(醉瓊林) 같은 광둥 스타일 가게, '차오뉴러우쓰(炒牛肉絲, 쇠고기를 실처럼 길쭉하게 썰어 볶은 요리, 일명 고추잡채)'의 양념인 징장(京醬, 춘장) 맛이 일품이었던 은성거소흘관(恩成居小吃館) 등이 나란히 늘어서 있었다. 주변에는 고급 기루(妓樓)가 줄지어 섰고, 보라색 아세틸렌 램프로 기녀를 비추며 달리는 양차가 길을 오갔을 것이다.

한자탄(韓家潭, 지금의 한자 후퉁韓家胡同)에서도 세련된 샤오츠관(샤오츠小吃, 즉 가벼운 간식을 파는 가게)이었던 행화춘(杏花春)과 신호춘(新湖春)이 치열한 경쟁을 벌이고 있었다.

루쉰은 오른편에 펼쳐진 아름다운 봄 경치를 보며 여관으로 향했다. 다음 날 6일에 루쉰은 여관에서 난반제(南半截) 후퉁의 사오싱 후이관(會館)으로 숙소를 옮겼다. 당시 각 현(縣)은 베이징을 방문하는 현 주민의 편의를 위해 후이관을 지어 숙박을 제공했다. 후이관에서는 취사를 할 수 없었기에 숙박객들은 거의 외식에 의존했고, 그러다 보면 베이징의 주요 음식점을 전부 제패하곤 했다.

사오싱 사람에게는 외국이나 다름없는 풍토에서 루쉰은 1919년 11월까지 후이관에 살았다. 다행히 100미터 정도 되는 거리에 남쪽 지방 입맛의 음식을 내놓던 광화거가 있어서, 이 식당에 하루가 멀다 하고 드나들었다. 광화거가 있었던 베이반제(北半截) 후퉁과 난반제 후퉁은 거꾸로 된 U자 모양으로 교차하는 마을이었다. 루쉰은 베이징 토박이들이 사랑한 원나라 이래 베이징 고유의 맛에는 적응하지 못했지만, 산둥 요리에는 조금씩 익숙해지게 된다.

당시 베이징에서는 남방 풍미가 유행이었다. 이 유행은 역사상 몇 번이나 반복되었는데, 루쉰에게 마침 이 시기에 베이징에 있었던 것은 다행한 일이었다. 남방 풍미가 담백한 산둥 요리와 만나 어우러졌고 양쪽의 생선 요리법이 서로 자극받아 절차탁마(切磋琢磨)하는 발전을 이뤘다. 또 남쪽 지방 곳곳에서 뛰어난 요리사가 수도 난징이 아니라 베이징을 목표로 삼고 몰려왔다.

그 루쉰이 살던 난반제 후퉁의 바로 뒤편에 있었던 후난 후이관에 1918년 1월 19일 짐을 푼 것이 후난성에서 상경한 마오쩌둥이었다.

루쉰의 숙소와 직선 거리로 단 60미터밖에 떨어져 있지 않은 곳이었다. 미식가가 아니었던 마오쩌둥이 광화거에 들렀다는 기록은 없으나, 일 년 동안 둘이 한 번도 스쳐 지나지 않았으리란 증거도 없다. 역사는 참으로 재미있다. 현대 중국의 두 거물이 일 년간 이웃에 살았던 것이다. 그건 그렇고 당시 베이징에 후난 요리를 파는 곳은 얼마 없었다. 농촌에서 온 마오쩌둥은 끼니때마다 퍽 곤란했을 터이다.

3장

제국의
통치술과
궁중 요리

쿠빌라이 칸의 양고기, 주원장의 쌀밥

중국 요리라고 했을 때 제일 먼저 떠오르는 것은 '차오(炒)', 즉 볶음일 것이다. 그런데 이 볶음이 언제 확립되었는지 역사를 거슬러 올라가보면 의외로 그렇게 옛날 일은 아니다. 송나라 때만 해도 볶음 요리는 거의 없었다. 남송 시대에 이르러 조금 늘어나긴 했지만 그래도 아직 볶음이 주된 요리법은 아니었다.

원나라 초기 세조 쿠빌라이 전성기 때 편찬되었다고 전해지는 요리책 《거가필용사류전집(居家必用事類全集)》에는 상당히 많은 요리가 실려 있는데, 볶음 요리는 '쓰촨펑지차오러우(四川風鷄炒肉, 쓰촨풍 닭고기 볶음)'를 비롯해 겨우 몇 가지밖에 나오지 않는다. '수시(蔬食, 채소 요리)'를 다룬 장만 봐도 절임을 비롯한 채소 요리 서른다섯 항목 중에서 볶는 조리법을 사용한 경우는 삶거나 찐 요리를 다시 볶은 것밖에 없다. 생채소를 바로 센 불에 볶게 된 것은 근대에 들어와 도시 인구가 늘어나면서 요리 시간을 단축하려고 인스턴트화를 시도한 이후의 일이다. 또 익힌 고기 요리를 소개하는 '소육품육조(燒肉品六条)' 페이지에는 소, 돼지, 사슴, 토끼, 오리 따위가 등장하는데, 대부분이 꼬치에 끼워 구워 먹는 간단한 요리다.

《거가필용사류전집》만 가지고 중국 요리 전부를 논할 수 없기는 하다. 예를 들어 이 책에 나오는 '완정양(碗蒸羊)'이라는 요리는 오늘날에도 남아 있는 페르시아 요리의 판박이다. 수컷 새끼 양의 고기를 얇게 썰거나 작게 조각내 물을 조금 넣은 뒤 사발(碗)에 넣어 삶는다. 여기서 쓰는 사발은 흙으로 빚어 초벌구이만 한 질그릇이다. 거기다 파, 생강, 돌소금을 넣고 젖은 종이를 뚜껑처럼 씌운 뒤 여러 번 팔팔 끓인 다음 술, 초(酢), 생강가루, 골수 기름을 더해 찐다. 현재 한족이 먹는 요리와는 동떨어진 스타일이다.

거란족이 세운 요나라와 여진족(훗날 만주족)이 세운 금나라가 남진하는 과정에서 접한 한족 문화에 강한 영향을 받은 것과는 달리, 몽골족은 한족 문화를 거부했다. 쿠빌라이 칸은 티베트 불교를 도입하는 한편 문자마저 티베트 승려 파스파를 시켜 한자와 다른 새로운 문자(파스파 문자)를 만들어 썼다. 그리고 중국 땅 전체를 통치하는 수단으로서 민중을 네 가지 계급으로 나누었다. 일등급을 몽골인, 이등급을 원나라가 서방 원정을 간 이후에 귀순한 색목인(色目人, 서역인), 삼등급을 금나라에 정복당한 북방 한족으로 정하고 남송 치하에 있던 한족을 최하층에 두었다.

원나라 왕조를 섬기던 음선태의(飮膳太醫) 홀사혜(忽思慧)는 1330년에 9대 황제 문종(文宗, 재위 1329~1332)에게 자양강장에 효능이 있는 95가지 요리를 모은 책 《음선정요(飮膳正要)》를 헌상했다. 이 책에 실린 요리 역시 대부분 양고기를 사용한 당시의 최첨

단 몽골 요리였다.

예를 들어 '허툰겅(河豚羹)'이라는 이름의 요리가 있는데, 이름에 복어(河豚)가 들어가 있지만 복어 요리는 아니다. 양고기를 밀가루 튀김옷으로 감싼 뒤, 톈진을 경유하여 보하이 만(渤海灣)으로 흘러드는 하이허(海河) 강에서 잡히는 독 없는 새끼 복어 모양으로 빚어 튀겨낸 것을 건더기로 넣은 국물 요리다. 요리 이름에서 '양'이란 글자를 숨기는 것이 당시에는 세련된 감각이었나 보다.

'체쯔만터우(茄子饅頭)'도 마찬가지다. 이 요리는 양념해서 구운 양고기를 잘게 다져 넣은 찐빵인데, 이름과 달리 가지(茄子)는 들어가지 않는다.

한편 수도 베이징을 비롯한 중국 북방에서 몽골 요리는 가정에까지 엄청난 영향을 끼쳤다. 오늘날 베이징 명물로 자리 잡은 '솬양러우'나 '카오양러우(烤羊肉, 양 불고기)' 같은 요리가 바로 몽골 지배의 흔적이다. 베이징 주민들이 이민족 풍미로서 즐기던 사이에 정착한 것일 터이다. 이렇게 한번 베이징에 정착한 요리는 다른 남방 도시의 경우와는 달리 원재료의 맛이 바뀌지 않는 한 본래 성격을 간직한다. 이것 역시 권력자가 바뀔 때마다 눈치 빠르게 적응해 온 베이징 시민이 지닌, 꾀바른 방관자의 태도를 취하면서 만사를 태평하게 흘려 넘기는 성격이 드러난 예일 것이다.

베이징 시민의 이러한 성격도 한몫한 덕에, 원나라 왕조가 통치를 시작했을 때부터 몽골 요리가 베이징에 침투할 밑거름은 분명히 마련되어 있었다. 몽골인에게 정복당하기 전에도 베이징은 만리장성을 넘어 침입한 북방 민족 거란족(요나라)과 여진족(금나라)

의 지배를 받은 적이 있었던 데다, 거란족과 여진족 역시 몽골족과 마찬가지로 수렵과 목축 생활을 하며 양고기를 주로 먹던 민족이었다. 하지만 그렇다고 해서 베이징 주민들이 일상생활에서 양고기만 먹었느냐 하면 그렇지는 않다.

실제로 원나라 왕조는 한족 문화를 거부했다고 알려진 상식과는 달리 베이징을 점령하자마자 남방의 한족처럼 쌀을 먹기 시작했다. 원나라 사람들이 내심 남송의 한족 문화를 동경했기 때문이기도 하고, 한족을 회유하고자 채택한 정책이기도 했을 것이다. 곡물을 동물의 젖이나 고기와 함께 죽처럼 끓여 먹는 경우가 많았던 원나라 요리는 이즈음부터 기존 요리에 기름을 끼얹고 마늘을 듬뿍 넣은 남방 스타일의 요리로 바뀌어 갔다. 거기다 쌀을 더해 먹게 된 것이다.

남쪽 지방에서는 이미 현대의 '구이', '조림', '찜', '볶음' 따위의 조리법이 거의 다 쓰이고 있었다. 이런 조리법이 신선하고 매력적인 새로운 문화로 베이징에 들어왔다. 그뿐 아니라 각지의 지방 요리가 저마다 독자성과 우월함을 주장하며 수도에 몰려들었고 수도는 그 요리들을 한데 모아 종합했다. 한편 원나라 왕조가 예로부터 북방 정복 민족을 동경해 온 영향으로 베이징에는 갖가지 소수 민족 요리 또한 범람했다. 후세까지 이어지는 베이징의 이국 취향은 이때 시작되었다고 볼 수 있다. 그리고 이러한 수도의 기질이 바탕이 되어 중국 요리가 다양한 민족의 식문화를 적극적으로 흡수하여 발전하는 특징을 갖추게 되었다고 해도 과언은 아니다.

한편 원나라 왕조 치하에서 베이징은 처음이자 마지막으로 항만 도시로 변신했다. 지금도 베이징 시의 중앙에는 커다란 호수가 있다. 남쪽에서부터 차례대로 난하이(南海), 중하이(中海), 베이하이(北海), 첸하이(前海), 허우하이(後海), 시하이(西海) 순으로 이어지는데, 북쪽 끝에는 지금은 흙으로 메워버린 지수이탄(積水潭)이 있다. 지수이탄은 오늘날 스차하이*보다 몇 배나 넓은 인공 호수였다. 이 모든 호수를 만든 사람은 원나라 왕조를 섬긴 한족 천문학자 곽수경(郭守敬, 1231~1316)이었다. 이에 더해 그는 퉁저우(通州)에 운하를 파고 바이허(白河)의 대운하에 연결해 베이징까지 이어지는 거대한 수로를 개통했다. 당시 지수이탄에는 정박해 있거나 떠다니는 배가 수천 척이었고, 지수이탄까지 이어지는 수로를 통해 강남에서 나는 쌀과 다양한 물자와 예인(藝人)까지 실려 왔다. 자연히 지수이탄 주변에는 뱃사람을 상대로 장사하는 다양한 지방 풍미의 음식점이 앞다투어 늘어섰고, 곡예나 연극 따위의 공연을 보여주는 가설 극장, 기녀가 북적이는 기루, 여관, 구경꾼을 비롯해 다양한 사람들이 타고 다니는 마차와 낙타 떼로 번화하기가 이루 말할 데가 없었다. 그야말로 베이징의 앞마당이었다고 할 수 있다.

그러나 원나라가 멸망하고 들어선 명나라 태조 주원장(朱元璋, 재위 1368~1398)은 처음에 수도를 난징에 두었기에, 수도도 아닌 베이징에 굳이 물자를 실어 나를 필요가 사라졌다. 지수이탄은 점

스차하이(什剃海) 첸하이, 허우하이, 시하이 3개 호수의 중심에 해당하는 지역. 이곳 주위에 열 개의 사찰이 있다고 해서 '스차하이'라는 이름이 붙었다고 한다. 지금은 한 곳만 남아 있다.

차 쇠락해 갔고 배가 자취를 감춘 대신 거대한 연잎이 드넓은 호수 표면에 빽빽이 찼다고 한다. 명나라가 난징에서 베이징으로 수도를 이전하기로 결정하면서 수도 조성 계획에 따라 북쪽 성벽을 아래쪽으로 조금 옮겨 다시 세우게 되었고, 지수이탄은 이 성벽 때문에 동서로 두 쪽이 나면서 역사적 사명을 마치게 되었다. 이와 함께 베이징이 항만 도시로 활약할 가능성도 완전히 사라지고 말았다.

역사상 베이징에는 수로로 만들어진 앞마당이 75년 동안 존재했다. 만약 명나라 초기에 지수이탄이 파괴되지 않았더라면 곡물 가루를 먹는 북방의 식문화도 상당한 영향을 받았을 것이다. 이때의 역사는 명나라 다음에 들어서는 청나라가 완전히 고쳐 쓴 탓에 사료가 별로 남아 있지 않다. 하지만 특별히 기록해야 할 사실임이 틀림없다.

명나라 시대는 약 300년 만에 한족 왕조가 베이징을 지배한 시대였다. 이후 277년간 이어진 이 한족 왕조를 발판으로 해서 근대 중국 요리의 형태가 서서히 형성되었다. 사람들의 식생활도 풍요로워졌고 다양한 요리책이 발간되었다.

명나라 때 중산층 가정의 모습을 살펴보는 데는 소설 《금병매(金瓶梅)》가 가장 유용한 참고 도서로 인정받는다. 소설의 무대는 송나라 말기지만 등장인물은 명나라 가정제(嘉靖帝) 재위 시기(1522~1566)의 허베이성(河北省) 칭허(清河)에 살던 사대부 계층이 모델이라고 한다. 실제로 소설 속 묘사를 참고로 하여 당시 명나라의 식생활을 가늠하는 문헌도 많다. 《금병매》에서 드러나는 명

나라 때 베이징 사람의 식생활은 다음과 같다.

식사는 하루에 세 끼인데, 무대가 북방이기에 주식은 국수 종류가 대부분이며 탕면이 많다. 아침과 점심에는 '사오빙(燒餠, 둥근 밀가루 빵)'이나 만터우(찐빵), 밀기울 지짐, 여러 가지 절임, 술지게미에 절인 족발, 달걀, 해파리 따위를 먹는다. 부추와 달래를 많이 쓰는 것이 특징이다.

밤의 주빈을 살펴보자. 전채로는 더우츠(중국식 청국장), 박(瓜)과 가지 절임, 유자(柚子) 된장, 죽순 술지게미 절임 따위가 작은 종지에 담겨 나오고, 주요리는 커다란 사발에 든 '랴오양터우(燎羊頭, 양 머리 구이)', '즈야(炙鴨, 집오리 직화 구이)', '더우야(豆芽, 콩나물)'와 달걀을 넣은 만둣국, 참마를 곁들인 고기 완자 등이다. 주식은 쌀밥이다.

어쩐지 남방의 분위기가 감도는 것은 어디까지나 소설 속 세계이기 때문이리라. 당시 한족이 자신들의 정체성인 남방 풍미를 북방에 도입하려고 실제로 애를 썼을 수도 있다. 하지만 '죽순 술지게미 절임'만 보더라도, 당시 베이징이나 산둥 요리에는 예로부터 '시하이(食醢, 생선에 소금과 밥을 넣어 삭힌 것)'는 있었지만 술지게미에 절인 음식은 없었다. 굳이 찾자면 남방에서 온 사오싱주(紹興酒, 찹쌀을 발효시켜 만든 발효주) 지게미 절임이 있기는 했으나 북방에서는 엄청나게 비싼 음식이었을 것이다. 그리고 '참마를 곁들인 고기 완자'라고 함은 참마를 간 데다 설탕과 기름을 넣고 그 위에 고기 완자를 올려 찐 요리인데, 이것 또한 남방 요리인 '산야오니완쯔(山藥泥丸子)'다. 참마가 베이징 일반인의 식생활에 자리 잡은 적은 지금까지 한 번도 없었다. 남방 음식점에서 가끔 별미로 먹을 뿐이다. 즉, 당시에 이런 남방 요리가 《금병매》의 무대인 북방 마을에 들어왔을 리가 없다. 작가가 이야기 속 세계를 꾸미려고 지어낸 허구라고 보는 게 맞다.

그밖에 명나라 때 나온 요리책으로는 명나라 초기 유기(劉基, 1311∼1375)가 지었다고 하는 《다능비사(多能鄙事)》와, 명 태조 주원장의 16번째(혹은 17번째) 아들이었던 영왕(寧王) 주권(朱權, 1378∼1448)의 《구선신은서(臞仙神隱書)》가 유명하다. 그러나 이 책들은 몽골 색채가 짙은 원나라 때 요리책 《거가필용사류전집》의 영향을 철저하게 받은 데다 발간 당초부터 이미 이본(異本)이 존재했다는 이야기도 있기에 참고로 삼기에는 적절치 않다. 과거 원나라 시대에 대한 그리움의 정서가 배경에 깔린, 말하자면 현대 도쿄 사람이 에도 시대 요리에 향수를 느끼는 것이나 비슷한 내용이기에 이런 책들에 나온 요리가 진짜 명나라 때 요리라고 하기는 어렵다.

여하튼 1421년의 환도(還都)를 계기로 하여 베이징은 점차 바뀌어 갔다. 한족 지배층이 남방의 식자재와 식습관, 식사 매너를 베이징에 가지고 온 것이다. 일반 서민의 주식은 북방의 경우 예로부터 좁쌀과 기장쌀 같은 잡곡이었고 남방의 경우 쌀이 중심이었는데, 이때부터 베이징의 상류 계급에서는 국수와 더불어 쌀을 먹는 일도 드물지 않게 되었다.

또한 그전까지 원나라의 지배를 받던 베이징 사람들은 나무 숟가락을 썼으며 젓가락으로 음식을 먹는 경우는 거의 없었으나, 명나라 왕조가 들어서면서 젓가락으로 식사하는 관습이 정착했다. 이로써 모든 중국인이 젓가락을 사용하여 식사를 하게 되었다.

1644년에 베이징에 입성하여 통일 왕조로서 청나라 시대를 연 만주족*은 한족 문화에 관용을 베풀었고, 그리하여 베이징의 식생활은 새로운 문화의 혼합을 경험하게 되었다.

몽골족과 만주족은 늘 한족을 회유하는 정책을 폈다. 청나라 시대에도 한동안 이어진 태평성대와 만한혼합(滿漢混合)의 분위기에

만주족 1616년 누르하치가 여진의 각 부족을 통일하고 후금(後金)을 세웠다. 그 후 2대 황제인 홍타이지가 1636년에 국호를 대청(大清)이라 바꾸고 종족명을 '만주족'으로 개칭하였다.

힘입어 베이징 요리 문화는 백화만발(百花滿發)했다. 오늘날 중국 요리의 명물, 베이징 요리의 명물이라고 일컬어지는 음식의 대부분이 청나라 시대에 탄생했다. 예를 들어 남방에서 독자적으로 성장한 상어 지느러미 요리, 본디 난징 요리였던 것이 베이징에 와서 진화한 베이징 카오야 등이 이 시대의 산물이다.

상어 지느러미는 명나라 때 의학자 이시진(李時珍, 1518~1593)이 쓴《본초강목(本草綱目)》에 등장하는데, 남방 사람의 진미라고 쓰여 있다. 그때만 해도 전국적으로 보급되지는 않았던 것이다. 청나라 초기에 들어오면 요리책에 상어 지느러미 요리법이 자세하게 나온다. 주이존(朱彝尊, 1629~1709)의《식헌홍비(食憲鴻秘)》를 보면, "푹 익히고 나서 썬다. 실처럼 잘게 흩뜨리면 안 된다. …… 국물은 말간 것이 좋지만 기름기가 있으면 좋지 않다."라고 적혀 있다.

양장거(梁章鉅, 1775~1849)의《낭적총담(浪跡叢談)》에는 다음과 같은 내용이 있다.

"최근 양저우 근방의 부자들 중에 손님을 초대했을 때 상어 지느러미의 뿌리 부분을 사용하지 않는 자가 없다. 이 부분을 이름하여 '러우츠(肉翅)'라고 한다. 양저우 사람이 제일 잘 만드는 것이 바로 상어 지느러미 요리다. 완성된 상어 지느러미 요리는 맛이 진하고 깊이가 있다. 그야말로 천하에 둘도 없는 일품이다. 보아하니 원매는 이렇게 맛있는 요리를 맛보는 행운을 누리지는 못했던 것 같다."

여기 나오는 원매는 여러 지방에서 맛본 미식을 정리하여《수원식단》을 집필한 문인이다. 그의 저작은 청나라 시대를 대표하는 요리책으로 높이 평가받고 있다. 이 책에 "닭고기 국물에 얇게 썬 무를 넣고 상어 지느러미 끝부분을 실 모양으로 잘게 찢어 섞는다."라고 쓰여 있는 것을 두고 양장거가 비아냥거린 것이다.

그러나 여기에도 다른 설이 있다. 원매가 살던 때 상어 지느러미 요리는 재료의 원형이 보이지 않도록 만들어야 품위가 있다고 여겨졌다는 주장이다. 원매 본인의 취향을 보더라도 무채에다 상어 지느러미를 원형 그대로 넣는 것은 그의 미의식에 반하는 일이었을 것이다. 애초에 이 요리는 국물 요리다. 주역은 상어 지느러미가 아니라 무인 것이다. 무에 상어 지느러미의 끈끈한 식감을 살짝 스며들게 함으로써 무의 본래 맛을 변화시키고자 한 지극히 세련된 요리이기에, 뿌리 쪽 살점의 끈끈함은 필요가 없다.

사실 이 상어 지느러미 요리가 청나라 황실 식탁에 등장하는 것은 18세기 후반의 일이다. 청나라 왕조가 안정을 누리던 제4대 황제 강희제(康熙帝, 재위 1661~1723) 때도 황실에서는 상어 지느러미를 입에 대지 않았다. 여진족은 검소하게 살았던 데다 본래 유목민이었기에 해산물을 즐기지 않았던 것이다. 근친혼을 하기 쉬운 유목민의 특성상 부족 자치에 신경을 많이 썼기 때문인지 여진족은 애니미즘 신앙을 굳게 지켰다. 따라서 육지의 식재료(낙타와 양의 힘줄이나 뼈)를 숭배하고 해산물을 꺼렸다. 해산물을 가지고 육지의 식재료를 흉내 내는 일이나 채소와 생선살처럼 생태계가 다른 재료를 섞는 것은 가장 큰 금기였다. 포유류가 아닌 재료의 식감을 애초에 먹을 것이라고 생각하지 못했던 것이다.

그러나 제6대 황제 건륭제 때에 이르러서는 한족과 만주족의 융

▪▪▪ 청나라 4대 황제인 강희제. 한족과 만주족의 화합을 위해 두 민족의 산해
진미를 모아 '만한전석'이라는 궁중 요리를 탄생시켰지만, 강희제 자신은 평생
소박한 음식을 적당히 먹었다고 한다.

화 정책이 마무리 단계에 들어가면서 식생활의 융합을 더욱 적극적으로 추진해야 했다. 이것은 한족에 대한 회유책이라기보다 이미 생활 습관이 한족화(化)한 만주족을 고려한 조치에 가까웠다. 한족 문화에 물든 만주족은 입맛도, 철학도 한족과 전혀 다름이 없어진 상태였다. 건륭제는 몇 번이나 강남을 방문하여 여러 가지 맛 좋은 음식〔美味佳肴〕을 관광 기념품처럼 베이징에 가져왔다. 궁중에서는 쑤저우와 항저우 요리가 유행하기 시작하여 민간으로 전파되었다. 연극을 비롯한 양저우의 화려한 문화도 건륭제의 여정을 따라 베이징으로 들어왔다. 이때 들어온 연극이 나중에 다른 지방의 연극과 합쳐져서 베이징에서 경극이 성장하는 토대가 되었다. 즉 베이징은 온갖 지방 문화가 한데 모이는 무대였고, 요리의 경우에도 마찬가지였을 것이다.

이때부터 '만한전석(滿漢全席)'이 최고의 전성기를 맞았다. 만한전석이란 지방에 부임한 만주족 관리가 토박이 한족과 교류하는 방법이었는데, 연회를 베풀 때 만주족 요리와 한족 요리를 똑같은 숫자로 내놓는 것이다. 처음에는 만주족을 접대하려고 한족이 고안한 연회 방식이었다.

만한전석이 관습으로 자리 잡음에 따라 지방에 부임한 관리와 토박이 한족이 각자 고용하고 있는 요리사의 솜씨를 서로 자랑하게 되었다. 요리의 질이 점차 훌륭해지면서 가짓수도 동시에 급격히 늘어났다. 건륭제가 양저우를 순행할 때 만한전석은 이미 양식이 정해져 있었다. 남쪽 요리(南菜)와 북쪽 요리(北菜)를 각각 54종씩 마련하여 크고 작은 요리가 전체 108종, 거기다 만주족의 덴신

(點心, 가벼운 간식거리)을 44종 더한 규모가 일반적이었다고 한다.

여담이지만 현재 남아 있는 남방 순행의 기록을 찾아보면 메뉴 중에 양고기와 돼지고기를 둘 다 사용한 요리가 눈에 띈다. 이 기록 때문인지 홍콩의 만한전석에 나오는 요리에서는 실제로 양고기와 돼지고기를 동시에 쓰기도 한다. 그러나 건륭제는 총애하는 후이족 후궁 향비(香妃)와 언제나 같이 다녔기에 돼지고기를 쓴다는 것은 있을 수 없는 일이었다. 나중에 기록을 베껴 쓰는 과정에서 일어난 실수일 것이다.

역사적으로 보면 중국의 한족 왕조는 1644년 명나라가 277년간 이어진 통치의 막을 내렸을 때 끝이 났다. 그뒤 한족 요리는 특히 지방에서 독자적으로 번성하는 경우가 많았고, 지역주의가 드러나는 방식이 되기도 했다. 또한 베이징과 정치적으로 교류가 많았던 지방 도시에는 만주족 요리와 더불어 청나라가 궁중 요리에 도입한 산둥 요리가 전파되는 경우도 곧잘 있었다.

한편 베이징에 진출한 지방 음식점은 정도의 차이는 있더라도 만주족의 입맛에 맞추는 것이 당연한 일이었다. 원조 지방 요리의 본모습이 그대로 남아 있지는 않았을 것이다. 하지만 아무리 만주족의 입맛에 맞추었다 하더라도 미각의 근간에서는 독자적인 특징을 유지했을 것이 분명하다.

환관 요리의 역사

한나라, 당나라, 송나라, 명나라, 마지막 왕조 청나라에 이르기까지 중국 왕조는 언젠가 반드시 쓰러질 숙명을 지니고 있었다. 왕조 자체의 힘이 쇠약해진 상황이 불의의 사고로 이어지기도 했고, 농촌의 기근이나 무거운 세금에 대한 불만이 백성들 사이에 쌓이면서 외부에서부터 급속하게 지지를 잃기도 했다. 왕조가 위태로울 때 왕조 내부의 규율 역시 흐트러지는 것은 당연지사다. 명나라 왕조도 그 전형이었다. 번영의 절정을 이룬 이 왕조도 17세기에 접어들 무렵에는 눈에 띄게 시들기 시작했다. 쇠퇴의 원인 중 하나는 중국사의 뒤편에서 항상 국가 흥망의 열쇠를 쥐고 있었던 환관들이었다.

궁중을 섬기는 이 거세된 남자들은 자신의 특수한 처지를 이용하여 중국 역사에서 황제에 버금가는 권력을 누리는 일도 종종 있었다. 당나라 현종(玄宗, 재위 712~756)이 '개원의 치(開元之治)'를 펼치면서 민생 안정과 국력 강화를 실현하다가, 치세 후반에 환관 고력사(高力士)를 중용한 탓에 국가 운영의 균형이 흔들린 이야기는 유명하다.

명나라는 이러한 역사를 교훈 삼아 처음에는 환관이 정무에 관여하는 것을 금지했다. 높은 관위(官位)를 부여하지도 않았고 글을 배우는 것조차 막았다. 그러나 이러한 조치도 오래 가지 못했다. 제3대 영락제(永樂帝, 재위 1402~1424) 때 환관이 글을 읽는 것을 조금씩 허용하면서 다시금 권력으로 향하는 문이 열렸다. 결국 온 나라에 배치한 주둔군이 환관의 감시를 받는 지경에 이르렀다.

왜 환관이 권세를 부리기 쉬운 것일까? 권력자 입장에서 보면 궁중 내부의 자잘한 실무나 인간관계를 관리하는 데 환관만큼 편리

한 존재는 없다. 궁중의 관습에 정통하고 권력의 무대 뒤편에 관해서도 환히 꿰고 있으니 말이다. 애초에 황후와 후궁, 궁녀들이 자는 곳에 들어갈 수 있는 남자는 황제와 환관뿐이다.

어느 시대 환관을 보더라도 똑같이 드러나는 경향이 있다. 거세로 잃어버린 남성 기능에 대한 콤플렉스와 보상 심리는 환관들을 권력과 부를 향한 욕망, 그리고 미식의 쾌락에 탐닉하도록 부추긴다. 겉으로는 복종하는 태도를 보이면서도 사실 자신들의 이익만을 추구하는 강한 결속력으로 묶인 것이 환관 집단이었다.

황제 바로 곁에서 시중을 들던 환관은 황제를 배알하고 싶어 하는 지방 장관들에게 뇌물을 받아 축재하는 데 열심이었다. 영락제 때 너덧 명이었던 환관이 왕조 말기에는 자금성에만 7만 명에 이르렀다. 사원 7만 명을 거느린 거대한 국영 종합 기업이 자금성에 있었던 것이나 마찬가지다. 그 기업은 국가에서 엄청난 출자를 받으면서도 주식 배당도 하지 않고 사원 개개인이 각자의 실력에 의지하여 자유롭게 사리사욕을 채우는 곳이었다. 청나라 군대가 베이징에 쳐들어왔을 때 환관들은 베이징의 관문 쥐융관(居庸關)을 재빨리 열고 제17대 숭정제(崇禎帝, 재위 1627~1644)에게 청나라에 항복하기를 강요하는 역적 행위를 저질렀다. 자살로 목숨을 끊은 숭정제와 함께 순절한 환관은 단 한 명이었다.

이 환관들이 비정기적으로 벌어들이던 수입은 각종 일회성 뇌물을 비롯하여 그날그날 식자재를 구입하는 데서도 나왔다. 주식으로 먹는 좁쌀과 기장쌀조차 모자랐던 지방 농민들은 안중에도 없이, 황제와 고관, 환관들은 각지에서 산해진미와 진귀한 식자재를 들여와 눈과 입의 호사를 누렸다. 잃어버린 성적 쾌락의 빈자리를 미식으로 채우는 환관이 마련하는 음식이었으니 그 맛의 수준은 보장된 것이었다.

명나라 만력제(萬曆帝, 재위 1573~1620)를 섬긴 환관 유약우(劉若愚)가 쓴《작중지(酌中志)》에 따르면, 강남 출신인 명나라 태조 주원장은 해산물을 좋아했다. 그중에서도 새우 볶음과 대합 구이라면 사족을 못 썼고, 해삼, 전복, 상어 고기(상어 지느러미는 아니다) 따위도 곧잘 먹었다. 또 개구리 넓적다리와 말린 죽순, 통통하게 살찐 닭, 삶은 돼지 힘줄 같은 것도 아주 좋아했다고 한다. 그런데 지수이탄이 사라진 당시 베이징에서는 해산물을 구하려면 육상 운송에 의지할 수밖에 없었고, 그리하여 바다에서 나는 고급 식자재는 부르는 게 값이었다. 자금성에 들어오기까지 환관이 관리하는 민간 중개업자를 여러 번씩 거치며 가격은 더욱 치솟았다.

예를 들어 환관의 세력을 비교적 엄격하게 규제한 청나라 융성기에도 황실의 식사를 담당하던 선방(膳房)은 환관이 꽉 잡고 있었다. 선방은 궁중 사무 업무를 총괄하던 최고 기관인 내무부가 직접 관할했는데, 한 선방 아래 훈국(葷局, 고기와 생선 등 해산물 담당), 소국(素局, 채소와 식물성 기름 담당), 괘로국(掛爐局, 불로 조리한 육류 담당), 점심국(點心局, 만두와 사오빙燒餅 등 가벼운 간식 담당), 반국(飯局, 죽과 밥 담당, 전체 총괄)의 다섯 개 국이 있었다. 각 국에는 요리사가 일곱 명씩 있었고, 하나의 국을 관리하면서 요리사가 음식에 독을 넣지 않나 감시하는 환관도 일곱 명씩 있었으니 총 70명이 선방 하나를 구성했다. 이런 규모의 선방을 황제, 황태후,

황후가 하나씩 거느렸고 황자와 귀비에게도 그 절반쯤 되는 규모의 선방이 주어졌다.

자금성 뒤쪽 디안먼(地安門) 바깥에는 고급 식자재를 취급하는 오늘날의 무역 회사 같은 조직이 난립했다. 경영자와 거간꾼은 환관과 요리사의 혈족이거나 아는 사람이었다. 이들은 명목상 자금성에 납품하는 어용 상인이었는데, 식자재의 질이야 물론 뛰어났으나 시중보다 훨씬 비싼 값을 받았다. 청나라 왕조가 멸망할 때까지 환관은 계속 식자재 납품에 개입했다. 서태후 때는 달걀 하나가 그녀의 입에 들어갈 때까지 여러 명의 환관을 거쳐 무려 은한 냥짜리가 되었다. 오늘날 물가를 기준으로 계산하면 10만 원에서 20만 원에 달하는 금액이다.

그러나 요리의 발전이라는 측면에서 이 환관들이 이후 청나라 시대에 중국 요리가 번영하는 포석을 깔았음은 부정할 수 없는 사실이다.

환관 덕분에 질 좋은 식재료가 전국 각지에서 모여드는 경로가 확립되었다. 지방에 거주하는 환관의 친인척이 이 경로를 장악했음은 물론이다. 그리고 선방에서 최고급 식자재가 시중의 고급 음식점으로 유출되어 요리법과 더불어 퍼져 나갔다. 유출을 뒤에서 조종하던 장본인은 바로 디안먼 바깥에서 자금성에 납품하던 상인들이었다. 디안먼 밖에 있던 대규모 레스토랑에서는 궁중에서 만들던 까다로운 요리가 진화해서 오히려 더욱 세련된 형태가 되어 나오기도 했다. 이 대규모 레스토랑의 고문이 모두 환관이었다. 중국 요리의 역사는 어떤 측면에서 환관 요리의 역사라고도 할 수 있을 것이다.

만한전석의 통치술

다른 민족을 정복하고 다스리려 할 때 국가는 매뉴얼을 어느 정도 갖추고 통치에 나설까? 만주족은 매우 용의주도하게 정복 사업을 진행했다. 머나먼 만주 땅에서 한족의 문화와 풍속과 사고방식과 관습까지 모든 것을 분석하며 호시탐탐 중원을 노렸던 기마민족은 뛰어난 두뇌를 갖춘 집단이었다. 그리고 사냥을 하며 산과들을 누볐던 이들의 눈에, 한족의 세상은 꿈결처럼 화려한 진수성찬과 온갖 분야를 망라하는 예능을 비롯하여 풍요로운 문화와 풍속이 넘치는 지상 낙원이었을 것이다.

청나라가 베이징을 정복하기 직전으로 돌아가보자. 명나라 말기 수도 베이징이 이런저런 정치적 불안 속에서도 한가롭게 하루하루를 보내던 시절, 화베이 벌판의 산시 중북부에서 가뭄이 대기근을 몰고 오면서 농민들이 반란을 일으켰다. 각지에서 굶주린 농민들이 떨쳐 일어났고 겁먹은 변경 수비대와 하급 병사들이 가세했다. 이자성(李自成, 1606~1645)이 이끄는 농민군은 백만 명이 넘는 거대한 세력으로 자라났다. 이들은 결과적으로 고향을 버리고 한족을 지배하기에 이른다.

동북 지방에서 세력을 키운 청나라의 어린 순치제(順治帝, 재위 1643~1661)의 섭정이었던 숙부 도르곤은 반란이 들끓는 명나라의 상황을 절호의 기회로 잡아 낚아챘다. 도르곤은 주변의 명나라 원정군을 차례차례 쓰러뜨리며 만리장성의 관문인 산하이관(山海關)으로 노도처럼 진군했다. 최종 목적지는 물론 베이징이었다.

산하이관은 명나라 장군 오삼계(吳三桂, 1612~1678)가 지키고 있었다. 이자성이 명나라에 맞서 함께 싸우자고 세 번이나 권유한 인물이었다. 그러나 오삼계는 이자성이 아닌 청나라에 투항하여 청나라 군대의 선봉에서 베이징을 공격했다. 이자성의 군대는 하루 만에 패배해서 시안(西安)으로 달아났다. 청나라 군대는 상복을 입은 옛 명나라 왕조의 관리와 유력자가 마중 나온 길을 걸어 베이징에 무혈 입성했다.

청나라는 중국에 들어선 국가 중에서 가장 특이한 나라였다. 본디 새롭게 권력을 손에 넣은 나라는 수도를 파괴하고 다시 세우는 것이 일반적인데, 청나라는 명나라 왕조의 궁성과 조직을 거의 그대로 이어받아 국가를 운영했다. 자금성 내부도 거의 개조하지 않았으며 보수와 복구를 당장의 과제로 삼았다. 한편 목매달아 죽은 명나라의 마지막 황제 숭정제의 대상(大喪)을 치르고, 명나라의 중신들에게도 예의를 다했다. 이런 태도에서도 초창기의 청나라 왕조에는 탁월한 근대적 사상을 지닌 정치 연출가가 있었음을 알 수 있다.

자신들이 정복한 민족인 한족을 이렇게 존중한 배경에는 만주족이 유교를 정치적 지도 이념으로 받아들인 이유도 있었지만 새로 얻은 영토가 소수 민족인 만주족이 독재를 하기에는 너무도 넓었다는 이유도 있었다. 게다가 만주족은 세상에 드물 만큼 가난한 민족이었다. 자신들의 풍속과 관습이 한족과 크게 다르다는 데 콤플렉스를 안고 있기도 했다.

　당시 새로운 왕조가 구체제에 강제한 것은 변발과 내성(內城)에서 한족을 내쫓는 것 두 가지였다. 뒤통수에 변발을 늘어뜨린 만주족은 변발을 한족에게 강요함으로써 중국 전역에서 외모의 차이를 없애고 한족의 정신 구조를 바꾸려는 속셈이었을 것이다. 내성과 외성으로 나뉘어 있던 베이징의 중심가 중 내성에서 한족을 쫓아낸 조치에도, 권력자로서 지위를 표명함과 동시에 만주족을 한데 모아 한족과 급격하게 섞이는 것을 막으려는 목적이 있었을 것이다.

　베이징에 입성하기 전부터 태종 홍타이지(皇太極, 재위 1626~1643)는 국호를 후금(後金)에서 한족 스타일인 대청(大淸)으로 바꿈으로써 드넓은 중국 대륙에 퍼진 한족의 환심을 사려고 했다. 당근과 채찍을 함께 활용한 것이다. 게다가 청나라 왕조는 자신들이 만주 시절에 사용했던 재정 체계를 버리고 명나라의 시스템을 그대로 채택했다. 단 명나라가 멸망한 원인이었던 전쟁세를 폐지하고 농민을 회유하는 것을 잊지 않았다. 이러한 정책은 이후 마오쩌둥이 내세운 '농민 혁명', 즉 "도시를 농촌으로 포위한다."라는 정책과 놀랍도록 비슷하다. 또한 현직 한족 관리의 자리를 보전해주고 전통적인 관리 채용 시험인 과거를 부활시켰다. 청나라와 마찬가지로 이민족 왕조였던 원나라가 과거를 실시하면서도 몽골인과 색목인을 중용했던 것처럼, 청나라는 모든 한족과 몽골족에게 문호를 활짝 열었다. 한족으로 하여금 전통적 제도 안에서 출세 경쟁을 하게 만들고, 만주족 왕조를 유지하면서도 한족 관리의 손으로 한족 농민을 통치하도록 치밀하게 판을 짠 것이다.

　인사 행정에서는 만주족과 한족을 동시에 똑같은 자리에 앉혔다. 예를 들면 명나라 영락제 때 성립하여 그대로 이어져 온, 내각을 운영하는 재상 격인 내각대학사(內閣大學士)는 만주족과 한족을 두 명씩 임명하여 네 재상이 합의하여 운영하게끔 규정했다. 내각대학사는 1732년에 군기처(軍機處)로 개편되는데, 만주족인 군기대신 아래 만장경(滿章京, 만주어 문서 담당), 한장경(漢章京, 한어 문서 담당)을 두어 만주족과 한족을 아우르는 방침을 분명히 밝혔다. 군기처야말로 만주족과 한족의 문화 융합을 꾀하기 위한 기관이었으며, 그러면서도 한편으로는 순혈 사상을 지니고 있었던 만주족을 보호하는 방파제 역할을 맡고 있었다.

　건륭제 때부터 군기처는 만주족의 요리에 한족의 요리가 섞여드는 것을 감시하고 관리하는 창구 역할도 하였다. 만한전석은 만주족이 한족에게 '만들게 한', 만한 융화를 위한 정치적 요리였던 것이다. 본디 만주족의 식사는 소박했다. 중국 전역을 지배하면서 만주족은 자신들에 비해 먹성이 좋은 한족과 그들이 누리던 호화로운 식생활에 분명 공포 비슷한 감정을 느꼈을 것이다.

　이리하여 청나라 왕조는 한족 요리에 만주족의 풍미와 만주에 가까운 몽골 스타일의 맛을 섞고, 거기에 후이족 요리를 더함으로써 결과적으로 한족 요리가 나아가는 방향 자체를 바꾸려고 했다. 그리고 그 요리를 만드는 것은 한족의 손에 맡겼다. 한족 관리의 손으로 한족 농민을 통치하도록 꾀한 것과 완전히 똑같은 태도였다. 실제로 그때까지 한족 요리에 그리 깊이 스며들지 않았던 후이족 요리가 이 시대에 급격하게 한족 요리와 혼합된다.

한편 청나라 왕조가 성립함과 동시에 돼지가 식재료 중 최고의 지위를 차지하게 되었다. 청나라 왕조는 애니미즘을 신봉했다. 명나라 황후의 침실이었던 자금성 곤녕궁(坤寧宮)의 중앙에 신전을 설치했다. 신전에서는 무녀(巫女)가 계절마다 제사를 지냈고 설날 이튿날, 중춘(仲春, 음력 2월), 중추(仲秋, 음력 8월) 초하루에도 큰 제를 올렸다. 제사 때마다 신전의 동북쪽 방향 구석에 모셔 둔 커다란 솥에서 신에게 바치는 돼지를 삶았다. 뽀얗게 삶아낸 이 돼지를 바이러우(白肉)라고 불렀는데, 황제가 손수 썰어 조정의 중신들에게 하사했다.

청나라는 명나라가 주로 제사를 지내던 사당 천단(天壇)도 그대로 계승하여, 한족의 민속 신앙과 유교의 가르침을 혼합한 '하늘(天)' 개념을 만주족이 받아들였음을 보여주려 했다. 그렇게 함으로써 청나라 왕조가 틀림없는 정통성을 지녔음을 중국 전역에 선포하려는 의도도 있었다. 천단에서는 동지(冬至) 새벽 일찍부터 제전을 열었다. 원구(圓丘)에 설치한 천막으로 된 신전에 조종(祖宗) 여덟 명의 위패를 모시고(명나라 때는 태조 한 명만 모셨다), 그 앞에서 황제는 자신의 천명을 정하는 하늘에 기도를 드렸다.

만주족 특유의 토속적인 풍습이 한족의 눈에 띄는 것을 청나라 왕조는 꺼렸다. 한족에게는 낯선 무녀의 존재를 숨겼던 것이다. 자금성 안에 당자(堂子)라는 장소가 있었다. 황제는 외국에 군사를 보내는 것 같은 큰일을 앞두었을 때, 설날, 매달 초하루에 당자에서 만주족 신의 가호를 빌었다. 당자에는 조정의 중신이나 황후가 사는 궁궐에서 일하는 환관도 들어갈 수 없었다. 이곳에서 무녀가 거행하던 비밀스러운 종교 의식에 관해서는 신뢰할 만한 자료가 남아 있지 않으나, 당자에 안치된 제구(祭具) 상자에는 머리카락과 치아, 단도 따위의 으스스한 물건이 모셔져 있었다는 이야기가 전해져 온다.

건륭제 이후 청나라 궁중 식탁에서 강희제의 소박하고 강건한 취향은 흔적 없이 사라졌다. 이애당(李艾塘, 이두李斗라고도 한다)이 쓴 《양주화방록(揚州畵舫錄)》에 건륭제가 양저우에서 베푼 연회에 관한 기록이 있는데, "이른바 만한전석이 있었다."라고 쓰여 있다. 《수원식단》을 쓴 원매가 "가짓수와 모양에 지나치게 신경 쓴 차림은 촌스러운 요리사의 나쁜 습관"이라고 지적한 여덟 가지 전채(八小吃), 열 가지 요리(十大菜) 따위를 내놓는 연회 음식점이 넘쳐났다. 어느 가게나 환관 또는 환관 관계자가 고문이라는 이름으로 얽혀 있었다.

만주족의 식습관은 요나라를 쓰러뜨리고 금나라를 수립했을 때부터 양고기를 먹는 거란족, 한족 문화와 섞여 한참 전에 독자성을 잃어버렸다고 볼 수도 있다. 양고기와 더불어 한자(漢字)를 쓰는 낯선 문화가 흘러 들어왔던 것이다. 궁중 요리도 같은 과정을 겪었다. 만주족은 한족이 지닌 고도의 요리 문화를 만나 씹어 삼켜 흡수했다. 그리고 만한전석을 완성함에 따라 청나라 왕조의 검소했던 축하연은 기존의 뎬신(가벼운 간식거리)에 '차이(菜, 요리)'를 더해 호화롭고 사치스러워졌다. 그것은 한족 요리에 만주족 요리를 침투시키는, 신중하게 진행된 과정의 완성이기도 했다.

한편 청나라 초기 난징에서는 명나라 만력제의 손자인 복왕(福王)을 옹립한 남명(南明) 정권(1644~1662년경까지 18년간 존속했다)이 세력을 유지하고 있었다. 베이징에서 도망친 농민 군대의 우두머리 이자성도 건재했으니 당연히 청 왕조에 복종하지 않았다. 난징은 본디 독자적인 특유의 문화를 간직한 도시였는데, 이때를 기점으로 해서 청나라 초기의 문화 유통 경로에서 본격적으로 벗어났다. 원래 후이족 요리의 색채가 뚜렷했던 난징 요리 역시 중국 요리의 중심 흐름과 다른 길을 걷게 되었다.

건륭제와 남방 요리

베이징은 북쪽의 내성과 남쪽의 외성으로 나뉘어 있다. 청나라 군대가 베이징에 입성하면서 내성은 만주 팔기(八旗), 즉 청나라 군인과 그 가족들만 거주할 수 있게 되었고 한족과 몽골족은 사흘 안에 내성을 떠나라고 명령받았다. 이러한 조치를 통해 청나라 왕조는 자신들 만주족과 강력하고 오래된 문화를 지닌 한족의 혼합을 교묘하게 제어할 수 있게 되었다. 실제로 순혈주의가 무너지고 한족과 만주족이 혼인할 수 있게 되려면 청나라 말기 의화단 사건이 일어날 때까지 기다려야 했다.

결과적으로 외성은 한족의 풍속과 문화가 응집하여 끓어올라 핵융합을 일으키는 지역이 되었고, 충원먼(崇文門), 쳰먼(前門), 쉬안우먼(宣武門) 바깥은 활기 넘치는 번화가가 되어 몸집을 불려 갔다. 반면 내성은 고요한 무풍지대가 되고 말았다. 기인*은 농경 이외의 일에 종사하는 것이 금지되었기 때문이다. 오늘날에도 은근히 느껴지는 내성의 조용한 분위기와 외성의 펄떡이는 듯한 생동감의 차이는 이때부터 생겨난 것이다.

내성의 후퉁(뒷골목)에는 이른 아침부터 뎬신을 파는 '샤오판(小販, 행상인)'이 외성에서 들어와 장사를 했다. 내성에 사는 만주 팔기는 상업에 절대 종사할 수 없었고, 처음에는 내성에 상점이 들어서는 것마저 금지되었다. 그러니 아침을 먹으려면 외성에서 성문을 통해 들어와 식재료와 반찬을 파는 행상인을 기다리는 수밖에 없었다.

한족 행상인은 독특한 리듬이 있는 노래 같은 목소리로 물건을 사라고 외치며 후퉁 깊숙한 곳까지 들어왔다. 아침에는 '바이미저우(白米粥, 흰 쌀죽)'나 구운 떡, '유탸오(油条, 막대기 모양의 튀긴 빵)', '싱런차(杏仁茶, 살구씨 속을 갈아 쌀가루와 설탕을 넣고 끓여 만든 차)', '더우장(豆漿, 두유)', 소금에 절인 달걀 따위를 팔며 걸어 다녔다. 흰 쌀죽을 사려면 집에서 냄비를 들고 나와야 했다. 행상이 깊은 솥에 든 뜨끈한 죽을 떠서 냄비에 담아주었다. 오후에는 과일이나 사탕을 팔았고 저녁에는 베이징 명물 더우츠(중국식 청국장)와 여러 가지 반찬, 그리고 밤 10시가 지날 때쯤이면 생선이나 고기로 만든 술안주를 파는 행상이 나타났다. 가지각색 행상인의 목소리가 잔잔한 노래처럼 울려 퍼졌다. 사람들은 사고 싶은 음식

기인(旗人) 청나라 팔기에 딸렸던 사람. 팔기는 청나라 건국에 공이 많은 만주족 군인들로 주로 짜였다.

을 파는 행상이 지나가는 것을 기다렸다. 뭐든지 다 저렴하고 맛있었다.

그러나 청나라 중기 이후에는 내성의 규율이 느슨해졌다. 뎬신을 파는 노점이나 점포가 우후죽순처럼 생겨났다. 반찬 가게이기도 했고 패스트푸드 식당이기도 했다. 단 체몐푸(切麵鋪)는 가늘게 썬 국수만, 자오쯔푸(餃子鋪)는 자오쯔(餃子, 만두)만, 저우푸(粥鋪)는 죽만 파는 식으로 전문화되어 있었다. 골목에는 만둣국이나 각종 국수, 돼지, 소, 닭, 집오리 구이를 구수한 연기를 피우며 파는 노점이 줄지어 섰다. 닭 뼈가 듬뿍 든 국물이 큰 솥에서 언제나 보글보글 끓고, 주문할 때마다 만두를 퐁당 넣어 국물과 함께 사발에 담아 양념을 뿌려 내는 노점이 만주족 집 처마 아래 늘어선 광경을 이즈음부터 베이징에서 볼 수 있었다.

청나라 초기에도 내성에서 사원의 제삿날 같은 때는 노점상의 영업을 한족에 한해 허용했다. 생활 잡화니 아이들 장난감을 파는 장사꾼과 방물장수, 칼갈이, 이발사 틈에 섞여 다양한 노점상이 북적이며 먹을거리를 팔았다. 그 시절의 맛, 흥에 겨워 이것저것 맛보는 즐거움은 이후 베이징 서민이 소중하게 간직하는 베이징 토박이의 미각이 되었다.

그런데 베이징에서 상인이라고 하면 곧 산둥 사람을 뜻한다. 명나라, 청나라 때도 마찬가지로 요리사라고 하면 산둥 사람이었다. 즉 베이징 샤오츠는 산둥 사람이 만들어낸 요리라는 말이다. 그리고 마침내 청나라 말기에는 베이징에 지방 음식점이 활발히 진출하면서 베이징 요리에 산둥 사람의 숨결이 한층 짙게 미치게 된다.

궁중 요리사는 명나라 왕조의 어선방(御膳房) 시스템을 전부 계승한 산둥 사람이 그대로 맡았다. 산둥성은 요리사를 키워내는 고장이었다. 나중에 일본이 만주에 괴뢰 국가를 세웠을 때도 산둥성 출신 요리사들이 둥베이의 잉커우 항(營口港)을 거쳐 끊임없이 들어왔다.

산둥성 출신 궁중 요리사들은 옛 명나라 왕조의 습관을 변함없이 지니고 있었다. 이들은 외관상의 극적인 변화는 신중하게 피하면서 만주족 요리사와 손잡고 자금성 궁중 요리를 발전시켰다.

남방을 수차례 순행한 '남방 애호가' 건륭제 시대에 접어들어 강남 요리가 궁중에 들어오자 명나라 왕조, 만주족, 강남 지역의 맛 세 가지 요소를 적절하게 아우르는 것이 청나라 궁중 요리의 이상으로 여겨졌다. 즉 청나라 궁중 요리는 건륭제 시대에 완성되었고 그 뒤에는 과거의 유풍을 그대로 지켰다. 그것은 어떤 음식이고 어떤 맛이었을까?

쑤저우는 춘추시대 오나라의 도읍이었다. 또 항저우는 오대십국 시대(907~960) 오월(吳越)과 후송(後宋)의 수도였다. 한편 난징은 금릉(金陵) 또는 건업(建業)이라고도 불렸는데, 역사상 삼국시대의 오나라, 동진(東晉), 남송, 제나라, 양나라, 진나라(陳), 오대십국 시대의 남당(南唐), 명나라가 수도로 삼은 역사가 있다. 강남은 '어미지향 문학지방(魚米之鄕 文學之幇)'이라고 불리는 지역이다. 역대 문인들은 시와 그림을 통해 강남의 음식을 찬미했다. 특히 송나라 때 작가인 소동파(蘇東坡, 1037~1101)는 시인인 동시에 미식가로도 잘 알려져 있다. 그의 이름인 '둥포(동파東坡)'라는 이름

••• 청나라 6대 황제 건륭제의 남방 순행. 건륭제는 1751년부터 1782년까지 여섯 차례 강남을 순행했다. 건륭제의 순행으로 강남의 맛이 수도 베이징에 들어와 만주족과 한족의 문화가 융합하는 기회를 제공했다.

이 붙은 요리도 많이 있는데, '둥포러우(東坡肉)', '둥포저우쯔(東坡肘子)', '둥포퇀쯔(東坡團子)', '둥포더우푸(東坡豆腐)', '둥포쑨(東坡筍)' 등등 진설(眞設)과 전설이 뒤섞여 셀 수 없을 정도다.

　원래 건륭제는 생선을 그리 좋아하지 않았다. 건륭제가 강남 요리에 눈뜨기 전에 쓰인 어선방의 기록 《어선방당책》을 봐도 이러한 사실이 뚜렷하게 드러난다. 그러던 건륭제가 어느 날부터인가 남방식의 생선 요리를 유독 좋아하게 되어 연회에는 꼭 내도록 했다. "건륭 46년(1781년) 11월 21일부터 30일까지 황제께 매운 소스를 끼얹은 생선 요리를 한 번, 검은 콩 소스로 요리한 생선 요리를 두 번, 파와 후추 소스로 요리한 생선 요리를 한 번, 새콤달콤한 소스로 요리한 생선 요리를 여섯 번 올렸다."라는 기록이 있다. 당시 궁중의 요리법을 보면 산둥 요리와 강남 요리의 생선 요리법이 크게 다르지는 않았으나, 여하튼 건륭제는 평생 강남을 여섯 번 순행했고 강남의 유명 요리 다수가 베이징에 전해졌다.

　건륭 30년(1765년) 1월 16일부터 4월 20일까지 건륭제는 세 번째 강남 순행을 했다. 그뒤 황제는 강남 출신 요리사를 어선방에 들이자는 의견을 조정에 내놓았다. 이 제안이 빌미가 되어 앞서 나온 만장경(만주어 문서 담당)과 한장경(한어 문서 담당)의 하부 조직이 피 튀기는 패권 다툼을 했다고 전해진다. 당시 어선방에는 만주족과 산둥 사람을 합해 백여 명의 요리사가 소속되어 있었다. 건륭제의 바람대로 어선방에서 강남의 맛이 차지하는 비중이 커진다는 것은 곧 한장경의 세력이 확대된다는 뜻이었다. 한술 더 떠 건륭제는 쑤저우 요리와 저장(浙江) 요리를 할 줄 아는 요리사를 채용하고 싶다는 의향을 내비쳤다. 결국 만장경의 요리 매뉴얼이 채택되었고, 예로부터 내려오는 만주족의 정신과 규범을 중시하는 것을 전제로 하여 남방화(化)를 허용하기로 했다. 이에 따라 궁중 요리와 민간 요리의 근본적인 성격 차이가 뚜렷해졌다. 민간 요리가 의식동원*의 도덕적 사상을 바탕에 둔 것과는 달리 궁중 요리는 식재료와 음식 맛의 순혈(純血) 여부, 즉 순수성을 엄격하게 따진 것이다.

어떤 식자재를 사용해야 하는지 확실한 규정을 마련했고 성격이 다른 재료를 무분별하게 함께 쓰는 것을 금기시했다. 조미료와 재료의 배분 기준은 한 치도 틀림없이 지켜야 했다. 음식의 주재료가 지닌 맛을 다른 재료로 바꾸거나 가리면 절대로 안 되었다. 국물처럼 맛을 내는 추가 요소는 주재료에 따라 전용으로 규정된 것만 허용했고, 전통적 규칙의 범위를 벗어나면 안 된다고 요리사들에게 단단히 일렀다. 그리고 어선방이 만든 요리의 모든 메뉴와 배합을 매일 기록해 '사고전서(四庫全書)'에 보존하여 언제 만든 요리든 훗날에도 그 맛, 그 모양을 똑같이 재현할 수 있도록 해야만 했다. 이러한 엄격함은 맛이 아닌 다른 지점에 초점이 있다. 그저 맛있는 음식을 추구한 요리 체계가 아닌 것이다.

그리하여 같은 해인 건륭 30년, 네 번째 강남 순행을 간 황제는 요리사 장동관을 베이징으로 데려왔다. 건륭 30년 2월에 남창(南倉) 마두(馬頭) 지방 장관이었던 진(陳) 아무개의 요리사 장동관이

의식동원(醫食同源) 질병 치료와 식사는 인간의 건강을 유지하기 위한 것으로, 그 근원이 동일함을 이르는 말.

순행 중이던 건륭제가 데리고 다니던 요리사들 틈에 끼어 사품(四品) 요리를 해서 바쳤는데, 요리가 건륭제의 마음에 들어 바로 어선방에 들어가게 되었다는 속설이 전해져 내려온다. 이때 장동관이 만든 요리는 '죽순과 닭고기 볶음'이었다고 한다. 장동관은 쑤저우 출신이었으며 잘하는 요리는 '쑤짜오창쯔(蘇造腸子)', '쑤짜오러우(蘇造肉)', '짜오셰(糟蟹)', '쭈이지(醉鷄)' 등이 있었다. 이름의 마지막 글자 '관(官)'은 직함이 아니라 어른이 되면 출세하라는 뜻에서 이름에 넣는 글자다. 요리사를 비롯하여 장인과 기술자들의 이름에 '관'이 들어간 경우가 많다. 건륭제는 장동관을 마음에 들어 했다. 매일 새벽 4시 45분에 장동관이 만든 '빙탕둔옌워(冰糖燉燕窩, 제비 집을 시럽에 담근 것)'를 침상에 앉아 먹고 나서 집무를 시작했다. 강남의 명물인 집오리 요리도 청나라 궁중 요리에서 중요한 위치를 차지했다.

건륭 48년(1783년) 1월 11일부터 25일까지, 정월 대보름을 맞이하여 한 해의 안녕을 기원하는 상원제(上元祭)를 지내고자 건륭제 일행은 원명원(圓明園)에서 15일을 지냈다. 이때 건륭제는 26가지 종류의 집오리 요리를 40번(!) 정도 먹었다. 그중에는 금릉 풍미의 웨이야(味鴨), 진인야(金銀鴨), 바바오야(八寶鴨), 사오촨야(燒全鴨), 야겅(鴨羹), 항저우 풍미의 짜오야(糟鴨), 쭈이야(醉鴨), 옌차오야(燕巢鴨), 둥포야(東坡鴨), 쑤저우 풍미의 추류야(酢溜鴨), 훙바이야(紅白鴨), 휘쉰야(火燻鴨), 장야(醬鴨), 칭정야(淸蒸鴨), 쑤짜오야(蘇造鴨), 쑨야(筍鴨), 우무야(五目鴨) 등등 지금은 무슨 요리인지 전혀 알 수가 없는 요리도 많이 있다.

건륭 49년(1784년), 일흔이 된 장동관은 고향 쑤저우로 돌아갔다. 장동관을 대신하여 쑤저우의 심이관(沈二官)과 항저우의 주이관(朱二官)을 채용했는데, 이들이 장동관의 요리를 완벽히 습득하고 있었음은 물론 말할 나위도 없다. 심이관의 장기였던 '야생 닭과 배추 탕', '집오리 고기와 토란 탕', '닭고기와 표고버섯 찜'은 《어선방당책》에 여러 번 나오는 요리다. 역시 《어선방당책》에 실려 있는 '소금에 절인 고기와 버섯 볶음', '잣을 넣은 제비 집과 닭고기 찜', '사슴 힘줄 볶음'은 주이관의 특기였다고 전해진다. 한편 만년의 건륭제가 단맛을 좋아하게 된 것을 반영하여 요리도 점점 단맛이 강해졌다.

어선방의 요리사는 산둥 사람과 건륭제 시대에 남쪽에서 온 사람이 주류를 이뤘다. 이 어선방은 청나라 왕조가 무너질 때 함께 해체되었고, 중화민국 건국 이후 어선방 요리사들은 갈 곳을 잃고 몰락하게 된다.

서태후 입맛의 비밀

전직 궁중 요리사였던 것을 믿고 시정(市井)에 내려가 자신만만하게 음식점을 차린 사람은 거의 다 실패했다. 궁중 요리는 지극히 순수하고 엄격한 맛을 추구했던 만큼 보통 사람이 맛있다고 느끼기는 어려웠던 것이다. 한편 조리는 시중의 산둥성 요리사에게 맡기고 기획자로 활동한 전직 궁중 요리사가 오히려 성공을 거뒀다. 여기서 청나라 왕조 궁중 요리의 강점과 약점을 모두 엿볼 수 있다.

만약 건륭제가 남방 요리를 즐기지 않았더라면 만주족과 한족의 융합은 훨씬 늦어졌을 것이다. 청나라 때 중국 백성 사이에서는 건륭제가 한족 시녀의 자식이라느니, 한족의 핏줄을 남몰래 데리고 온 양자라느니 하는 소문이 무성했다. 지금도 그렇다고 믿는 중국인이 있다. 물론 이런 소문은 한족에게서 나온 희망 어린 전설에 지나지 않을 터이지만, 정치적으로 가장 평화롭고 풍요롭던 시대에 만주족과 한족의 식문화가 급격하게 융합되었다는 것은 흥미로운 사실이다.

건륭제는 닭과 오리 요리를 좋아했다. 아침부터 닭이나 오리고기를 구워 먹을 정도였다. 하지만 상어 지느러미와 해파리는 연회에는 내놓았어도 본인은 먹으려 하지 않았다. 미끈거리는 맛이 비슷한 제비 집은 잘 먹었는데도 말이다. 만약 건륭제가 닭이나 오리보다 상어 지느러미를 좋아했다면, '베이징 카오야'가 아니라 '베이징 샥스핀'이 베이징의 명물이 되었을지도 모르는 일이다. 선례를 중시하는 청나라 왕조에서는 후대 황제가 선대 황제의 생활 방식을 존중했기에, 건륭제 이후의 황제들도 상어 지느러미를 꺼렸다. 무엇보다도 건륭제의 권위에 감히 거스를 수 있을 만큼 강력한 황제가 그 뒤로 나오지 않았다.

이 관습을 뒤집은 것이 바로 서태후였다. 서태후는 몽골계 만주족 출신이자 하급 관리 예허나라(葉赫那拉) 혜징(惠徵)의 딸이었는데, 몽골계 이슬람교도와 혈연인 한족의 피가 섞였다는 설이 있다. 실제로 서태후는 순수한 만주족이나 한족과는 다른 다양한 개성을 발휘했다. 서태후가 정말 상어 지느러미를 좋아했다기보다도 자신의 권위를 드러내려는 목적에서 상어 지느러미를 즐겨 먹었으리라는 것은 충분히 짐작 가능한 일이다.

청나라라는 시대를 전반적으로 살펴보면, 만주족은 요리를 먹는 재능은 뛰어났으나 만드는 재주는 없었다. 요리사를 배출하지 못했다는 것은 만주족의 눈에 띄는 특징인데, 아마 오랫동안 수렵 생활을 하면서 간단한 요리를 추구했던 성향이 몇 세대에 걸쳐 끈질기게 남아 있었기 때문일 것이다. 그러나 만주족의 본질은 관리 능력에 있었다. 산과 들에서 생활하며 자연과 대화하는 과정에서 몸에 익힌, 상황을 냉정하게 통제하는 능력이다. 만주족의 이러한 성격은 자칫하면 욕망에 떠밀리기 십상인 한족의 성격과는 빛과 그림자만큼이나 차원이 다른 것이었다. 이 두 민족의 2인 3각에 힘입어 중국 요리는 엇나가는 일 없이 수도 베이징에서 찬란하게 발전할 수 있었다.

4장

청나라
요리의
백화제방

궁중 요리, 거리로 나오다

한족과 혼연일체를 이루어 공동체로서 국가를 통치하는 방책을 택한 청나라의 목적은 곧 이루어졌다. 그리고 외성에서 도가니처럼 끓어오르는 한족의 풍습과 문화를 청나라는 마치 자기들 것처럼 느끼기 시작했다. 청나라 시대 중기 이후에는 만주족의 혼인을 제외하면 혼인 관련 규율이 느슨해져 내성과 외성의 풍속과 문화가 섞이기 시작했다. 그러면서도 만주족은 한족의 적의를 사는 일을 피하면서 성공적으로 군림할 수 있었다. 그것은 특히 경제적 안정이 보장되어 있었기 때문일 것이다.

남자는 모두 변발을 했으니 청나라 초기에는 입은 옷으로 만주족 기인(旗人)인지 한족인지를 판단해야 했다. 그러나 시대가 안정되고 한족도 생활이 풍족해지자 만주족 특유의 얼굴 생김새(눈꺼풀의 부기 등등)로밖에 구분할 방도가 없어졌을 것이다. 한편 기인 여성은 머리에 검게 물들인 종이 가발을 쓰고 뺨을 붉게 화장하는 독특한 풍속을 유지했기에 한눈에 알아볼 수 있었다. 그런 만주족이 길을 걸어 다녀도 돌아보는 한족은 이제 없었다.

두 민족 모두 시대가 무르익음과 동시에 외식을 자주 즐기기 시작했다. 그리고 음식점은 일대 번영의 시기를 맞았다. 오히려 이러한 사실은 만주족보다도 한족이 원래부터 좋아하던 연회를 어떻게 열었는지와 더 관련이 있다. 한족 사회에는 한족 나름의 여러 가지 전통적인 의례 관습이 남아 있었다. 만주족이 자신들의 변발과 의복을 우리에게 억지로 밀어붙였으니 한족도 자신의 습속을 더 소중히 여겨야겠다고 생각했는지 몰라도, 음식점에서 여는 크고 작은 연회가 한족에게는 중요한 의미를 띠었다. 부유한 기인들의 소비 감각이 서민들에게도 흘러들어 간 것이다.

이즈음 남방의 부유한 계급은 자신들의 집에 요리사를 고용하고 매일 식사는 물론 연회 음식까지 담당하도록 하고 있었다. 특히 자신들이 여는 축하연에서는 바깥 음식점에 의뢰하지 않고 평소 고용하던 요리사를 쓰거나 대가로 이름을 날리는 요리사를 초빙하여 솜씨를 겨루도록 했다. 그런 사회에서 요리는 절차탁마의 과정을 겪게 되었다. 음식점에 가는 것은 중산층 가운데 서민에 해당하는 사람들이었으며, 저렴한 가격에 괜찮은 음식을 먹고자 가족이 외식하는 모습을 주로 관찰할 수 있었다. 즉 음식점은 서민을 위한 요리를 제공하는 역할을 하고 있었다.

한편 베이징의 부유한 상인과 유력 인사의 특징은 외식이었다. 서민이라 하더라도 쓰허위안에 살았고 이미 한족 사이에서는 후이족과 만주족 취향의 음식인 솬양러우나 카오양러우가 보급되어 있었기에 널찍한 안뜰에서 일가친척이 모여 노는 것은 일상적인 일이었다. 아니면 뒤에 살펴보겠지만 돈만 내면 요리사가 재료를 등에 지고 출장을 와주었다. 이름만 대면 아는 요리사가 신선한 요리를 만들수록 멘쯔(面子, 체면)를 차릴 수 있었을 것이다.

중국인 중에서도 베이징 사람은 특히 멘쯔를 중시한다. 그 멘쯔를 차려야 할 상황이 언제 닥칠지 모른다. 가끔은 음식점에서 연회를 열 필요도 생길 것이다. 그 수요가 바탕이 되어 음식점의 수준이 높아졌다. 고급 요리 조리법은 궁중에서 끊임없이 새어 나왔다. 그 요리를 더욱 세련되게 발전시키는 방향도 있었고, 요리가 개조되어 서민 취향으로 환골탈태하는 경우도 있었다.

한편 서민들은 자신들의 가정 요리가 격변하는 양상에 놀라면서도 새로운 요리를 즐기고 있었다. 예를 들어 당근과 무를 막대 모양으로 가늘게 썰고 양고기와 섞어 볶은 뒤 뜨거운 물을 부어 가볍게 끓인다. 화자오(초피)와 베이징 산(産) 흑초로 간을 조절한 뒤 샹차이(고수)를 잔뜩 얹어 먹는다. 이 '다뤄푸쓰탕(大蘿蔔絲湯)'은 재료는 한족과 후이족 스타일인데 만드는 법은 딱 보면 간단한 만주족 스타일이다. '아오바이차이(熬白菜, 배추 수프)'는 처음에는 양고기나 돼지고기 중 하나를 배추와 함께 징장(춘장)을 푼 물에 넣어 흐물흐물해질 때까지 뭉근하게 푹 삶은 요리였다. 이 요리는 청나라 말기 이전에 쇠퇴했고 뚝배기에 배추와 돼지고기와 당면, 조미료 대신 화자오, 생강, 자차이(榨菜, 장아찌, 일명 짜사이)를 듬뿍 넣어 물과 함께 끓이는 수프로 바뀌었다. 이 두 요리는 지금도 변함없이 베이징 사람들이 일상생활에서 만드는 음식이다. 그리고 청나라 왕조 궁중 요리의 모습을 간직하고 있기도 하다. 그러나 일본의 중국 음식점에서는 둘 다 메뉴에 없다.

돼지고기와 오이를 볶은 '차오황과딩(炒黃瓜丁)'도 당시 베이징 사람들에게 사랑받은 요리였다. 일단 돼지고기를 볶고 징장이나 간장으로 양념을 한 뒤 막대 모양으로 썬 오이를 넣어 더 볶는다. 여름철에는 상큼한 맛을 내기 위해 돼지고기를 넣지 않고 징장과 간장 대신에 흑초만 사용하는 방법도 있었다. '루더우저우(綠豆粥, 녹두죽)'와 함께 먹는 것이 당시 스타일이었는데, 지금은 찾아볼 수 없는 모습이다.

그밖에는 '차오마더우푸(炒麻豆腐, 녹두로 만든 두부 볶음)'야말로 시대를 대표하는 서민의 맛이라 할 수 있을 것이다. 이 요리가 베이징에서 거친 변천이 무척 재미있다. 원래는 만주족 요리다. 하지만 양 기름을 사용했기에 후이족의 양러우관(羊肉館, 양고기 전문 음식점)에서도 만들었고, 조리법에 양고기가 더해졌다. 그러나 본래 고기는 넣지 않는 음식이다. 또한 차오마더우푸는 만드는 법이 두 가지이다. 송송 썬 부추와 콩 싹을 볶은 뒤 마지막에 미리 튀겨 둔 양고기를 섞고 홍고추를 넣은 뒤 뜨거운 기름을 붓는다. 또 다른 방법은 녹두와 당면을 만들 때 나오는 녹두 즙을 섞은 뒤 양 지방을 다량으로 넣어 뒤섞으며 익히는 것이다. 마지막에 홍고추 기름을 붓는 것은 둘 다 똑같다. 문화혁명 이후 전자는 사라졌고 후자는 불 조절이 어려우므로 이제 베이징에서도 환상의 맛이 되어 가는 요리다.

이런 요리를 보면 수도 베이징의 만주족과 한족과 후이족의 융합이 자연스러워졌다는 것을 알 수 있다. 서민은 가정 요리의 가짓수가 늘어남과 동시에 소비 욕구를 자극받아 음식점을 찾아 갔다.

한편 남쪽 음식점의 손님은 중류층에서 서민 계급에 편중되어 있었다. 다른 주장도 있는 것이 사실이나, 내 생각으로는 현재 남쪽에서 먹는 요리 중에 상류층 가정의 전속 고용 요리사들이 만들었던 기교를 요하는 요리가 얼마나 남아 있는지는 의문이다. 남쪽의 고급 요리는 재료를 고급으로 바꾸었을 뿐 만드는 법은 옛날 서민 요리의 영역을 벗어나지 않은 것처럼 보인다.

산둥 대 남방의 격돌

베이징 음식점은 다양한 손님 계층에 맞추어 대량으로 생겨나 치열한 경쟁을 벌이기 시작했다. 일류 음식점이 아니면 먹을 수 없는 것, 웬만한 음식점에는 있는 맛있는 것, 노점에서만 먹을 수 있는 것, 행상이 오기를 기다려 사는 것이 확실히 구분되었다.

일단 음식점이 '좡쯔(莊子)'와 '관쯔(館子)'로 나뉘는 경향이 나타났다. '관쯔'란 현재 우리가 거리의 음식점에 대해 품은 이미지와 그리 다르지 않다. 하지만 '좡쯔'는 연회 전용인 최고급 대형 레스토랑으로서, 왕족이나 부유층이 잔치를 여는 곳이었다('좡쯔'는 대부분 곧 이름에 '당堂'이 들어간 음식점이 된다).

그즈음에는 내성에서도 이미 상업을 허용하고 있었다. 후문(디안먼地安門)의 4대 반장(飯莊) 중 '융풍당(隆豊堂)'은 왕족을 대상으로 하는 가게였고, 바이미셰졔(白米斜街)의 '경화당(慶和堂)'은 내무부 관료용이었고, 팡좐창(方磚廠)의 '덕풍당(德豊堂)'은 베이징 북성(北城)의 상인이 많았으며, 스차하이 주변 구러우(鼓樓) 상점가에서 조금 들어간 옌다이셰졔(煙袋斜街)의 '경운루(慶雲樓)'는 문인이나 경극 배우 등 유명인이 많았다. 어느 가게나 내부에 경극 공연을 할 수 있는 무대까지 설치하여 호화로움을 겨뤘다. 연회 주최자는 자신의 교우 관계나 가게의 주선으로 유명 배우를 불렀다. 배우는 극단을 데리고 와 즉석에서 공연하며 자기가 나올 차례에는 손님들 앞에서 연극계 이야기를 재미있게 들려주었다. 배우들은 모두 미식에는 정통한 사람들이었다. 먹을 것 이야기로 빠지는 일도 많았을 것이다.

조금 세분화하면 이 최고급 연회 전용 대형 레스토랑 '좡쯔'는 '렁(冷)'과 '러(熱)'로 나뉘었다. 즉 '렁좡쯔(冷莊子)'와 '러좡쯔(熱莊子)'다. '러좡쯔'는 요리사를 데리고 있지만 '렁좡쯔'는 요리사를 고용하지 않았다. 즉 호화로운 방만 빌려주는 것이다. 여기에는 이유가 있다. 왕족은 전속 요리사가 있으며 자기 집 특유의 요리가 있기 때문에 요리사를 집에서 데리고 온다. 그러면 왜 왕족은 자기 저택에서 연회를 열지 않았던 것일까?

레스토랑에서 열어야 돈 쓰는 것을 여봐란듯이 자랑할 수 있었기 때문이다. 렁좡쯔였던 융풍당과 경화당에서는 그냥 방만 빌려주는데도 불구하고 한 명당 요금이 오늘날 물가로 따졌을 때 500만 원을 넘기는 일도 드물지 않았다. 요금이 이렇게 비쌌던 것은 당시 연회가 이틀에 걸쳐 종일 열렸던 데도 원인이 있다. 연회는 둘러앉아 음식을 먹는 '뤄쮜판(落座飯)'으로 시작했고 초대 손님은 그대로 챵쯔에서 묵거나 자기 집에서 잔 뒤 다음 날 연회에 다시 참석했다.

서민도 이 흥청거리는 형식을 따라 하기 시작했다. 음식점에서 요리사를 불러 자기 집에서 연회를 여는 것이 유행했다. 출장 전용 요리사를 데리고 있는 음식점도 늘었고 출장 요리사 전문 사무소만 있는 음식점뿐 아니라 나아가 서민용 렁챵쯔까지 생겼다. 겉치레를 하면서도 가장 경제적으로 연회를 열 수 있는 방법이었기 때문이다. 그리고 요리사의 수요가 비약적으로 늘어났는데, 이런 빠른 변화도 베이징이 수도였기 때문에 가능했을 것이다.

서민의 '렁챵쯔' 사용법은 다음과 같았다. 일단 연회 주최자가 '렁챵쯔' 주인에게 초대장을 보낸다. 몇 월 며칠에 당신의 가게에서 연회를 개최하고 싶다. 그에 관해 이런저런 이야기를 하고 싶으니 저희 집에 와주시길 바란다. 그러면 가게 주인이 주최자 집에 가서 문 앞에 서서는 연회를 축하하는 노래를 부른다. 방문 시간은 보통 점심이 지날 무렵이었다고 한다. 이웃에 들를 만한 시간으로는 그때가 적당했던 것이다. 그러면 주최자가 호들갑스럽게 나와 맞이한다. 가게 주인이 집을 잘못 찾아가 노래를 불렀다고 하는 만담 같은 이야기도 있다. 한번 노래를 했는데 집에서는 아무도 나오지 않았다. 어쩔 수 없이 또 불렀다. 그래도 나오질 않아 초인종 대신 달린 문고리를 치며 노래를 하니 마치 장단을 치며 부르는 것처럼 들렸다는 이야기다. 그리고 예산과 메뉴를 정하는 순서가 이어졌다. 마침내 연회가 열리면 주최자가 계산을 하는

데, 그즈음 가게 주인은 연회 참가자에게서도 '시첸(喜錢, 축하금)'을 잔뜩 받았을 것이다.

그러나 얼마 지나지 않아 한 번 연회에 이틀이나 쓰는 데 부유층도 점점 질리게 되었다. 하루에 끝나는 연회를 할 수 있는 장소와 시스템 수요가 늘어난 것이다. 여기서 '러(熱)'가 나왔다. 러좡쯔는 경극 유명 배우들과 계약을 더 많이 맺고 무대의 질을 높였다. 비용을 획기적으로 낮추면서도 요리의 질 역시 놀랍도록 높았다고 한다.

'관쯔(館子)' 또한 연회용 별실을 증축했다. 관쯔에서는 원래 상황에 맞춰 융통성을 발휘하는 요리를 하기도 해서 좋은 평판을 얻었다. 지금도 베이징을 비롯하여 대도시 음식점들은 여러 번 증축한 흔적이 있는 음식점이 많은데, 이것은 그때의 흔적이다. 현대음식점과 마찬가지로 음식점에서는 연회석을 따로 설치한다는 '상식'이 이때 비로소 생겨났다. 중국인은 관습을 고칠 때 무언가 다른 형식을 필요로 한다. 손님을 전날부터 재우는 것은 번거롭지만 그렇다고 연회를 하루만 여는 것은 어쩐지 몐쯔(체면)가 구겨진다. 하지만 맛있고 유명한 음식점에서 연회를 한다면 그 나름대로 괜찮다는 것이었다. 당연히 그 가게만의 '명물 요리'라는 개념이 생겨나 열띤 호응을 얻었다. 고급 좡쯔는 청나라 때부터 중화민국을 거쳐 일본까지 그때그때 바뀌는 권력자의 비위를 맞추다가 신중국 발족과 함께 최후를 맞았다.

지방에서 베이징으로 이주한 한족을 대상으로 영업하는 지방 음식점이 베이징 번화가에서 점점 눈에 띄는 존재가 되어 갔다. 베이징의 대중 음식점은 원래 상당히 수준이 높았다. 그 공적은 산둥 출신 요리사에게 있었다. 베이징의 요식업계는 지금도 산둥 사람이 대부분이다. 이때 베이징의 쨩쯔는 원홍당(元興堂) 등 후이족 음식점을 빼면 전부 돈을 벌려고 산둥성에서 상경한 이들이 경영했다. 이때는 아직 베이징 요리라고 불릴 만한 것이 체계가 잡혀 있지 않아 산둥관(山東館, 관館은 음식점)을 베이징관(北京館)인 셈 치고 있었다. 나중에 생기는 베이징 카오야(베이징식 오리 구이) 음식점 '전취덕(全聚德)'이나 '편의방(便宜坊)'도 창업자는 산둥 사람이다.

지방 음식점이 많아짐에 따라 베이징 음식점은 청나라 말기가 되면 더 다양해져 갔다. 산둥 출신 요리사와 경영자가 많은 것은 여전했지만 말이다. 청나라 말기에는 산둥성의 도시 지난(濟南) 음식점이 산둥 음식점에서 독립했다. 독립한 지난관(濟南館) '풍택원(豊澤園)'과 '신풍루(新風樓)'는 다른 가게와는 차원이 다른 수준 높은 요리를 만들었으며, 벌써부터 메뉴에 제비 집이나 상어 지느러미 통찜 따위가 올라 있었다.

또 산시성의 '다오샤오몐(刀削麵, 밀가루를 반죽한 덩어리를 식칼로 깎아 만든 국수)'을 비롯한 국수 요리가 많은 산시 요리도 음식점 경영자가 산둥 사람이었던 연유로 베이징 요리에 병합되었다. 그리고 만주족의 취향도 도입하여 산둥 사람은 수도 베이징 특유의 맛을 만들어냈다. 거기에 더해 산둥 사람은 만주족, 후이족과 긴밀히 연락을 취하며 베이징에서의 음식점 경영과 식자재 유통에 조언을 제공했다. 현재 베이징 요리의 뿌리는 산둥 요리와 산시 요리, 그리고 만주족 요리와 후이족 요리의 혼합물이라는 설이 지배적인데, 그것은 명나라 때부터 궁중 요리를 도맡아 온 산둥 사람이 주도한 결과이기도 하다는 생각이 든다.

청나라 중기가 지나자 남방의 큰 가게들이 베이징에 들어왔다. 장쑤 음식점을 비롯하여 베이징에 처음 문을 연 쓰촨 음식점, 말린 고기 절임으로 베이징 사람의 입맛에 도전장을 던진 구이저우 음식점, 러우저우(肉粥, 고기 죽), 차사오(叉燒, 구운 돼지고기, 일명 차슈), 굴 소스 등등 지금까지 베이징 사람이 몰랐던 미각으로 인기를 끈 광둥 음식점, 그리고 허난 음식점 '후더복(厚德福)'이나 '용원(蓉圓)' 등 다양한 지방 음식점이 베이징에 분점을 열었다. 대부분의 음식점들이 가게에서 제일가는 요리사를 베이징에 파견했다.

그러나 당시 장쑤 출신 일류 요리사가 촉망받으며 베이징에 왔다가 몇 개월 후 자살하는 사건이 일어났다. 베이징은 수도이기에 아무리 지방의 일류 음식점이라 하더라도 '향토' 맛이 너무 지나치면 성공할 수 없었던 것일까? 향토 맛이 남아 있으면서도 산뜻한 맛을 요구하는 수도 특유의 세련된 감각이야말로 베이징 사람들이 추구하던 것이었다. 그리고 '산둥 대 남방'의 구도가 명확해졌다.

사교의 장, 찻집

당시 유행하기 시작한 차관(茶館) 역시 요리의 발전에 영향을 끼쳤다. 본래 차관은 클럽의 성격이 강하다. 차를 마시는 중간에도 가게에 한마디 해 두기만 하면 외출이 자유롭다. 자연스럽게 각 손님의 테이블과 좌석이 정해진다.

차관이라고 하면 대체로 광둥이 발상지라고 생각하지만 베이징에도 특색 있는 차관이 많았다. 특히 손님을 100명 넘게 수용할 수 있는 규모인 '대차관(大茶館)'이 성 안팎에 수도 없이 들어섰다. 그 중 첸먼제의 '고명원(高名遠)', 허우먼(後門) 바깥 '천회헌(天會軒)', 둥안먼(東安門)의 '회풍헌(會風軒, 문명원聞名遠이라고도 했다)', 안딩먼(安定門) 안 '광화헌(廣和軒)'은 차와 함께 먹는 주전부리로 '만한빙(滿漢餠)'만 구워 낸다는 특징이 있어 '홍로관(紅爐館)'이라고 불렸다. 이런 차관들은 물론 팔기(八旗) 자제나 유산 계급 사이에서 인기가 있었고 만주족과 한족 사이의 거리를 좁히는 데 공헌했다. 만한빙에도 여러 가지가 있었는데, 만주족 풍의 둥근 떡을 직화로 구운 것이 많았다. 손님이 하루 종일 차관에서 시간을 보내니 자연스레 식사 수요가 생겼다. '차오라이차이(炒來菜)'라고 하여 손님이 식자재를 가지고 오면 요리해주는 차관도 생겼다. 손님들은 식자재의 질을 겨뤘고 차관에서도 음식점과는 다른 요리를 만들고자 신경을 썼다.

음식의 발전에는 전혀 기여하지 않았으나 차관 중에는 점차 공연을 보여주는 서차관(書茶館)이 늘어났다. 《삼국지(三國志)》, 《수당(隋唐)》, 《명영렬(明英烈)》, 《서유기(西遊記)》, 《봉신방(封神榜)》 등의 핑수* 공연을 주로 했고 찻값보다 입장료로 매상을 올렸다. 먼

핑수(評書) 중국 민간 예술의 하나. 부채, 수건 등 소도구를 들고 긴 이야기를 창(唱) 없이 흥미진진하게 들려주는 것.

■■■■ 차를 마시면서 공연을 관람할 수 있었던 베이징의 차관.

저 '설조아(說早兒)'라고 불리던 초보 해설자가 오전에 공연을 시
작했고, 오후 3시부터 7시까지가 본편 공연이었다. 그 후 약 한 시
간 정도 휴식한 뒤 밤 11, 12시까지 이어지는 야간 공연이 시작되
었다. 이 평수 공연자는 2개월마다 차관을 바꾸었다. 매년 2개월
전부터 공연 일정이 정해져 있는 인기 공연자는 '사전아(死轉兒)'
라고 불렸는데, 그들에게 윤달에만 여분으로 공연하게 하는 것을
'설단월(說單月)'이라고 했다.

　한편 '야차관(野茶館)'의 공적을 오늘날 중국인들은 완전히 잊고
있다. 야차관은 교외에서 오락을 제공하는 찻집인데, 각 가게는

물의 품질로 승부했다. 하늘이 물을 낳는다고 생각하였기에 《주례(周禮)》에는 음(飮, 마시는 것)으로 양(陽)을 키우고 식(食, 먹는 것)으로 음(陰)을 키운다고 쓰여 있으며, 번개가 칠 때의 빗물과 눈이 녹은 물, 얼음은 사람에게 좋지 않다고 여겨졌다.

그러한 사고방식이 아직 남아 있는 베이징에는 청나라 시대 초기에 '남성(南城)의 차, 북성(北城)의 물'이라는 속담이 있었다. 남성이 어디인지에 관해서는 몇 가지 설이 있는데 지금도 오래된 가게가 남아 있는 첸먼 또는 주쯔커우라고 여겨지며, 북성은 베이징에서 손꼽히는 샘물이 나온 안딩먼 바깥의 '상룽(上龍)'과 '하룽(下龍)'을 가리키는 것이 틀림없다. 상룽은 안딩먼 북쪽에, 하룽은 남쪽에 있었다. 둘 다 차관이 많고 차 맛을 살리는 수질을 자랑했다. 그러면서 물맛에 대해 명확한 개념이 생겨났다. 즉 샘물은 차를 우리거나 술을 빚는 데는 좋지만 요리에는 적합하지 않다. 요리에는 강과 호수의 물이 좋다. 왜냐하면 무미(無味)한 샘물은 차와 술의 본성이 뚜렷이 나타나게 해주나 요리로서 식자재를 변성(變成)시키는 데는 맞지 않기 때문이다. 요리의 맛을 더욱 좋아지게 하는 데는 대지의 영양분을 빨아들이고 태양빛을 흠뻑 쬔 강과 호수의 물이 좋다. 그러나 막 퍼 온 물은 단단하여 요리를 망친다고 여겼다.

그리고 '맛있는 물을 만드는 법'이 항간에 퍼져 나갔다. '일단 흐름이 좋은 강에 간다. 시간은 한밤이 지났을 때. 강 중심부의 물을 퍼야 한다. 그리고 막 자른 청죽(靑竹)을 가지고 시계 반대 방향으로 소용돌이가 생기도록 백 번 휘젓는다. 그러고서 대나무로 엮은 뚜껑을 덮어 냉암소에 사흘 동안 보관한다. 이 사이에 절대로 손을 대면 안 된다. 사흘이 지나면 나무 국자로 위에서 6분의 1만큼의 양을 다른 물독에 조심스럽게 떠 넣은 뒤 다시 청죽으로 백 번 휘젓는다. 이 과정을 세 번 반복한다. 그리하여 많은 분량을 잃어가면서 차차 부드러워진 물에 설탕을 조금 넣어 팔팔 끓인 뒤 식으면 단지에 넣어 뚜껑을 꼭 덮고 숙성시킨다. 숙성 기간은 길수록 좋으며 1년, 2년이 지나도 썩지 않을뿐더러 맛의 품격이 점점 더 올라간다. 그러나 빨리 쓰고 싶으면 몇 개월 뒤부터 사용할 수 있다. 차에도, 요리에도 맞는 만능 물이다.'

이 방법을 처음 퍼뜨리고 자기 가게의 간판으로 삼은 것이 안딩먼 둥허옌(東河沿) 북쪽에 있었던 '녹류헌 야차관(綠柳軒野茶館)'이었다. 본디 좋은 물이 풍부한 땅에 있으면서도 '만능 물'을 제창하며 정성 들여 물을 만든 것이다. 분지에다 인공으로 산을 만들고 그 위에 작은 시냇물을 흐르게 한 뒤 주위에 버드나무를 심어 분위기를 연출했다고 하니 괜찮은 전략이다. 그리고 이 물의 훌륭함을 자랑하는 안딩먼 바깥의 차관이 이후에도 계속 생겨났는데, 이 '만능 물'이 음식점의 수준까지 더 끌어올렸다. 음식점도 차관과 계약하여 만능 물을 사용한 요리를 홍보하며 장사하게 되었던 것이다.

그러나 훗날 중화민국 시대에 천두슈(陳獨秀, 1879~1942)가 사회 정세를 풍자한 《북경십대특색(北京十大特色)》에서 "안딩먼 밖에 쌓인 똥 더미 냄새(安定門外糞堆之臭)는 천하제일!"이라고 쓴 것을 보면 안딩먼 밖의 정취는 청나라 말기 이전까지만 느낄 수 있었던 것 같다.

한편 이렇게 물이 주목받았다는 데에서 베이징 물이 좋지 않았다는 사실을 엿볼 수 있다. 시중의 우물물은 너무 단단해서 쓴맛까지 느껴졌다. 그래서 물장수가 집집마다 돌아다니며 물을 배달하는 것이 베이징의 습속이었다. 물장수도 전부 산둥성 사람이었다. 당시 산둥 요리 가게가 원하기만 했다면 좋은 물을 우선으로 공급받아 쓸 수 있었으리라는 것은 쉽게 추측할 수 있다. 또한 산둥 사람의 전매특허 중 돈이 되던 것이 얼음 장사였다. 겨울에 얼음을 잘라 빙실(氷室)에 보관했다가 여름이 되면 팔았다. 중국 전역에서 베이징만이 여름에 얼음이 있는 도시였다. 그리하여 여름에도 해산물 식자재가 풍부하게 유통될 수 있었다.

베이징 음식점 흥망기

베이징의 외식은 청나라 왕조 말기부터 신해혁명 이후에 걸쳐 그전과는 또 다른 형태로 크게 바뀌었다. 변함없이 뎬신(點心)을 파는 노점이나 행상이 번성했지만, 갑자기 거리에 레스토랑이 넘쳐나면서 레스토랑에 드나드는 서민의 모습이 눈에 띄기 시작했다.

베이징 음식점의 이름에는 거의 '당(堂), 거(居), 루(樓)' 중 하나가 쓰였다. 청나라 중기 '당(堂)'이 붙은 음식점은 베이징에서 '복수당(福壽堂)', '천수당(天壽堂)', '경수당(慶壽堂)'이 있었는데, 청나라 말에는 '당'은 약간 구식이 되고 대신 팔대거(八大居)나 팔대루(八大樓), 팔대춘(八大春), 팔대방(八大坊) 같은 말이 많이 쓰였다. 유명한 가게 여덟 곳을 꼽는 것이 당시의 풍습이었다. 참고로 팔대거는 사과거(砂鍋居), 태풍거(泰豊居), 만복거(萬福居), 복흥거(福興居), 동흥거(同興居), 동흥거(東興居), 광화거(廣和居), 동화거(同和居)를 가리켰다. '거(居)'와 '루(樓)'는 산둥 음식점이었다.

이중 광화거는 나중에 루쉰이 자주 드나든 가게인데, 청나라 광서제 때 이미 훌륭한 가게로 손꼽히는 곳이었다. 손님 중에는 관리와 사대부가 많아 청나라 말기에는 정치 살롱 같은 분위기도 있었다. 광서제 통치 기간(1875~1908)에 쓰인 하지소(夏枝巢)의 《구경쇄기(舊京瑣記)》에 다음과 같은 묘사가 있다.

사대부는 반제(半截) 후퉁에 있는 광화거에 즐겨 모였다. 그중에서도 장문양(張文襄)이 재경(在京) 중에 가장 열심히 모임을 주도했다. 이 가게의 유명한 요리는 정산야오(蒸山藥, 마 찜)다. 판위(潘魚)라는 요리의 이름은 반조음(潘祖蔭)이라는 인물에서 유래했고, 쩡위(曾魚)라는 이름은 증후(曾候)에서 유래했으며, 우위펜(吳魚片)이라는 이름은 오규생(吳閨生)에서 나왔다.

번영하는 가게가 있으면 가게 이름을 모방하는 가게가 나오는 것이 중국의 통례다. 광화거의 평판을 닮으려는 의욕과 함께 시쓰파이러우(西四牌樓) 난루(南路) 서쪽에 동화거라는 가게가 생겼다. 동화거는 쓰허위안 두 개를 합친 것만큼 컸는데 나중에 증축하여 인근에서 가장 규모가 큰 반장(飯莊)이 되었다. 특히 1933년에 광화거가 폐점한 뒤 요리사들이 동화거로 유입되어 더욱 알찬 가게가 되었다. '다더우푸(大豆腐)', '자페이창(炸肥腸)', '싼부잔(三不

粘)', '후이량지쓰(燴兩鷄絲)', '다만터우(大饅頭)' 등 산둥 요리가 이 가게의 명물 요리였다.

청나라 말 베이징은 다가오는 왕조의 붕괴를 걱정한 중앙 고관과 지방 고관 사이의 향응 제공이 만연했다. 손님을 자택이나 관사에 초대하기도 했지만 점차 전문 음식점의 수요가 늘어 갔다. 청나라 말 〈애국보(愛國報)〉에 실린 복흥거, 태화관(泰和館), 만년거(萬年居) 등 대형 고급 레스토랑은 이렇게 탄생했다. 전성기는 1899년에 일어난 의화단 운동 이전이다. 잔치 요리만을 내는, 서민과는 거리가 먼 세계였다.

그러나 신해혁명 이후 청나라 왕족과 귀족, 부유층이 몰락하자 대형 고급 레스토랑도 큰 타격을 입었다. 또 한편으로는 귀족들이 고용했던 요리사가 직업을 잃고 시정에 가게를 차리기 시작했다. 전 청나라 왕실의 '어선방차고(御膳房茶庫)'에서 일하며 황제의 요리를 만들던 중급에서 하급 요리사들이 1925년에 베이하이(北海) 베이안(北岸)에 차린 '방선반장(倣膳飯莊)' 등이 대표적 예일 것이다.

청나라 왕조의 몰락은 고급 요리의 대중화를 촉진했다. 그리고 음식점에도 대중이 폭포수처럼 밀려들었다. 정국이 바뀌면서 베이징에는 더욱 다양한 지방 사람들이 모여들었다. 하숙집에 해당하는 '궁위(公寓)'에는 부모 슬하를 떠나 상경한 학생들이 있었고, 각 성(省)에서 올라온 관리와 상인들이 '후이관(會館)'에 숙박했다. 그들은 친구, 지인과 외식을 즐겼고 가정부나 주부가 있는 집에서도 손님이 올 때면 음식점에 맞춤 요리를 주문하거나 때로는 식사 자리를 음식점으로 바꾸기도 했다. 이런 식으로 베이징의 외식 문화는 급격하게 다양해졌다.

빈객(賓客)을 대접한다는 뜻으로 이름을 붙인 빈관(賓館)과 빈청(賓廳). 그 다음가는 규모로서 소규모 연회도 가능한 반장(飯莊)과 주루(酒樓). 더욱 작은 크기로 소규모 연회에 적합한 반관(飯館)으로 세분화되었다. 반장 중에는 높은 수준의 맛을 즐길 수 있는 '제(齊)'나 '거(居)'가 붙은 가게도 포함되었다. 요리도 가지각색이었다. 산둥 요리에 궁중 스타일의 맛을 더한 이른바 베이징 요리를 내는 음식점이 많았지만, 쓰촨 요리, 상하이 요리, 광둥 요리를 내는 지방 음식점도 속속 생겨났고 서양 요리 레스토랑도 등장했다. 이때 서양 요리는 프랑스 요리가 아니었는데, 지금도 남아 있는 메뉴를 보면 영국과 독일의 혼혈 같은 요리다. 그중에서도 반관과 소반관(小飯館)이라고 불리는 다양한 지방 요리를 맛볼 수 있는 작은 음식점은 인기가 많았던 만큼 경쟁하는 가게의 숫자도 많아 수많은 가게가 생기고 사라졌다.

이런 가게들의 흥망을 좌우하는 열쇠는 요리 맛은 물론이지만 서비스이기도 했다. 웨이터는 결코 손님이 서서 오래 기다리게 하지 않는다. 바로 앉을 수 있도록 자리를 만든다. 주문을 받으면 가짓수가 많아도 한 번에 기억하고 늘 테이블에 신경을 쓴다. 주문한 요리가 나오는 것이 지체되지 않도록 순서가 바뀌는 일이 없도록 유의하고, 손님보다 먼저 주방에 말을 전했다. 물론 계산을 잘못하거나 늦게 하는 것은 있을 수 없는 일이었다. 손님이 많은 테이블의 연회가 끝난 뒤에 메모를 보지 않고 눈 깜짝할 새에 합계 금액을 내미는 것도 당연한 매너였다. 서비스가 좋으면 자연스레 손님이 따라왔다. 세련되면서도 저렴하고 친구 두세 명과 모임을 가지는 데 안성맞춤인 곳이 이런 반관과 소반관이었다.

중화민국 원년 당시에는 나중에 루쉰이 단골로 다녔던 광화거도 생선 요리로 유명했다. '판위(潘魚)', '우류위(五柳魚)'가 유명했는데, '우류위'는 튀긴 초어(草魚)에 표고를 비롯한 버섯, 죽순, 휘투이(火腿, 중국식 햄), 빨간 피망 따위의 다섯 가지 재료를 버드나무 잎사귀 크기로 썰어 소스에 넣기에 '우류(五柳)'라는 이름을 붙였다는 것이 광화거의 설명이었다.

그런데 이 '우류위'의 이름을 둘러싼 복잡한 경위가 있다. 송나라 때 '우사오위(五嫂魚)'라는 명물 요리가 먼저 있었다. 이 요리는 요리의 명인이었던 송오수(宋五嫂)라는 여성의 이름에서 따온 것이다. 송오수는 송나라가 남쪽으로 천도하자 항저우의 시후(西湖) 호반까지 가서 거기서 또 음식점을 차렸다. 가게 이름은 일부러 붙이지 않았는데, 가게 앞에 버드나무가 다섯 그루 있었기에 손님들은 '우류쥐(五柳居, 오류거)'라는 이름으로 부르곤 했다. 그리하여 원래 우사오위나 쑹사오위(宋嫂魚)라고 불리던 요리가 '우류위'로 바뀌게 되었다. 그러나 이 요리는 후세에 두 가지 요리로 갈라진다. 첫 번째는 송나라의 관습을 본따 '사오(燒)'라 하여 생선을 튀긴 뒤 요리하는 것이고, 그 다음은 굽지 않고 날생선을 삶는 것이다. 신기하게도 중화민국 때 남방에서는 전부 생으로 요리하는 식으로 통일되어 지금에 이르고 있다. 그러나 베이징 음식점에서는 '튀기는 파'와 '날생선 파' 둘로 나뉘었다. 베이징에는 가장 오래된 송오수의 레시피가 그대로 전해졌기에 남방의 흐름에는 영향을 받지 않았다. 요리의 명칭은 정말이지 붙이기 나름이다. 광화거에서는 이 우류위를 '타오위(陶魚)'라고 불러 손님들을 헷갈리게 했다. 타오(陶)라는 사람이 처음으로 광화거에 조리법을 가르쳐주었기 때문이라고 한다.

광화거와 나란히 명성을 떨치던 산동 음식점 치미제(致美齊)는 첸먼 밖 메이스제(煤市街) 베이커우(北口)의 서쪽에 있었다. 후퉁에서 좁은 골목길을 빠져나오면 작은 안뜰로 들어가는데, 서동(西棟)에 몇 채가 있던 '야쬐(雅座, 별실)'는 친구들과 술잔치를 열기에 딱 좋았다. 겨울이 되어 메이루(煤爐, 석탄 난로)를 둘러싸고 앉으면 더욱 정취가 있었을 것이다. 조용하고 주방에도 가까워 요리를 옮겨 와도 식지 않았다. 후퉁 맞은편에는 2층짜리 동동(東棟)이 있었는데 역시 치미제의 별실이 마련되어 있었다. 하지만 손님들은 분위기 좋은 서동이 만원일 때가 아니면 동동에는 가지 않았다.

치미제는 '스쬐위(四做魚)'를 잘했다. 재료로 산 잉어를 썼는데 각 부위를 사용하여 네 가지 요리를 만들었다. 일단 첫 번째로 '홍사오위터우(紅燒魚頭, 간장으로 양념한 생선 머리)'를 낸다. 당시의 간장은 상당히 진한 맛이었다. 그 향긋한 간장과 함께 미끈거리는 생선 머리 껍질, 아가미 안쪽의 부드러운 살을 먹는다. 아니면 머리를 으깨 '사오(燒, 튀긴 뒤 졸이는 요리법)' 식으로 바삭하게 튀긴 뒤 그 촉감을 남기면서 짧은 시간 동안 졸이는 방법도 있었다.

두 번째는 술지게미로 잉어 몸통 절반을 요리한 '짜오류위펜(糟溜魚片, 생선 살 볶음)'. 세 번째는 오늘날에는 광둥의 가정 요리 '다

위웨이바오(大魚尾煲)'가 된 감이 없지 않아 있는 '장즈웨이돤(醬汁尾段, 간장으로 양념한 꼬리)'이다. 마지막으로는 갈아 으깬 내장을 매콤하고 달콤한 진한 소스로 맛을 내 남은 절반의 잉어 몸통과 함께 졸인 '후이위두(燴魚肚, 잉어 살과 내장을 매콤하고 달콤하게 졸인 것)'로 마무리한다.

치미제의 스쩌위에는 또 다른 조합도 있었다. 전반의 '훙사오위터우'와 '짜오류위펜'은 똑같다. 나머지 두 요리 중 하나는 잉어 몸통 반쪽을 기와 모양으로 자른 뒤 튀겨 매콤달콤하게 양념한 '탕추와콰이(糖醋瓦塊)'. 여기에는 간장이 들어가지 않는다. 그리고 나머지 부위로는 간장 녹말 소스로 양념한 '장즈중돤(醬汁中段)'을 만들었다. 이뿐 아니라 요리사는 생선 내장으로 수프를 만들고 후추 등을 뿌려 서비스로 제공했다. 신맛과 매운맛이 양립한 일반적 '쏸라탕(酸辣湯)'과 비슷하면서도 생선 향이 있어 해장용으로 일품이었다고 한다.

치미제의 생선 요리는 전부 활어를 썼다. 마당에 목재 통으로 만든 수조를 놓고 여러 생선이 헤엄치게 두었다가, 주문이 들어오면 점원이 수조에서 생선을 꺼내 신선도와 크기를 손님이 확인하도록 했다. 그러고 나서 그 자리에서 땅바닥에 내리쳐 죽여 주방에 가져가는 것이었다. 물론 손님이 단골이 되면 서로 신뢰가 있기에 이 '의식'을 생략하기도 했다.

새우 볶음인 칭차오샤런(淸炒蝦仁)도 치미제가 잘하는 요리였다. 재료는 신선한 민물새우만 썼고 보조 재료를 전혀 넣지 않고서 향긋하게 볶아냈다. 치미제에는 '바삭바삭, 사각사각'한 요리가 많았는데 이 감각을 베이징의 옛 중국어로는 각별히 '쑤(酥)'(고어로는 '쒀'라고 발음한다)라고 한다. 본래 양젖을 끓여 굳힌 것을 '酥'라고 하는데, 몽골의 건조한 공기 속에서는 표면만 금방 얄팍하게 마른다. 이것과 마유주(馬乳酒)의 조합은 그야말로 절묘하다. 또 '酥'라는 글자를 '蘇'라고 쓰기도 하는데, 단골 중에서는 남방 쑤저우(蘇州)의 바삭바삭한 맛을 생각하여 치미제를 '치미소(致美蘇)'라고 부르기도 했다.

닭고기에 녹말 소스를 끼얹은 '후이량지쓰(燴兩鷄絲)'는 닭 생살과 훈제한 고기를 가늘게 썰어 요리한 것이다. 생닭은 하얀 가슴 부위만 골라 쓰고 훈제는 붉은색을 띠어 맛에 깊이가 있다. 이 두 가지 재료는 색깔도, 맛도 다르다. 판이한 재료를 함께 사용하는 데서 요리사의 실력이 드러나고 배합의 묘(妙)도 엿볼 수 있다.

치미제의 식사류로는 뚜껑 달린 화로에서 구운 빙(餅, 둥근 빵) '먼루사오빙(悶爐燒餅)'과 무로 만든 빙 '뤄보쓰빙(蘿蔔絲餅)'이 훌륭했다고 한다. '먼루사오빙'은 단맛이 나는 참깨 빵이었는데 팥소, 대추 앙금, 설탕 따위의 여러 종류 속이 들어갔다. 무로 만든 빙은 무를 실 모양으로 잘라 속으로 넣고 뚜껑 달린 화로 안에서 불에 쬐어 구웠다. 껍질이 부슬부슬하여 베이징 사람들이 좋아했다. 중추(中秋)가 되면 치미제는 웨빙(月餅, 월병)도 만들었다. 중추 즈음에 식사하러 가면 늘 갓 만든 웨빙이 같이 나왔다.

치미제는 손님을 접대하는 태도 또한 훌륭했다. 가게 주인도, 점원도 살가우면서도 공손했다. 여흥을 즐기고 싶을 때는 후친(胡琴)을 내주었고 아마추어 쥐미(劇迷, 경극 팬)가 한 곡 뽑을 수도 있었다. 1930년대의 치미제 주인은 재미있는 사람이었는데 손금 보는 귀(郭)라고 불렸다. 늘 손님의 손금을 봐주면서 재미있는 이야기를 했기 때문이었다. 고객에게는 늘 최소한 한 가지 요리를 서비스로 주었다. 근처에 사는 손님은 집에 갑자기 누가 와서 대접해야 하거나 제삿날이면 배달 음식을 주문했다. 직원이 둥근 요리 배달통을 짊어지고 갖다 주었다. 음식 값은 가게에서 먹는 것과 똑같았다.

그러나 치미제도 1930년대 초까지는 괜찮았으나 이후 점차 불경기와 인플레이션 탓에 내리막길을 걷다가 신중국 건립 직전에 가게를 닫았다. 1950년대가 되어 치미제에 있었던 일부 직원이 원래 장소에서 가게를 다시 열었지만, 공사합영의 여파로 옛 치미제의 이름을 모방하여 골목의 비스듬한 앞쪽에서 영업하던 치미루(致美樓)에 흡수되는 굴욕을 맛보았다. 치미제의 간판은 문화혁명 말기였던 1975년 한때 근처 첸먼제의 음식점이 밀집한 거리에 있었던 인민찬청(人民餐廳) 계산대 위에 걸려 있었으나 지금은 사라져 찾아볼 수 없다.

최고 미식, 산둥의 자라 요리

청나라 말기에는 문인이나 문관의 이름을 붙인 요리가 많았다. '후스지위(胡適之魚)'는 안복루(安福樓)에서 잘하던 요리였는데, 이름은 요리를 발명한 철학자 후스(胡適, 1891~1962)에서 따왔다. 잉어 토막과 채소를 푹 삶은 요리다. 후스가 술을 마시지 않았기에 공기에 담은 흰 쌀밥 위에 얹어 먹었는데, 이것이 베이징 토박이에게는 지극히 남방적인 스타일로 느껴졌다고 한다. '쑹수황위(松鼠黃魚)'는 옥화대반장(玉華臺飯莊)의 명물 요리였다. 젓가락으로 집기 쉽도록 뼈에 닿기 직전까지 칼집을 넣어 장과 술지게미와 함께 졸이는 조기 요리다. 현재는 기름에 튀긴 뒤 칠리 소스를 뿌리는 '시후추위(西湖醋魚)'로 바뀌었다.

생선을 찌는 것, 즉 '칭정(淸蒸)' 조리법도 현재와 같이 간장과 기름과 채소 몇 가지를 얹어 찌는 데 그치지 않고 돼지 등심 비계를 얹은 뒤 내장 주위의 그물 지방으로 감싸 찜통에 넣었다. 이렇게 함으로써 진한 맛이 났을 뿐 아니라 생선 본연의 맛까지 바꿀 수 있었다. 그런데 이 돼지 등심 비계나 내장 주위의 그물 지방을 사용한 요리는 이밖에도 모든 지역에 많이 있었다. 간단한 춘쥐안(春卷, 춘권)도 내장 그물 지방으로 감싼 뒤 튀겼으니 오늘날의 춘쥐안보다 향이 더 좋았을 것이다. 그러나 이 조리법은 1950년대에 들어와 급속히 쇠퇴했다. 쇠퇴했다기보다 국가가 소련의 축산 방식을 도입하여 공장화한 결과 돼지 등심 비계나 내장 주위 지방을 폭넓게 배급할 수 없게 된 것이 원인이었다.

서래순(西來順)의 '칭정구이위(淸蒸桂魚)'는 게로 양념을 하여 유명했다고 한다. 살아 있는 게를 써야 했기에 한정된 짧은 시기에만 맛볼 수 있는 특별 요리였다. 쏘가리(桂魚) 위에 샹차이(고수)를 듬뿍 얹은 이 요리는 베이징 사람들에게는 이국적인 분위기를 느낄 수 있는 맛이었을 것이다. 이후 샹차이는 원래 샹차이를 즐기던 후이족을 통해 베이징 전체로 퍼지게 된다.

자라라고 하면 오늘날은 어쩐지 후난 요리의 이미지가 풍기지만(이것은 출신을 알 수 없는 맛있는 요리를 전부 마오쩌둥의 고향인 후난 요리라고 치는 새로운 전통이다), 당시에는 산둥 요리가 자라로 이름을 떨쳤다. 가장 인기 있었던 요리는 '칭정훙사오자위(淸蒸紅燒甲魚)'인데, 간장 조림과 찜의 중간쯤 되는 조리법을 사용해 국물보다 건더기를 먹는 요리였다. 냄비를 잘 사용하면 실제 쓴 고기 분량보다 양이 늘어 부드럽게 느껴진다. 다음으로 인기가 있었던 것은 지금도 많이 먹는 자라 찜이었는데, 특히 동화관(同和館)의 조리법은 대대로 전해 오는 비법이었다. 그냥 뜨거운 물처럼 보이는 투명한 국물 속에 자라가 통째로 들어 있다. 살아 있는 것처럼 보이기도 하지만, 등 껍데기를 포함한 온몸이 비취 같은 녹색이다. 숟가락으로 딱 한 번 등 껍데기를 세게 치면 한순간에 전체가 산산이 흩어지는 마술 같은 요리였다. 형태를 온전히 유지하도록 살이 부들부들해질 때까지 장시간 찐 자라와 또 한 마리 자라를 가지고 따로 만들어 둔 국물을 합치는 것이 '비법'의 정체였다. 실제로 만들어보니 자라 국물 속에 또 다른 자라의 개성이 시시각각 섞여 들어가는 과정이 천변만화(千變萬化)하는, 담백하고 부드러운 미식 중의 미식이었다.

서민 식탁에 오른 양고기와 오리 구이

　자창차이(家常菜, 가정 요리)도 이 시기 베이징에서는 크게 발전했다. 생선 요리로는 붕어 튀김인 '첸사오지위(乾燒鯽魚)'가 유행했다.

그대로 먹을 수도 있었고, 일본의 난반즈케*처럼 간장 육수에 고추를 넣은 데다 재우기도 했다. 하지만 자창차이의 주역은 생선보다도 닭고기였다. 그중에서 몇 가지 재미있는 요리를 들어보겠다.

'옌수이지(鹽水鷄)'는 여러 가지 요리로 응용할 수 있는 자창차이의 주역이었다. 저렴한 노계(老鷄)를 사용한다. 내장을 뺀 뒤 두 토막을 내 냄비에 넣는다. 닭이 잠길 만큼 물을 부은 뒤 소금, 화자오(초피) 따위의 조미료를 넣어 약불로 삶는다. 국물이 졸아들기 시작했을 때 화자오를 더 넣어 마무리한다. 이것이 오리지널 '옌수이지'다.

이대로 먹어도 되지만 한여름에는 '옌수이지'를 술에 재워 '주쭈이지(酒醉鷄)'라는 요리로 변신시킨다. 그런데 여기서 쓰는 술도 서민들은 가오량주(高粱酒)를 쓰지만 조금 호화롭게 만들자면 톈진이나 산둥에서 난 황주(黃酒)를 쓰고, 나아가 사오싱주(紹興酒)까지 동원할 때도 있었다. 국물을 넣지 않고 술만 넣어 찐다. 뜨거울 때 먹어도 맛있고 식은 뒤 먹어도 맛이 좋다. 겨울에는 '옌수이지'가 '짜오지(糟鷄)'로 변신했다. 가오량주의 술지게미와 국물을 냄비에 넣어 뭉근하게 삶으면서 뜨끈한 닭고기를 먹는 것이다.

그리고 봄에는 뜨거운 물과 돼지 족발을 넣고 삶았다. 젤라틴 성분과 맛이 충분히 우러나면 족발은 버린다. 말간 국물과 닭고기

___

난반즈케(南蛮漬け) 튀긴 생선이나 고기를 고추, 대파 등 향신료로 조미한 식초에 재우는 조리법. '난반(南蛮)'이란 남쪽 오랑캐라는 뜻인데, 일본에서는 16세기 이후 포르투갈과 에스파냐를 필두로 한 외국과 교역하면서 낯선 외국 문물 전반을 일컫는 말로 쓰였다. '난반즈케' 역시 남유럽 특유의 조리법인 에스카베슈(escabeche)와 비슷하여 서양 요리의 영향을 받은 것으로 여겨진다.

가 남는데, 이번에는 이 닭고기 뼈와 껍질을 떼버리고 고기를 가늘게 썰어 도로 국물에 넣는다. 그리고 샹차이를 수북이 얹어 먹는다. '지쓰러우둥(鷄絲肉凍)'이다. 이후 음식점에서도 '주쭈이지'를 다루었는데, 닭을 소금물로 대강 삶아낸 뒤 토막을 쳐서 사오싱주에 재우는 간단한 버전으로 바뀌었다.

궁중에서 시중으로 전해진 요리는 서민의 미각에 맞게끔 점점 개선되었다. 그와 더불어 복잡했던 요리법이 음식점에 의해 간략하고 효율적인 방식으로 바뀌어 갔다. 너무 간략화하여 '타락'한 요리도 많았지만 말이다.

오리 요리로는 베이징 카오야가 유명한데, 옛날 베이징 오리에는 봄 오리와 가을 오리가 있어 계절에 따라 미묘하게 맛이 달랐다고 한다. 봄 오리는 요리를 하면 껍질이 얇고 산뜻하며 바삭바삭하고, 가을 오리는 지방의 맛이 깊고 탱탱하다. 최고급 기루(妓樓)의 기녀는 봄 오리밖에 먹지 않았다고 하는데 정말인지는 알 수 없다. 봄 오리도, 가을 오리도 태어나서 80일 정도 되었을 때 요리에 쓸 수 있다. 오리는 닭보다 30퍼센트 정도 가격이 비쌌다.

다음에 소개하는 것은 베이징 자창차이인 오리 요리들인데, 상당한 미식이었으리라 짐작된다. 전부 베이징의 독자적인 스타일이라기보다 강남의 맛으로서 지금은 찾아보기 힘든 요리법을 쓰고 있다.

'자셴야(加餡鴨)'는 전처리한 오리 가슴살을 쓴다. 3센티미터 정도 크기로 오리 살을 썰고 얇게 썬 훠투이(중국식 햄)를 둥글게 뭉쳐 접시에 담은 뒤 곁에 죽순을 곁들인다. 그것을 한 시간쯤 찌면 국물이 나온다. 더우먀오(豆苗, 완두 싹)를 오리 위에 얹으면 완성이다. '훙사오야(紅燒鴨)'는 둥차이(冬菜, 소금에 절여 겨울에 먹는 배추 따위의 잎채소)를 넣은 오리 간장 조림인데, 술안주보다는 반찬에 가까웠다. '장미야쯔(江米鴨子)'는 오리 속에 찹쌀과 잘게 썬 휘투이를 넣어 쪄내는 것으로 완전히 난징 요리다.

한편 후이족 요리가 베이징 서민의 미각으로 흘러들어 왔다. 첫 번째로 '정양러우(蒸羊肉)'가 있다. 이 요리에 관해서는 《도문기략(都門紀略)》에 기록이 남아 있으나 "양고기 찜을 파는 가게는 더성먼 밖 마뎬루 동쪽에 있다(蒸羊肉 肉案在德勝門外馬店路東)."라고만 되어 있다. 서민에게 인기가 많은 요리였는데, 큰 양고기 덩어리 위에 장을 바르고 후추나 회향 등의 향신료와 함께 사흘간 재운 뒤 찜통에서 찌는 식으로 만들었다. 가게에서는 쪄낸 고기를 식힌 뒤에 잘게 썰어 팔았다. 그대로 먹어도 좋은 술안주가 되었고 물에 갠 밀가루를 둥글넓적한 모양으로 구운 뒤 뭉쳐 국수처럼 가늘게 썬 것과 같이 볶아 먹기도 했다.

그밖에 양 머리고기나 다리, 아킬레스건 따위의 간장 절임이 있었는데, 베이징에서 고안한 후이족 요리였다. '장양터우(醬羊頭)'의 창시자는 더성먼 밖에 살던 동사파(董四巴)였다. 처음에는 더성먼 앞 궈쯔시(果子市)에서 노점 장사를 하다가 손님이 늘어나면서 쭤팡(作坊, 소규모 공장)이 필요해져 이사했다. 뒤이어 신쯔(信子, 양 혀)나 양 눈도 팔게 되면서 '문 밖까지 가서 양을 사온다'는 것이 베이징 토박이들 사이에서 살짝 멋을 부린 표현으로 쓰이게 되었다고 한다. 매년 입추(立秋) 때면 행상인이 강바람이 불기 시작하는 완연한 가을에 '양터우러우라이(洋頭肉來)!'라고 외치며 후퉁을 걸어다녔다.

그리고 마침내 후이족 요리는 다스란(大栅欄) 근처 금과 은을 다루는 고급 보석 가게가 늘어서 있던 랑팡얼탸오(廊房二条)에도 진출했다. 마(馬)라는 사람이 경영하던 '우훙주점(祐興酒店)'의 양 머리고기가 베이징에서 명성을 떨쳤다. 양고기 구이도 인기가 있었다. '사가호동소양육(謝家胡同燒羊肉)'이라고 불리던 청싼위안(成三元)의 가게가 동치(同治) 원년(1862년)부터 민국 22년(1933년)까지 영업했다. 재료는 살코기뿐 아니라 다양한 부산물을 썼다. 채소와 함께 목과 내장을 통째로 고아 만든 국물에 간장을 넣어 삶아놓은 국수에 끼얹은 뒤 위에 얇게 썬 고기 몇 점과 오이를 곁들인 음식을 행상이 팔기도 했다. 이것은 일본 라멘의 또 다른 뿌리일지도 모른다.

이 국수는 녹두나 밤 가루로 만든 짜몐(雜麵)이다. "양러우라이, 짜몐(羊肉來, 雜麵)."이라고 외치며 행상은 후퉁을 돌아다녔다. 짜몐은 단단하게 삶으면 종종 오그라들곤 했다. 맛도 개성이 강했다. 한족을 대상으로 하여 경하제일루(京河第一樓)에서 돼지고기 짜몐을 판 적이 있는데, 도리어 한족에게조차 평판이 나빴다. 짜몐 맛은 양고기에 딱 어울리는 짝이었기 때문이다. 쇠고기 짜몐은 맛을 따지기 이전에 생각할 여지도 없는 음식이었다. 이 시대에도 한족은 소를 먹지 않았다. 불교와 도교 신자가 많았기 때문인데, 쇠고기를 먹는 사람은 돼지고기를 먹는 것이 금지된 후이족뿐이었다. 오늘날까지도 중국 요리에 쇠고기 요리가 적은 것은 옛 한족의 풍습이 남긴 흔적이다.

뎬신(點心)의 발달

베이징의 '맛'이 청나라 때 완성되었다는 것은 이미 이야기했다. 그리고 서민은 그것을 '츠뎬신(吃點心)'의 전통에 편입시켰다. 도교의 가르침 '의식동원(醫食同源)'을 근원에 놓고, 같은 것을 많이 먹지 않으며 건강에 좋은 요리를 조금씩 여러 접시 먹는 중국 특유의 식사 방식이다. '벽곡(辟穀)'은 그 중심에 있는 가르침이었다. 배는 오래 부르지만 소화하기 힘든 곡물은 가능한 한 피하고 알곡보다 가루로 된 곡물을 먹도록 권장하는 것인데, 자오쯔(만두), 사오마이(燒賣, 꽃만두, 광둥어로는 시우마이라고 읽는다), 만터우(찐빵), 국수가 대표적인 '선식(善食)' 식품이었다.

츠뎬신이 유행한 이유는 이뿐만이 아니다. '츠판(吃飯)', 즉 형식에 맞추어 음식을 먹는 오래된 예의범절, 관례적인 식사 방식과 달리 간편하고 저렴하게 해결하는 끼니에 대한 수요가 늘어났기 때문이었다. 남조(南朝) 양나라 시대(502~557)의 역사서 《양서(梁書)》의 소명태자전(昭明太子傳)에 벌써 다음과 같은 기술이 있었다. "도읍의 곡물 값이 올랐으므로 태자는 명령을 내려 의복은 소박하게 입고 지금까지 평소 먹던 식사(常饌)를 소식(小食)으로 바꾸도록 했다." 여기서 말하는 '소식'이 나중에 뎬신이라고 불리게 되는 것이다. 뎬신의 뎬(點)이란 아주 적은 양을 점을 찍듯 넣는 것이고, 신(心)은 몸을 지배하는 심장을 뜻한다. 즉 뎬신은 '적은 양을 심장에 넣는' 것을 의미한다.

베이징 서민들에게 간식처럼 먹는 뎬신은 무척이나 익숙한 문화
였다. 앞에서 예로 든 '분식(粉食)' 말고도 웨빙(월병)이나 위안샤오
(元宵, 원소절元宵節, 즉 정월 대보름에 먹는 앙금이 든 경단) 같은 달콤
한 뎬신과 과일도 있었고, 일반적인 국수와 밥, 반찬 종류를 작은
접시나 종지에 담으면 그것도 뎬신이 되었다.

베이징의 뎬신 중에서 일본인에게 가장 친숙한 것은 자오쯔일
것이다.* 하지만 베이징에서 일반적으로 먹는 자오쯔는 일본인이
같은 한자를 써서 말하는 교자(餃子)와는 느낌이 많이 다르다.

자오쯔에는 가열 방법에 따라 '수이자오쯔(水餃子, 물만두)', '정
자오쯔(蒸餃子, 찐만두)', '궈톄(鍋貼, 군만두)' 세 종류로 나뉜다. 베
이징에서 옛날부터 많이 먹던 것은 수이자오쯔다. 자오쯔 피(皮)
를 만드는 법은 일본과 크게 다르지 않다. 밀가루를 개어 막대 모
양으로 만든 뒤 작은 덩어리로 찢고 하나하나 밀대로 밀어 원형의
피를 만든다. 일본과 다른 점은 밀가루의 질과 맛, 그리고 두께다.
피로 감싸는 속은 일본과 달리 다종다양하여 실로 다양한 내용물
이 들어갔다.

속 중에서 일반적인 것은 '주러우셴(猪肉餡)'이다. 갈아놓은 돼지
고기에 간을 하고 끈기가 생길 때까지 잘 두들겨 다진 배추와 대
파, 다진 생강 등을 넣고, 소금과 후추로 양념하고 참기름을 넣어

---

* 일본에서는 만두를 중국어 '자오쯔'와 같은 한자를 써서 '교자(餃子)'라고 한다. 대중
적인 일본식 중국 요리로서 속은 대부분 돼지고기를 쓰며 주로 구워 먹는다. '교자'라
는 이름은 산둥 사투리 또는 만주어에서 유래했다고 알려져 있다.

잘 섞은 뒤 숙성시켜 쓴다. 이밖에 새우나 생선, 닭고기, 양고기를 사용한 자오쯔, 고기와 함께 회향이나 동과(冬瓜), 시래기 등을 넣은 자오쯔, 제철 채소나 호박만으로 속을 만든 자오쯔 등이 있다. 베이징의 주부는 부엌에 남은 채소만 가지고도 자오쯔를 만들 수 있다는 말이 있다.

수이자오쯔는 자오쯔를 많은 양의 끓는 물에 데쳐 익힌 뒤 뜨거울 때 먹는 것이다. 작은 접시에 흑초(黑醋)를 부어 곁들이고 마늘을 조금 씹어 먹는 것이 일반적이다. 베이징 사람들은 박꽃이나 회향을 속에 넣은 자오쯔도 좋아한다.

덴신 중 자오쯔만이 '가정의 맛'이라고 일컬어지는 것은 그만큼 베이징 가정에서 많이 만들어 먹던 음식이기 때문이다. 특히 경삿날을 앞두었을 때는 가족을 총동원하여 자오쯔를 만드는 집이 많았다. 자오쯔는 '爻子'와 발음이 똑같아 훌륭한 자식을 얻기를 기원하고 자손이 번영하기를 바라는 마음을 담는 음식이었다. '角子(10전에 해당하는 옛 화폐)'와 같은 발음이기도 하여 복을 부른다고도 여겨졌다.

자오쯔의 모양에 이런저런 경사와 어울리는 뜻을 담기도 했다. 반달 모양 자오쯔는 화폐의 일종인 원보(元寶)와 닮았다고 하여 그해 금전 운이 좋기를 기원하는 용도였다. 목화나 감 씨앗 모양의 자오쯔는 둥글둥글한 형태인데 '만사가 순조롭고 즐겁게 잘되기를' 바라는 소망을 담았다. 나아가, 양이나 닭, 보리 이삭, 옥수수 따위와 닮게 빚은 것은 가축의 번성과 오곡의 풍작을 비는 자오쯔였다. 차바퀴를 본뜬 모양은 '올해도 앞으로 나아가도록' 빈다는 뜻이었다.

특히 베이징의 정월에 자오쯔는 빠뜨릴 수 없는 음식이었다. 섣달 그믐날이 되면 할머니, 할아버지, 아직 학교에도 가지 않은 어린아이들까지 모두 몰려나와 자오쯔를 만들었다. 부뚜막의 신이 집에 돌아오는 설날 아침까지 자오쯔를 완성해야 했기 때문이었다. 부뚜막의 신은 그 집이 한 해 동안 지은 선행과 악행, 공덕과 죄악을 천제(天帝)에게 보고하려고 음력 12월 23일에 하늘로 떠난다. 천제는 그 보고를 듣고 새해의 길흉을 정해 내려준다고 사람들은 믿었다. 신에게 공양하는 것이니 정월에 만드는 자오쯔에는 고기를 전혀 넣지 않는다. 그 대신 다양한 채소와 버섯, 튀긴 두부 따위를 넣었다. 자오쯔 안에 깨끗하게 씻은 동전을 넣는 집도 있었다. 설날에 가족이 다 같이 식탁에 둘러앉았을 때 이 자오쯔를 골라 먹은 사람은 장수하고 부자가 된다고 여겨졌다.

중국에서 자오쯔가 정월에 행운을 비는 상징이 된 것은 언제부터일까? 명나라 말기 유약우(劉若愚, 1584~1642?)가 쓴 《작중지(酌中志)》에는 "정월 초하루에 샤오뎬신(小點心)을 먹는다. 즉 볜시(扁食, 자오쯔의 다른 이름)를 먹는 것이다. 은전 한두 닢을 몰래 속에 넣어 빚은 것을 먹으면 한 해의 운세가 길하리라 여긴다."라고 쓰여 있다.

그러나 자오쯔와 비슷한 식품의 역사는 명나라 이전으로 거슬러 올라간다. 천여 년 전 유적이 발굴된 투루판의 당묘(唐墓)에서 공기에 담긴 만두가 발견되었고, 명나라 이전에는 만두를 '펀자오(粉角)', '자오얼(角兒)', '자오쯔(角子)'와 같은 이름으로 불렀던 것으로 여겨진다. 북송(960~1127) 때 맹원로가 지은 《동경몽화록》에는 대량(大梁, 현재의 허난성 카이펑)에서 열린 궁중 축하연에 관해 기록한 다음과 같은 구절이 있다.

"후연(後宴)에서 술이 세 잔째 돌아가면 안주, 더우츠(중국식 생청국장), 바오러우(爆肉, 고기 볶음), 퉈펑자오쯔(駝峰角子)가 상에 나온다." 이 '퉈펑자오쯔'란 낙타 혹 고기를 쓴 만두를 말한다.

그보다 더 오래 전인 진(晉)나라(265~419) 시대에도 '라오완(牢丸)'이라는 음식이 있었는데 이 역시 만두였다. 속석(束晳)의 《병부(餅賦)》에 양고기와 돼지고기를 넣은 '라오완' 제조법이 실려 있다. 고기에다 생강, 파, 계피, 팔각(八角)을 잘 섞은 것을 밀가루로 만든 피로 싼 뒤 찜통에 늘어놓고 강불에서 찐다는 내용인데, 사방에 피어오르는 향을 맡고 길 가는 사람들이 침을 흘리며 가난한 자는 군침을 삼킬 뿐이라고 적혀 있다. '라오완'과 판박이처럼 똑같은 음식이 현재 네팔에 있다.

내가 베이징에 가면 제일 먼저 하는 일은 새로운 자오쯔관(餃子館)에 가서 다양한 자오쯔를 주문해 먹는 것이다. '넌시후루자오쯔(嫩西葫蘆餃子)'는 박꽃 자오쯔이고, 오리를 양고기에 섞은 후이족 스타일의 소를 넣은 자오쯔도 있어 매우 다채롭다. 어느 여름 저녁나절 동과(冬瓜)와 양고기 자오쯔를 곁들여 소주잔을 거듭 기울인 적도 있다.

유일한 불만이 있다면 자오쯔관에는 '귀톄(군만두)'가 없다는 것이다. 지금은 중국 둥베이 출신들이 일본에 와서 가게를 열고는 궈톄라는 이름으로 일본의 기존 상식과 그리 다르지 않은 일반적인 만두를 구운 음식을 팔아 오해를 사는 경우도 있는데, 본래 궈톄는 자오쯔와 다른 식품이다. 장방형 피에 가늘게 속을 넣어 돌돌 싼 것으로서 양쪽 끝이 뚫려 있다. 철판 위에서 지글지글 굽는 몽골 스타일 요리로서, 전문점에 가지 않으면 볼 수 없는 음식이다.

5장

공산당과
혁명의 맛

마오쩌둥과 문화혁명

톈안먼 광장에 한번 서보자. 중국 전통 양식으로 지어진 톈안먼을 북쪽에 두고 펼쳐진 드넓은 광장을 바라보면, 1959년에 새 국가 수립 10주년을 기념하여 세운 인민대회당(人民大會堂)과 역사박물관의 위용이 눈에 들어온다. 옛 소련과 밀월 관계를 맺었던 시대의 흔적이 엿보이는 듯한, 장대함과 위엄을 내세우는 스타일의 건축물이다.

앞서 이야기한 동래순반장의 분점을 비롯하여 음식점 몇 개가 1993년에 원래 시장이 있었던 톈안먼 광장의 남동쪽 가장자리에 생겼을 때, 가게의 네온사인이 내 눈에는 무척 이상하게 보였다. 국가의 권위가 서린 장소인 톈안먼 광장에 음식점의 네온사인이 켜졌다는 게 부자연스럽게 느껴지면서 한편으로는 네온사인 특유의 눈부시게 내뻗는 빛줄기가 광장 한가운데를 향해 뻗어 나가는 듯한 느낌이 들었다. 이후 주위에 가게가 몇 군데 더 생기자 네온사인은 더욱 번쩍거렸다. 몇 개월 지난 뒤 일본 신문에도 이러한 변화가 보도되었다.

그러나 이 사건은 베이징의 일반 시민들에게는 지극히 당연한 일이었다. 광장은 우리 것이지 결코 국가의 것이 아니라며 정치에 관심이 없는 서민들이 이야기하는 것을 듣고 놀란 적이 있다. 나아가 지금까지 극좌의 아성 자리를 지키고 있는 어떤 단체의 젊은 간부들이 톈안먼 광장이 국가를 상징하기는 하나 그 광장에 네온 사인이 켜지는 것은 중국의 앞날을 생각했을 때 당연한 일이 아닌가, 인민대회당이나 톈안먼이나 마오쩌둥 기념당 위라면 문제가 되겠지만 역사박물관 위에 네온사인이 늘어서는 것은 오히려 환영한다, 라고 입을 모아 말하는 것도 들었다.

현재의 베이징은 겉만 보면 자본주의 국가의 도시와 다를 바가 없다. 그런데 특이하게도 자본주의의 악랄한 측면을 그대로 복사해 가져왔으면서도 핵심에서는 공산주의를 유지하고 있다.

과거 중국을 점령했던 문화혁명은 '프롤레타리아 문화대혁명'의 약자다. 오늘날 중국을 보노라면 당시 외국인에게 보여주려고 꾸며낸 표면상의 질서가 그래도 순수한 것이었다는 생각이 들기도 한다. 문화혁명에 대해서는 지금까지도 다양한 의견이 충돌하고 있다. 1966년부터 1976년까지 10년 동안 경제와 문화가 정지하고 사회가 무정부 상태에 놓인 가운데 마오쩌둥의 뜻만이 움직였던 초(超) 독재 국가, 모든 중국인이 휘말렸던 그 열풍이 그리 멀지 않은 과거에 존재했다. 문화혁명을 논하는 책은 많다. 당시의 내부 항쟁이나 사람들의 삶과 행동은 외부인의 눈으로 보면 정말이지 《삼국지》보다 훨씬 더 재미있다. 아마 당시 권력을 쥐었던 정치가들은 자기 목숨이 위기에 처한 상황에서도 내 인생이 이렇게 나 역동적으로 움직이다니, 하고 황홀경에 빠져 시대의 흐름에 몸을 맡겼을 터이다.

문화혁명은 통치 권력의 정점에서 발동한 혁명이다. 이런 혁명은 지구상에서 예가 드물다. 당시 중국은 마오쩌둥이 사회주의 국가를 운영할, 현대적 이념을 갖춘 실무 세력에게 권력을 넘겨주어야 할 단계에 들어선 참이었다. 그러나 그는 다음 세대로 넘어가면 자신이 제창한 혁명 이론이 휴지조각 취급을 당하리라는 두려움을 품었고 결국 국가와 경제와 인민을 업고 문화혁명이라는 동란을 일으켰다. 지금까지 만들어 온 국가 기구를 무너뜨려 원점으로 돌아간 뒤, 전 국민이 농민인 국가를 새롭게 창조하겠다는 마오쩌둥의 야망이 드러난 사건이었다.

한편 중국 국민들 입장에서는 지금까지 역사상 한 번도 주어진 적이 없었던 주인공 자리가 손안에 뚝 떨어진 셈이었다. 열광은 한동안 잦아들 기미가 보이지 않았다. 문화혁명 투쟁에 뛰어든 대중은 수천 년 전 옛 사람의 행동 방식으로 회귀할 수 있었다. 그것이 중국인의 기질인지, 아니면 인간의 욕망을 정당화함과 동시에 현대성과 지성(知性)을 송두리째 거부하고 단숨에 시대를 과거로 거슬러 올라가게 하는 방법을 생각해낸 마오쩌둥의 천재성이 불러온 결과인지 나로서는 모르겠다. 이처럼 욕망이 주도하던 당시의 행동 방식은 앞으로도 계속 논의의 대상이 될 터이고, 새로운 사실이 점차 드러남에 따라 책과 자료로 남을 것이다.

대약진운동 이후 요리는 맛을 고려하기 이전에 수확량이 많은 농산물로 만드는 것이 우선이었다. 민간에 요리에 관한 중요한 자료가 유통될 리가 없었고 요리는 획일화된 재료와 조리법을 토대로 만들어야 했다.

베이징의 대표적인 호텔 북경반점*의 아침은 6시에 문을 노크하는 소리와 함께 남성 복무원*이 보온병에 든 뜨거운 물을 가져다주면서 시작되었다. 젊고 용모가 단정한 복무원들은 개성이 없었지만 눈이 마주칠 때마다 늘 밝게 웃어주었고 건강했으며 순수했다. 외모와 사상을 기준으로 선별된 문화혁명 엘리트들이었으니 당연했을 것이다. 그들은 하루에 몇 번씩 각 층마다 모여《마오쩌둥 어록》학습회를 열었다. 학습에는 일반 객실에서 수신할 수 없는 방송 채널에서 틀어주는 반(反)국민당 영화와 항일 투쟁 영화 감상도 들어 있었다.

이를테면 일본군이 평화로운 마을에 쳐들어온다. 중국 영화니 일본 병사 역을 맡은 배우도 중국어로 말했지만, '이놈(기사마貴様)', '멍청한 놈(바카야로馬鹿野郎)', '죽여버린다(고로스조殺すぞ)' 같은 말은 일본어였다. 전쟁을 경험한 중국인은 저런 일본말을 아는구나 싶어 오싹했던 기억이 난다. 일본군을 전멸시키려고 일당백의 활약을 하는 해방군 병사의 영웅적 행동이 이런 영화의 주된 스토리였다. 마을의 소년이나 아가씨가 해방군 병사를 도와 경사스러운 승리를 쟁취하는 것이다.

북경반점(北京飯店) 1900년에 세워진 베이징에서 가장 유명한 고급 호텔.
복무원(服務員) 종업원을 뜻하는 말. 중국에서 '복무'는 서비스를 뜻한다.

여하튼 복무원이 가져다준 뜨거운 물에 재스민 차를 타서 들고 베란다에 나가면, 시내 여기저기에 붉은 바탕에 하얀색이나 노란색 글자로 쓰인 마오쩌둥의 구호나 어록의 한 구절이 아침 햇살을 받아 선명하게 빛나고 있었다. 텔레비전 방송국 '중앙전시대'*는 마오쩌둥을 예찬하는 노래 〈동방홍〉을 틀며 그날 방송을 시작했다. "동쪽 하늘에 서광이 비치고 태양이 뜬다./ 중국에 마오쩌둥이 나타났다./ 그는 인민의 행복을 위해 힘쓰는 구원의 별." 1976년 톈안먼 사건이 일어날 때까지 매일같이 똑같은 시작이었다. 각 층의 안내 데스크 곁에는 무료로 가져갈 수 있는 각국 언어로 번역된 《마오쩌둥 어록》이 가지런히 쌓여 있었다.

나 같은 외국인이 자유롭게 다닐 수 있었던 곳은 왕푸징(王府井)을 비롯하여 제한된 장소 몇 군데밖에 없었는데, 어디서나 정체 모를 밝은 분위기가 넘쳐흘렀다. 거리는 질서 정연했고 청결해 보였다. 외빈석(외국인 전용석)을 갖춘 시내에 십여 군데 있는 음식점에는 밍차이(名菜, 유명한 특산 요리)가 가득했고, 북경반점에서 아침 식사로 나오던 새하얀 죽에서는 따끈한 김이 솔솔 올라왔다.

1972년 중국과 일본이 국교를 회복하고 항공 정기 노선이 다시 열렸다. 당시 일본 신문은 양국의 관계를 배려하여 문화혁명을 예찬하는 경향이 있었고, 여기에 감화를 받아 중국을 방문한 관광객 가운데 문화혁명을 옹호하는 사람이 다수 생겨났다. 외국인이 통행할 수 있는 지역에서 마주치는 사람들의 한없이 밝은 웃음을 보

중앙전시대(中央電視臺) CCTV(Chinese Central Television).

고서 그렇게 생각하는 것은 당연한 일이었을지도 모른다. 게다가 문화혁명의 일환으로 지방 학생의 '교류(交流)'가 이루어지면서 지방에서 온 여행자가 많았기에, 외국인의 눈에 보이는 왕푸징의 군중 속에 베이징 사람은 거의 없었을 것이다.

끼니와 계급투쟁

지금 베이징, 상하이, 광둥을 비롯한 대도시의 거리를 걸으며 문득 떠오르는 생각은, 문화혁명은 도대체 무엇이었나 하는 의문이다. 문화혁명 때는 상상도 할 수 없었던 거대한 백화점과 슈퍼마켓이 늘어선 광경을 보며, 아직 모든 중국인의 살림이 넉넉해진 것도 아닌데 장사의 욕망만이 지나치게 앞서가고 있는 것은 아닌가 하고 남의 일이지만 걱정스럽기도 하다. 중국 서민 중에 홍위병이었던 시절의 '위세'가 느껴질 만큼 고압적인 태도를 드러내 보이는 사람, 그렇게 아직 착각에 빠져 사는 사람이 눈에 띌 때도 문화혁명에 새삼 의문이 들기도 한다. 한편 현재의 소득 수준을 기준으로 보면 서민 중에서도 최하층인데도 지적이고 마음이 따뜻한 사람들의 삶을 접하며, 문화혁명은 이런 사람들에게도 날카로운 발톱처럼 덮쳐 왔던 것일까 하고 자못 우울한 기분이 들 때도 있다.

문화혁명 때 외국인이 자유롭게 다닐 수 있었던 구역 이외의 후퉁(胡同) 안쪽에는 표정이 어두운 사람들이 있었다. 부모 자식 간이라도 서로 상대를 밀고하는 '혁명 투쟁'이 1950년대부터 거듭 장려되었고, 외모가 중국인 같더라도 평소에 못 보던 사람이 동네에 들어왔을 경우 나라가 말하는 것처럼 스파이일지도 모르기에 사람들은 타인을 볼 때 의심의 눈을 부릅떴다.

북경반점에 머물던 나 같은 외국인도 로비를 지키고 선 여러 명의 사복 공안 경찰관이 출입을 체크했다. 왕푸징에 있는 백화점이나 둥펑(東風) 시장이라는 혁명적 이름으로 개명했던 둥안(東安) 시장에 토산품을 사러 가는 관광객 뒤에, 세 명씩 따라붙어 미행하기도 했다. 많은 방의 천장 조명에 마이크가 숨겨져 있었고, 대규모 도청 시설이 1층과 2층의 중간에 위치한, 정면에서 왼쪽 깊숙한 곳에 자리 잡고 있었다. 북경반점 안에 있는 우체국에서 부친 우편물은 전부 개봉되어 번역 담당자 손에 들어가 검사받았다. 부적절한 부분은 검게 칠하거나 그 행만 잘라냈다. 내 편지는 무엇이 그렇게 거슬렸는지 몰라도 1센티미터 폭으로 오징어 다리처럼 잘려서 일본의 친구에게 도착했다. 편지 검열은 문화혁명이 끝나고도 6년이나 지난 1982년까지 이어졌다.

식량과 일용품을 구입하는 데는 항상 구매권(購買券)이 필요했는데, 이 구매권은 늘 부족했다. 소련의 경우 유럽의 비공산주의 국가들과 인접해 있었기에 시민들이 제한된 양만 공급했던 식품을 구하려고 추운 날씨에도 줄지어 선 광경이 외국 언론에 보도되기도 했지만, 중국의 경우 보도 규제가 엄격했기에 바깥에서 실태를 알기는 힘들었다. 불과 수백 그램의 밀가루를 얻기 위해, 썩어 가는 배추 단 한 포기를 얻기 위해 엄동설한이든 불볕더위든 가리지 않고 배급소 앞에 줄을 서야 했다.

거리에서 그나마 활기가 있는 곳은 거민식당(居民食堂) 정도였다. 거민식당은 원래 동네에 적어도 하나씩은 있었는데, 문화혁명이 시작되면서 도시의 주민 자치 조직에 지나지 않았던 거민위원회가 운영을 도맡았다. 지금도 중국에 존재하는 거민위원회는 요즘으로 치면 주민들의 반상회나 자율 방범대에 비견할 만한 조직인데, 실질적으로는 경찰이 관리하고 있었다. 좀 더 정확하게 말하자면 도나리구미*처럼 주민이 서로 감시하는 시스템이다. 국가 행정 기관의 가장 말단에 위치한 가도변사소(街道弁事所) 관할이었고, 거민위원회 주임은 주민들이 투표로 선출했다. 정치 권력이 민간으로 넘어가는 경계였다고 할 수 있다. 거민위원회는 문화혁명 당시 어떤 조직보다도 생활에 밀착한 혁명과 계급투쟁의 장이었다. 공산당의 지시가 발표되면 거민위원회가 눈 깜짝할 사이에 마을 구석구석까지 그 내용을 전달했던 것이다.

문화혁명 시기에 가족은 하나로 뭉치기 어려웠다. 직장의 근로 시간이 저마다 달랐고, 가족 중 누군가가 비판의 화살을 맞거나 투옥되는 일도 있었기에 가정이라는 개념이 성립하기 어려운 시대였다. 당시 자기 몸을 안전하게 지키려면 제 발로 감시 시스템에 뛰어들어야 했다. 거민식당에 가지 않으면 일반 감시 대상에서 특별 감시 대상으로 바뀌면서 온갖 의심을 살 위험이 있었다. 다음날에 거민위원회의 아주머니들이 그 사람의 죄상을 적은 종이가 동네 게시판에 나붙을지도 모르는 일이었다.

도나리구미(隣組) 제2차 세계대전 시기 일본 정부가 후방을 관리하고 통제하기 위해 만든 일종의 주민 자치 조직. 5~10가구를 한 단위로 하여 전쟁에 필요한 인력 동원, 물자 공출 및 배급, 공습 시 방공 활동 등을 함께하며 서로를 감시하도록 했다.

이를테면 물자가 부족한 시기에 배급될 리가 없는 닭 한 마리를 친구가 선물로 주었다고 치자. 이 닭을 어떻게 하면 좋을까? 가장 어리석은 짓은 집에 가져가서 요리해 먹는 것이다. 문화혁명이 한창일 때는 가정에서도 어느 정도 요리를 해 먹었으니 걱정할 일이 없을 것 같다. 하지만 주민이 서로 감시하고 있었으니 집에서 닭 같은 것을 먹으면 금방 들키기 마련이다. 고작 닭 한 마리를 먹고도 혹시 계급 심사 과정에서 실수는 없었는지, 숨겨놓은 재산이 있지나 않은지, 외국 스파이와 관계가 있는 것은 아닌지 등등 가지각색의 엉뚱한 혐의를 뒤집어쓰는 세상이었다.

그 다음으로 어리석은 짓은 거민위원회에 신고하는 것이다. 먹어도 된다는 결정을 받는 것은 거민위원회가 무척 신뢰하는 사람이 아니면 어려운 일이다. 우선 닭이 더 있는 것이 아닌지 의심받는다. 계획적으로 거민위원회를 속이러 온 것이 아니냐는 의심까지 받으면 끝이다. 거민위원회가 두툼한 서류 뭉치를 작성해서 상부 조직으로 올려 보낸다. 상부 조직에서는 그 위의 조직으로, 그 위의 조직에서는 더 위의 조직으로 연달아 서류를 올려 보낼 것이다. 그 사실은 물론 개인이 소속된 단위(직장)의 당안(檔案)에 일일이 기록될 것이다. 당안이란 소속 단위에서 엄중하게 관리하는 개인 조서인데, 개인에 관한 온갖 상세한 정보가 전부 기록된다. 당안에 한번 적힌 내용을 수정하기란 결코 쉬운 일이 아니다. 물론 본인은 당안을 열람할 수 없다. 갈등이 발생하면 반드시 당안에 '심사 중'이라고 표기되고, 결과적으로 '문제가 있는' 요주의 인물로 낙인찍히기 십상이다.

그러니 현명한 태도는 처음부터 닭 같은 선물은 받지 않는 것이다. 더욱 현명한 태도는 닭을 줄 만한 친절한 친구를 처음부터 사귀지 않는 것이다. 혼자서 거민식당이나 직장의 구내식당에 들어가 거민위원회 아주머니들에게 얼굴도장을 찍고 묵묵히 밥을 먹는 것, 이것이 문화혁명 시대의 가장 훌륭한 처세였다. 인정 어린 분위기를 특별히 중시했던 베이징 사람들은 바로 이런 시대를 견뎌야 했다.

거민식당은 하루 두 번, 오전 10시 30분과 오후 4시 30분에 식사를 제공했다. 매달 정해진 금액을 선불로 지불해야 했다. 1970년 전후 기준으로 상당히 많은 양의 배급권과 현금 15위안을 내야 했는데 결코 저렴한 금액이 아니었다. 먹지 않은 만큼의 금액은 매달 말에 정산해서 돌려받을 수 있었지만, 환불은 꽤나 용기가 필요한 일이었다. 거민식당에서 식사한 횟수가 적으면 다른 곳에서 향응을 받는 것이 아니냐는 의심을 샀기 때문이다.

내가 체험한 1970년의 거민식당은 이런 모습이었다. 입구에 들어서면 마오쩌둥의 석고상이 먼저 눈에 들어왔다. 그 주위에도 태양을 향해 손을 흔들며 인민의 한가운데에 선 마오쩌둥의 찬란한 위용을 그린 포스터, 그때그때 상황에 걸맞은 정치 투쟁 슬로건 따위가 벽에 빙 둘러 붙어 있었다. 1970년대 초반까지 식당에 들어가려면 석고상이나 포스터를 마주보고 아침에는 마오쩌둥에 대한 충성을, 저녁에는 그날 하루 자신이 한 혁명적 행동을 바로 선 채 보고해야 했다. 식당에 들어가면 벽과 탁자를 커다란 국자로

■■■ 1959년 장쑤성 남부 도시 우시(無錫)의 거민식당 풍경. 식사하는 사람들 뒤쪽에 '공
공 식당은 우리의 대가정(大家庭)'이라는 문구가 쓰인 현수막이 걸려 있다.

탕탕 치며 위협하는 거민위원회 아주머니가 《마오쩌둥 어록》을 암
송하라고 채근하곤 했다. 아무리 초라한 식사라 하더라도 그 음식
을 먹을 수 있는 것은 위대한 영도자 마오쩌둥 동지 덕택이다. 또
초라한 음식을 먹을수록 부르주아 계급 타도를 위한 혁명적 행동
이기 때문에 칭찬받아 마땅했다. 그러니 절대로 맛있는 음식이 나
올 리가 없었다.

식단은 러차이(熱菜, 열을 가해 즉석에서 만드는 음식) 한 가지와
국, 만터우(饅頭, 찐빵) 한 개였다. 러차이라고 해도 주문이 들어오

는 대로 만들지는 않았다. 만들어놓은 것을 몇 번씩 다시 데워 내왔다. 국은 너무 묽어서 그냥 뜨거운 물이나 마찬가지였다. 만터우는 소금 간만 한 퍼석퍼석한 옥수수 만터우였다. 내가 거민식당에서 처음으로 먹어본 음식은 배추와 당면 볶음이었다. 배추는 희고 딱딱한 부분만 들어가 있었고, 당면은 몇 가닥인지 셀 수 있을 지경이었다. 배추만 유통될 때는 배추 요리만 나왔다. 여름에는 시금치와 토마토만 들어간 메뉴가 몇 달씩 이어졌다.

정부 관계자에게 동행해 달라고 부탁해서 거민식당에 여러 번 가보았다. 정부 관계자들은 내게 이런 요구를 했다. 절대 중국인으로는 보이지 않을 만큼 화려한 복장으로 가 달라는 것이었다. 그래야 안전하다고 했다. 한눈에 외국인이라는 것을 알 수 있는 나를 보고 웃음을 건네는 대책 없는 사람은 아무도 없었다. 처음에는 어떤 음식을 먹게 될까 하고 기대에 부풀었는데, 너무나도 맛이 없어서 깜짝 놀랐다. 그 식당의 요리사가 솜씨가 없어서 그런가 하고 다른 거민식당에도 가보았다. 하지만 어딜 가도 규격품처럼 맛이 똑같았다. 내가 주로 근무하던 중앙문물연구소의 식당에서도 복사한 듯 맛이 똑같은 음식이 나왔다. 그도 그럴 것이, 연구소 식당도 그 지역 거민위원회의 지도를 받고 있었던 것이다.

밍밍하고 시큼한 맛. 그밖에는 아무 맛도 없었다. 흑초(黑醋) 맛도 나기는 했지만, 정체 모를 신맛이 더 강하게 느껴졌다. 당시 널리 쓰이던 유지(油脂)를 묻힌 저질 코크스 냄새가 배어들어서 그랬다는 이야기도 있는데, 하여튼 빈약하고 허전한 맛이었다. 외국에서는 얼마나 맛있는 중국 요리를 먹고 있는지 가르쳐주고 싶은 심정이었지만 입을 다물 수밖에 없었다. 1970년대가 이랬으니 그 이전에는 얼마나 심했을지 감히 상상이 갔다. 당시 베이징의 거민식당에서 1인분 가격은 어디든 식량권 2근어치(1킬로그램), 즉 2.6자오(角) 상당이었다.

문화혁명이 끝나고 얼마 뒤 개방경제 노선이 제시되면서 거민식당은 자취를 감췄다. 내가 마지막으로 거민식당에 간 것은 1977년이었는데, 그때는 메뉴의 질이 약간 향상되어 있었다. 채소 볶음과 자장면(炸醬麵)이 나왔고 1인분의 가격은 식량권 반 근과 현금 1.5자오였다. 당시의 거민식당 중 몇 군데는 지금까지도 국영 음식점으로 간판을 바꾼 채 영업을 하고 있는데, 서비스의 질이 그 옛날 거민위원회 아주머니 수준 그대로다. 그런데도 고참 공산당원들이 꾸준히 다녀서 손님 숫자를 어느 정도 유지하고 있다고 하니 재미있는 일이다.

문화혁명 시대에 중국인 전체가 그 방대한 역사에서 손꼽힐 만큼 맛없는 음식을 먹었다는 것은 부정할 수 없다. 재료는 물론이거니와 조리 기술에서도 형편없이 뒤떨어진 시대였다. 중국 대륙을 뒤덮었던 이 조악한 맛은 도대체 어디서 온 것일까? 공산당이 실시한 사회주의 정책이 부른 결과였을까? 아니면 다른 이유가 있었던 걸까?

음식과 혁명 정신

하지만 내가 가장 세련된 중국 요리를 먹었던 것도 문화혁명 시기였다. 뜻밖이라고 여기는 독자가 있을지도 모르겠지만 사실이다.

문화혁명 때 내가 체험한 일을 세 가지 정도 골라 소개해보겠다. 첫 번째는 문화혁명 말기인 1975년 11월 쑤저우에서 보았던 재미있는 광경이다. 한 음식점에 들어갔는데, 음식 문화가 그토록 쇠락했던 시절이었는데도 산과 바다에서 난 신선한 재료가 쌓여 있었다. 지금도 그 가게의 명물인 자라와 닭고기 찜, 근처 호수에서 잡은 생선으로 만든 맑은 국물 찜(칭정淸蒸)은 상하이보다 담백하면서도 명확한 주장이 담긴 화려한 요리였다. 방대한 가짓수의 요리가 나오던 코스 중간에 주어진 휴식 시간에, 통역이 "그럼 오늘의 주방장을 소개해드릴까요?"라며 문화혁명 특유의 그림자 한 점 없는 낭랑한 목소리로 말을 걸었다.

그때 중국에 머물던 모든 외국인은 누구나 명목상 정부의 손님이었다. 방을 한 발자국만 나서면 가게의 모든 복무원이 총출동해서 도열한 채 박수를 쳤다. 그 박수는 내가 끝까지 익숙해지지 못한 풍습이었다. 박수를 받는 외국인도 그 박수에 응답해야 한다. 박수 행렬은 음식점의 긴 복도를 굽이굽이 꺾어 조리장까지 이어졌다. 머쓱해진 채 안으로 들어가자 요리사들이 미리 준비한 꽃다발을 들고 맞이해주는 연출이 기다리고 있었다.

요리사들이 늘어선 줄의 중앙에 자신만만한 표정으로 웃는 소년이 있었다. 웃음을 짓는 것이 몸에 익은 듯했다. 열 살을 갓 넘은 나이로밖에 보이지 않았다. 그 소년이 한 발짝 앞으로 나오더니 손을 내밀어 악수를 청했다. 통역이 한층 더 밝은 목소리로 말했다.

"소개해드리겠습니다. 쑤저우가 자랑하는 최고 수준의 천재적인 주방장입니다."

박수 소리가 커지고 소년이 아직 변성기를 맞지 않은 새된 목소리로 이야기를 시작했다. 소년이 이야기하는 동안 박수 소리가 엄청나게 크게 울리는 바람에 통역의 목소리가 들리지 않았다.

사실 '천재적'이라는 말은 당시 민간에서는 사용하면 안 되는 말이었다. 이 말은 일찍이 린뱌오(林彪, 1907~1971)가 마오쩌둥을 찬미하는 데 쓴 형용사였고, 이후 린뱌오가 정치 투쟁에서 패배하여 숙청당한 뒤에도 천재는 마오쩌둥 단 한 사람에게 바치는 말이었다. 그런데 천재라고 칭했다는 것은 공산당이 허가를 내렸다는 뜻이리라. 아니, 어쩌면 마오쩌둥이 친히 허락한 것인지도 모른다.

"열렬히 환영합니다."

그렇게 말하면서 소년이 다시 손을 내밀었다. 하지만 여전히 거리가 있었다. 내 쪽에서 몇 발짝 가까이 다가가야 했다. 박수 소리를 헤치고 나아갔다.

소년의 손을 잡으려고 한 순간이었다. 소년은 손을 돌려 손등을 내 쪽으로 향했다. 이렇게 되면 한 손으로 잡을 수가 없다. 자연스럽게 나는 키 작은 소년 앞에 고개를 조아리듯 등을 굽히고 양손으로 그의 손을 감싸는 자세가 되었다. 카메라 플래시가 터졌다. 당했다. 소년은 배우였다.

그리고 나서 소년은 갑자기 준비된 의자에 뛰어오르더니 어른 요리사들에게 명령하기 시작했다. 어른들이 군대처럼 일제히 담당

업무에 착수했다. 순간 팽팽한 긴장이 그 자리를 채우고 소년이 요리사들을 꾸짖는 소리가 우렁차게 울렸다. 어디서 꺼냈는지 하얀 지휘봉을 들고서는 의자 위에 서서 힘껏 소리를 내지르는 것이었다. 집요하게 개인을 공격하나 싶더니 어느새 전체를 선동하듯 명령했다. 마치 소년의 몸 속에 끝까지 힘주어 감아놓은 태엽이 한 순간에 풀린 듯한 느낌이었다. 요리사들은 소년의 목소리에 등을 떠밀려 땀을 뻘뻘 흘리면서도 경극 배우처럼 요란하게 냄비와 국자를 휘둘렀다.

나중에 통역이 말하기로는, 소년의 명령을 들으면 요리사들이 재능을 발휘하게 된다고 했다.

"저 소년은 요리를 만들지 않나요?" 하고 물어보았다.

"직접 요리하시는 것을 본 적은 없지만, 중요한 손님이 오면 하시겠지요. 소년이 지휘하는 목소리에서 마오 주석의 목소리가 들린다는 요리사도 있답니다."

문화혁명이 만들어낸 괴물이었다. 문화혁명이 끝난 뒤 그 음식점에서 소년은 사라졌다. 지금도 옛날 그 자리에서 그대로 영업하는 음식점을 찾아 소년의 행방을 물었더니, 고참 종업원이 "그런 일이 있었나?"라며 모르겠다는 표정으로 대답했다.

또 하나는 1972년 상하이에 갔을 때 이야기다. 하루는 저녁 7시부터 열리는 식사 모임에 베이징 총공회(總工會) 주석 니즈푸(倪志福, 1933~2013) 씨의 초대를 받았다. 상하이 출신인 니즈푸 씨는 원래 공장 노동자였는데, 문화혁명 시기에 사인방이 그를 '빛나는 노동자의 본보기'로 추어올리면서 유명해진 인물이다. 드릴 날을 개발해 특허를 따는 등 숱한 공로를 세웠다. 정치 성향이 극좌였음은 당연지사. 당시 공안국장이라는 요직에 있으면서 베이징 노동자와 민병(民兵)을 총괄하던 그는 국제적인 관점에서 중국의 현실을 조망하는 식견을 갖춘 보기 드문 인물이었다. 이후 사인방이 체포되었을 때는 정치국원 후보 1순위로서 상하이에 있던 사인방의 잔당 숙청을 지휘했다. (그뒤에도 실각하지 않고 베이징 총공회 주석을 지내다 은퇴하여 2013년 작고할 때까지 상하이 시내에서 여생을 보냈다고 한다.-옮긴이)

이때 중국을 방문한 손님은 늘 저녁 5시쯤 일찌감치 숙소에서 저녁을 먹어야 했다. 식사가 끝나면 강제로 혁명 경극만 줄기차게 봐야 해서 지겹던 참이었다. 한두 번이면 나름 경험이라 치겠지만 되풀이해서 보니 과식해서 체한 듯한 기분이 들었다. 붉은 태양을 향해 서서 눈을 크게 뜨고 군복 소매를 걷어붙인 팔을 앞으로 쭉 뻗는 그 자세가 아직까지 눈앞에 선하다. 이때의 부작용인지 그뒤로는 전통적인 경극을 감상할 때도 도무지 집중할 수가 없다.

외국인에게 혁명 교육을 시키는 것이 당시 상하이 시의 방침이었다. 따라서 나 같은 손님에게 혁명 경극을 보여주는 것은 외국인을 초대한 공사(公司, 회사)의 의무였으며 한편으로 국제여행사(國際旅行社, 중국의 국영 여행사) 직원이 '점수'를 따는 길이기도 했다.

여하튼 저녁 식사를 7시부터 한다는 것은 이례적으로 늦은 시간이라 흥미가 생겼다. 특별한 이벤트가 기다리는 범상치 않은 연회가 틀림없었다. 국영 음식점(국영밖에 없었지만)의 규칙에 따르면 복무 완료 시간은 8시 반이었다. 당시 중국을 방문하는 외국인은 단체 손님이 대부분이었으나, 나 같은 개인 여행객도 가끔 있었다. 그런 개인 여행객만큼 성가신 존재도 없다. 하루 세 끼를 챙겨 먹이려고만 해도 외국인 전용 호텔 식당이나 음식점 외빈석으로 모셔야 하니 말이다. 초대한 쪽 입장에서 보면 개인 여행객은 돈이 드는 손님이었다.

그때 중국에서 내게 안내와 통역을 해주던 사람은 늘 파란 인민복을 입고 다니던 상하이 출신의 내 또래 젊은 가이드였다. 닷새 정도 같이 지내던 차였는데, 연회 장소로 가는 자동차 안에서 그는 측은하리만큼 긴장하고 있었다. 그 긴장은 내게도 전염되었다. 보통 이럴 때 대접받기 마련인 호텔과 프랑스 조계* 구역에 있는 영빈관을 지나 차는 공항 방향으로 거침없이 달렸다. 등화관제를 실시하고 있었기에 밤길은 어두웠다. 하지만 시내 모퉁이마다 안내역이 한 명씩 서서 한쪽 팔로 길을 가리켜주고 있었다. "이런 적은 처음이에요."라며 가이드는 몇 번이나 심호흡을 했다. 어디로 가느냐고 물어도 "저도 아직 가본 적이 없는 곳이라서요."라고 대답하는데 금방이라도 숨이 넘어갈 듯했다.

공항으로 가는 도로를 도중에 벗어난 차는 길이 있는지 없는지도 알 수 없는 어둠 속을 덜커덩거리며 나아갔다. 대약진 시대부터 1983년 초까지 군 관계자를 제외하면 자동차 운전자는 신호등에

조계(租界) 19세기 후반 영국, 미국, 프랑스, 일본 등 8개국이 중국 침략의 근거지로 삼은 개항 도시의 외국인 거주지. 외국이 행정권과 경찰권을 행사하였으며, 한때는 28개소에 이르렀으나 제2차 세계 대전 이후에 폐지되었다.

걸려 정지하면 엔진을 꺼야 했고 밤에도 전조등을 켤 수 없었다. 자원을 절약하고 등화관제를 하기 위해서라고 들었는데, 일본에서 온 사람이 보기에는 아무리 시간이 지나도 익숙해지지 않는 풍습 중 하나였다. 그러다 갑자기 뒤차가 켠 전조등 빛으로 차 안이 환해졌다. 얼른 비키라는 듯 뒤차는 경적까지 울렸다. 고급 차 몇 대가 그렇게 우리 차를 추월하자 우리 차 운전사도 갑자기 조증 환자가 되어 괴성을 지르더니, 몇 년 만에 처음 켜보는 전조등을 번쩍이며 질주하기 시작했다. 관목을 양옆에 두고 버티고 선 3층짜리 흰색 건물이 전조등 불빛을 받아 눈앞에 선명하게 나타났다.

겉보기는 새집 같지 않았지만 건물 안은 말끔하게 새로 꾸며져 있었다. 중국 전역에서 볼 수 있는 소련식의 웅장한 스타일이 아니라 어쩐지 일본의 고급 아파트 분위기가 나는 새하얀 인테리어였다. 새로 설치한 것 같은 일본제 엘리베이터에 타고 3층에 내리자, 먼저 도착해 있던 군복 차림의 사람들이 판다 마크가 찍힌 최고급 담배를 든 채 환담을 나누고 있었다. 오른손에 든 식전주 잔은 대번에 샴페인임을 알 수 있었다. 샴페인은 문화혁명 시기에만 제조하던 중국제였는데, 마오쩌둥 부인 장칭(江靑, 1914~1991)이 만들게 하여 간부용으로도 지급하고 있었다. 중급 샴페인은 호텔에서도 팔았지만 시중에서 구하기 힘든 간부용 샴페인은 깊이 있는 황금색에 맛도 상당한 수준이었다.

내가 온 것을 알아차린 그들은 마치 유럽 사람 같은 몸짓으로 악수를 청했다. 그때 나는 아직 젊었지만 아하, 하고 곧 분위기를 파악했다. 이곳은 고위급 군인들의 연회장이다. 분에 맞지 않는 자리에 내가 끼어든 것이다. 대부분이 고위급 장교였고 관료도 몇 명 섞여 있었다. 식사는 느긋하게 8시부터 시작했다. 메뉴는 다음과 같았다.

류웨이렁차이(六味冷菜, 여섯 가지 전채)

유바오허샤(油爆河蝦, 작은 민물새우 볶음)

차오터우취안쯔(草頭圈子, 삶은 송아지 대창)

셰추(蟹球, 상하이 게의 살과 알을 이겨 만든 동그란 튀김)

라오후페이샹(老虎飛翔, 흰살 생선을 갈아 빚은 경단 조림)

샹유만후(響油鰻糊, 민물장어 볶음)

훙사오자위(紅燒甲魚, 자라 간장 찜)

거유다오더우(鴿油刀豆, 볶은 콩과 채소가 들어간 수프)

사궈위터우(砂鍋魚頭, 생선 머리를 넣은 술지게미 수프)

후식 몇 가지

주시(主食, 흰 쌀밥과 찐빵)

술 : 샴페인, 백포도주와 적포도주, 사오싱주, 마오타이주(茅台酒)

대단한 진수성찬이었다. 전채는 산둥 요리에 가까운 산뜻한 맛이었다. 유바오허샤는 근처 강에서 잡은 새끼손가락 끄트머리만 한 새우를 껍데기째 상탕(上湯, 수프)과 함께 단숨에 볶아내는 어려운 조리법을 쓰는 요리라고 한다. 이에 닿아 바삭거리던 껍데기의 고소한 맛이 지금도 기억난다.

차오터우취안쯔와 홍사오자위는 고추와 기름을 넉넉히 써서 마오쩌둥의 고향 후난의 풍미를 낸 요리였다. 마오쩌둥에게 경의를 표하는 뜻에서 전원 기립하여 주석의 건강을 기원하는 건배를 한 뒤 식사를 시작했다. 그러나 이때의 건배는 왠지 몰라도 건성이었고, 그전에 나온 요리인 라오후페이샹을 앞에 두었을 때 술잔이 더 떠들썩하게 오고 간 것이 인상적이었다.

셰추는 일품이었다. 양청(陽澄) 호수에서 잡히는 상하이 게의 살과 내장, 알을 전부 발라 돼지기름을 섞어 반죽한 뒤, 찹쌀과 멥쌀을 반반씩 섞어 곱게 빻은 가루를 묻혀 튀긴다. 상하이 게의 맛을 가장 잘 살려 요리하는 방법이라 하겠다.

사궈위터우는 상하이와 쑤저우의 본고장 요리였는데, 술지게미의 풍미를 활용한 것이 돋보였다. 일본 교토의 시로미소(白味噌, 백된장)가 얼핏 떠오르는 맛도 있었고, 서양의 진한 포타주(potage, 걸쭉한 수프) 같기도 했다.

크고 둥근 식탁 맞은편에서 내게 질문이 날아왔다.

"어떻습니까, 여기 요리는?"

맛이 진한데도 산뜻하고 세련된 느낌이 드는 것이 내게는 퍽 놀라웠다.

"그래요, 그게 상하이의 맛이랍니다. 내년 봄에 또 상하이에 오면 초대하지요. 그때는 죽순이 제철이거든요. 진짜 상하이 맛은 여기에서밖에 볼 수 없어요. 그런데 일본어로는 이런 맛을 세련되었다고 하는가 보군요?"

장교 두 명이 끼어들었다.

"우리처럼 단순하고 무식한 사나이들은 단련되었다는 말을 쓰지."

"여보게, 일본에서 여기까지 먼 길을 왔으니 말인데, 금강반점(錦江飯店)에는 가지 말게나. 거긴 괴상한 산둥 요리를 내는 곳일세. 그래도 어떤 곳인지 한번 보고 싶으면 내 비서를 데려가도록 하게."

전원이 웃음을 터뜨렸기에 나도 한시름 놓았지만, 긴장은 마지막까지 풀리지 않았다.

나중에 알게 된 사실이지만, 그곳은 린뱌오의 아들이자 1971년 마오쩌둥 암살 미수 사건에 가담한 린리궈(林立果)가 지은 쥐루루(巨鹿路) 초대소(招待所)였다. '라오후(老虎)'는 린리궈의 별명이었다. 사인방도 자주 드나든 장소였을 터이다. 그들은 이곳에서 최고급 요리를 즐겼으나, 린뱌오 일파가 중국 역사에서 사라진 해에 쥐루루 초대소는 상하이 공군이 접수했다. 상하이 국빈관에서 파견되어 일하던(실질적인 서비스는 금강반점이 제공했지만) 웨이터와 요리사들은 그대로 남아 상하이 출신 장교들의 미각에 맞춰 훈련된, 문화혁명의 시대를 대표하는 맛을 계속해서 재현했다. 전리품으로 요리사까지 한꺼번에 손에 넣었다고 할 수 있겠다.

이제 와서 생각해보면 연회에 참석한 이들은 문화혁명이 끝나기 4년 전부터 이미 사인방에 반대하는 입장을 취한 사람들이었던 듯하다. 금강반점은 그때도 상하이 극좌 그룹과, 당시엔 상하이 그룹이라고 불리던 사인방의 아성이었기 때문이다.

문화혁명이 끝난 뒤 쥐루루 초대소의 뛰어난 요리사들은 요리의 세계에서 물러났다. 그때 만난 장교들은 지금도 건재하다.

마지막 일화는 1974년에 겪은 일이다. 정부 관계자들의 초청을 받아 어느 베이징 음식점에 갔을 때였다.

여름이라 동과(冬瓜) 수프가 나왔다. '둥과진징(冬瓜錦景)'이라고 하는데, 둥그런 동과 표면에 봉황이나 용 따위를 새겨 넣은 뒤 껍데기 안쪽에 동과 속살을 비롯하여 다양한 건더기와 국물을 넣어 그대로 찌는 요리다. 손이 많이 가는 것에 비해 그만큼 맛있는 음식은 아니다. 최근 홍콩에서는 상어 지느러미를 넣기도 한다고 하나, 동과, 닭고기, 은행으로 만드는 게 정식이라 할 수 있다.

복무원이 어쩐지 한층 정중해 보이는 몸가짐으로 통째로 익힌 동과를 올린 커다란 접시를 들고 방으로 들어오자, 전원이 벌떡 일어나 박수를 치며 맞이했다. 이렇게 말하면 좀 그렇지만 그냥 박 껍데기에 담은 수프인데 말이다. 복무원이 요리를 1인분씩 작은 그릇에 옮겨 담아 모시듯이 받들어 손님 앞에 차렸다. 여기까지만 해도 이상한데, 손님도 그 그릇을 눈높이까지 손을 올려서 받는 것이었다. 흔한 동과 수프일 뿐 그밖에 특별한 것은 아무것도 없어 보였다. 다만 수프 안에 든 은행 표면이 왠지 모르겠지만 식용 색소로 붉게 물들어 있었다. 내가 요리를 덥석 입에 떠 넣는 동안 주변 사람들은 종이 냅킨을 식탁 위에 작게 접어 깔더니, 그 위에 보석이라도 되는 양 은행을 건져내어 늘어놓기 시작했다.

뭘 하는 거냐고 나는 은행에 묻은 국물을 조심스레 닦고 있던 옆자리 사람에게 물었다. 그는 개인별로 배부된 차이단(菜單, 메뉴)

을 가리켰다.

"웨이츠진과(偉詞錦瓜)!"

둥과진징이 아니었던 것이다. 자세히 보니 과연 은행 한 알 한 알에 글자가 새겨져 있었다. 마오쩌둥이 쓴 시 한 소절이라고 했다. 이런 것을 먹으면 벌을 받는다고 생각한 것이었으리라. 그뿐 아니었다. 수프 안에 위대한 마오쩌둥의 정신이 녹아들어 있다고 하며 사람들은 울면서 국물을 들이켰다.

"그 은행은 어떻게 합니까?"

나는 통역을 통해 그 자리의 모든 사람들에게 물었다.

"가보로 간직하지요. 포르말린에 담가서요."

돌아온 대답이었다.

1968년에 마오쩌둥이 콩고에서 받아 온 망고를 하사받은 공장 노동자들이 포르말린에 망고를 담가 보존하고, 날이면 날마다 그 앞에서 예배를 드렸다는 이야기가 떠올랐다.

나는 이때 에어 프랑스의 파리-베이징-도쿄 항공편을 타고 파리에서 일본으로 돌아가는 길에 잠시 중국에 들른 참이었다. 그때 파리 대학에서는 마오주의 연구가 활발했다. 외국에서 마오쩌둥을 연구하는 사람들과 실제 중국 현지의 상황이 너무나도 동떨어진 현실을 마주하니 머리가 어지러울 지경이었다. 마오주의의 특징은 농민 이외에는 전부 적으로 간주하는 것이다. '사류분자(四類分子)', 즉 지주, 부농, 반혁명분자, 파괴분자, 그다음에 타도 대상이 된 '흑오류(黑五類)'에 추가된 우파분자(右派分子)까지 모두가 적이었다. 계급투쟁을 잊지 마라. 천하대란(天下大亂), 난리가 나면 날

수록 좋다. 이것이 문화혁명의 사상이었다.

"혁명이란 우아하게 차를 마시는 것이 아니라, 폭동이다."

혁명을 폭동이라고 딱 잘라 말하는 매력이 《마오쩌둥 어록》에는 있었다.

북경반점으로 돌아와서 로비를 지나 혼자 엘리베이터에 타려고 하는데, 뒤에서 천으로 감싼 물건을 품에 안은 정장 차림의 서양인이 땀을 흘리며 들어왔다. 천이 흘러내려 불쑥 튀어나온 물건의 일부가 엿보였다. 콩코드 비행기 모형이었다. 저걸 팔러 왔구나 싶었다.

"중국이 살 것 같은가요?"

프랑스어로 물어보았다.

"음, 글쎄요."

안경을 쓴 키 작은 프랑스인은 솔직하게 대답했다.

"여객기의 세계에 혁명이 일어났다, 혁명적으로 새로운 비행기다, 하고 실컷 광고를 해보긴 했지만요. 그야 문제가 없진 않습니다. 당신도 알겠지만 연비가 나쁘긴 해요. 소음도 있고요. 점보와 비교하면 여객과 운송 면에서 효율이 떨어지죠. 하지만 그쯤이야 콩코드의 속도로 극복할 수 있다고요."

"어이쿠, 당신 말은 혁명이 자원은 많이 잡아먹고 시끄러운 데다 효율이 나쁘다고 하는 거나 마찬가지예요."

"그렇군요. 그리고 전 그런 혁명은 속도가 중요하다고 말한 셈이군요!"

엘리베이터 안에서 둘이 함께 박장대소했다.

그러나 문화혁명은 아무리 시간이 지나도 끝나지 않았다.

마오쩌둥의 매운맛, 저우언라이의 단맛

베이징의 역사를 복습해보자. 중국공산당의 지배를 받을 때까지 베이징은 어떤 역사를 이어 왔을까? 그리고 공산당은 어떤 역사를 이어받게 되었을까?

청나라는 19세기에 들어와 유럽과 미국 등 열강의 압력과 민중 반란에 시달리다 1856년 애로 호 사건에 뒤따른 영국군과 프랑스군의 침략, 1899년부터 일어난 의화단 운동, 1900년 영국, 일본 등 8개국이 연합하여 일으킨 침략을 거쳐 쇠약해진 끝에 1911년 신해혁명으로 마침내 붕괴했다.

베이징은 수도이긴 하나 수도의 기능이 없는 소비 도시의 면모를 갈수록 뚜렷이 띠었다. 인정 어린 훈훈한 이야기를 좋아하면서도 한편으로는 정치 논쟁을 즐기는 이른바 '베이징다운' 분위기가 베이징의 개성이 된 것은 이 시기부터다. 지금까지 이어져 온 왕조의 지배에서 완전히 벗어나 정치를 방관하면서 비판할 수 있게 된 상황과 더불어 과거 정치의 중심에 있었다는 자존심이 어우러져, 기호품을 즐기듯 정치에 관심을 두는 문화가 베이징이라는 도시의 뚜렷한 개성이 되었다. 외성은 한층 활기를 더했으며 그와는 대조적으로 조용한 내성의 후통 안쪽 차분한 분위기도 더욱 세련되게 무르익었다. 만주족과 한족의 거주지는 이미 한참 전에 구분이 사라졌고 핏줄의 측면에서도 만주족은 한족과 점차 섞여 들고 있었다. 그리고 몰락한 만주족은 그대로 베이징의 서민 동네에 섞여 살았다.

즉 몰락한 만주족과 정권을 쥔 한족이 서로 다르다는 감각이 있어도 화기애애하게 어울려 사는 도시가 베이징이었다. 그 뒤에는 급기야 일본인마저 들어와 함께 생활할 수 있었던 것을 보면 베이징은 참으로 이상한 도시다. 이처럼 정치와 인정의 두 가지 축이 어우러진 분위기가 베이징에서 인기 있는 음식점에도 점차 자리 잡기 시작했다.

이때 북양군벌의 세력 아래 있던 베이징대학은 자유와 민주를 표방했다. 다양한 '경파(京派, 베이징파)' 문학이 생겨났다. 한편으로 반일 민족 투쟁의 색채를 띤 혁명 운동의 기운이 흘러넘쳤는데, 이때 지식인 계층이 자신의 학식을 일부러 드러내지 않는 태도가 널리 퍼졌다(그러나 이 혁명 경향은 이후의 사회주의 혁명과는 배경이 다르다). 이후 공산당 정부가 어쩔 수 없이 베이징을 수도로 택해야 했던 이유 중 하나가 이것이다. 자유와 민주가 점차 몸집을 불려 가는 문화적, 사회적 분위기의 유전자를 지닌 대도시를, 그 뿌리를 바꾸지 않으면 사회주의는 있을 수 없다.

국민당 시대에도 개방적인 지식인들이 모이는 음식점에서는 궁중 스타일 요리와 외국 요리가 인기를 끌었다. 국민당과 함께 진주한 미군이 들여온 미제 물자가 시정에 흘러 들었다. 현재의 만한전석 중에는 사실 이런 공기 속에서 새롭게 재구성된 요리가 많다고 단언하는 요리사도 있다.

한편 서민들은 나날이 치솟는 물가와 인플레이션 때문에 골치를 썩으면서도 약간 복고풍이긴 하나 소탈하고 인정 넘치는 서민 문화를 만들어냈다. 그러한 문화를, 미각을 뜻하는 말은 아니지만 맛 미(味) 자를 써서 '경미(京味)'라고 한다는 것은 앞에서 이미 설명한 바 있다. 전통 복귀와 귀족 취미, 너그러운 태도와 높은 곳에서 조망하는 시선으로 정치를 비판하는 정신이 특징이다. 이러한 경미 문화의 영향으로 베이징의 오래된 요리가 다시금 발굴되어 시정에 정착했다. 서민들이 사는 후통 안쪽에서 최첨단 문화와 사상이 튀어나오기도 했다. 그러나 이러한 베이징의 새로운 바람은 경제적 불안과 정치적 불안, 두 가지 불안과 밀접하게 이어져 있었다. 이미 인플레이션이 사회를 뒤덮은 와중에 경제가 파탄 날지도 모른다는 위기감이 복고적인 꿈의 세계로 사람들을 유혹한 것인지도 모른다.

베이징의 혼란은 중화민국 임시 대총통 위안스카이와 군벌 장쮀린(張作霖, 1873~1928)이 통치하는 어지러운 정국을 거쳐, 중일전쟁 이후까지 이어졌다. 그리고 마침내 1949년 중국공산당의 주력 부대인 팔로군(八路軍)이 베이징을 무혈 점령함에 따라 중국공산당이 이끄는 신생 중국이 첫발을 뗴었다. 이 사건은 '왕조와 민족 항쟁의 무대'가 중국에서 막을 내렸음을 뜻했다. 새로운 통치자 공산당이 준비한 다음 무대는 '인민을 정치 투쟁에 끌어들인다'는, 이제까지 중국에서는 감히 생각조차 할 수 없었던 상황이었다. 그러나 이 새로운 무대의 막이 오르기까지는 조금 더 기다려야 했다. 베이징을 비롯한 중국 전역이 새로 들어선 '왕조'의 정체가 무엇인지 숨을 죽이고 한 발짝 물러서서 관찰하고 있었다. 팔로군이라는 형씨들이 얼마나 잘하나 어디 한번 보자는 태도였다.

1949년 10월 1일, 마오쩌둥이 톈안먼 위에 서서 중화인민공화국이 성립했음을 선언한 저녁 무렵, 아직 인민대회당이 없었기에 북경반점에서 열린 건국 축하 국가 연회의 메뉴로 '베이징 궁중 요리나 산둥 요리'가 나올 거라는 대부분의 예상을 깨고 장쑤 요리가 선택되었다.

공식적인 이유는 장쑤 요리에 북에서 남까지 전 중국의 맛이 담겨 있기 때문이라는 것이었다. 하지만 실제로는 '남쪽 산물을 자유롭게 북쪽 베이징까지 가져올 수 있는 중국 통일을 이룩했다'는 것을 보여주려는 강력한 의도도 있었을 것이다. 그러려면 옛 왕조 청나라의 미각에서 되도록 멀어져야 했다. 게다가 소련을 비롯하여 여러 외국의 대표들을 포함한 참가자 570명분의 연회 요리를 마련하다 보면, 아직 궁중 요리의 영향에서 완전히 벗어나지 못한 베이징 요리계의 시스템이 자칫 끼어들지 않으리라는 법도 없다. 그리고 무엇보다도, 남방 출신이 많았던 새 국가의 핵심부는 자신들이 아는 맛으로 승부하고 싶었다. 당시 베이징 요리는 지금보다도 더 짠맛이 세고 신맛이 두드러졌다고 한다.

메뉴는 저우언라이의 비서들이 요리사와 상담해서 작성한 뒤 마지막으로 저우언라이가 직접 결정했다. 요리는 전채와 디저트를 포함하여 21가지. 코스에서 중심을 차지한 요리는 상어 지느러미 수프였는데, 이 요리는 연회 메뉴가 무엇인지를 들은 이 시대 사람들을 충격에 빠뜨렸다. 그리고 남을 먼저 배려하는 사람이었던 저우언라이는 마오쩌둥의 고향인 후난 요리의 요소를 가미하는 것도 잊지 않았다. '홍사오리위(紅燒鯉魚, 잉어 간장 조림)'와 '홍사오시쯔터우(紅燒獅子頭, 돼지고기 경단 간장 조림)'는 장쑤 요리에서처럼 고기 경단을 튀긴 뒤 푹 조리는 방식이 아니라, 튀긴 경단을 쪄서 간장을 살짝 넣어 간한 소스를 묻히는 후난 스타일 조리법을 강조한 요리였다. 후난에서 쓰이는 단골 조미료인 고추가 빠진 것만 빼면 다른 어느 지방 요리도 아닌 그야말로 후난 요리다. '우샹야쯔(五香鴨子, 각종 향신료로 양념한 오리고기 튀김)'는 이후 문화혁명에서 지주와 지식인들이 '흑오류'라고 규탄당함에 따라 다섯이라는 숫자를 꺼리게 되면서 어느 사이엔가 '구이화야쯔(桂花鴨子)'로 바꿔 표기한 요리인데, 이것 또한 후난식 조리법으로 만든 것이었다. 그밖에는 전채로 나온 '수이징야오러우(水晶肴肉, 소금에 절인 돼지고기에서 나온 젤라틴을 굳혀 만든 요리)'를 비롯하여 장쑤성 남부의 도시 전장(鎭江)을 대표하는 요리가 대부분을 차지했다. 술은 소련산 백포도주와 적포도주, 사오싱주를 곁들였다. 사실상 식자재 조달조차 쉽지 않았던 시기였는데도 상당히 알찬 메뉴다.

보충 설명을 잠시 하고 넘어가자면, 중국공산당에서 말하는 '국가 연회', 통칭 '국연(國宴)'이란 문자 그대로 국가가 인민과 함께 베푸는 연회로서 주최자는 중국공산당이다. 닉슨(Richard Nixon) 미 대통령이나 다나카 가쿠에이(田中角榮) 등 외국 국가 지도자가 중국을 방문했을 때 여는 환영 연회는 '국연'이라 하지 않는다. 지난 중국 역사에서 열 번 조금 넘게 열린 이 '국연'의 메뉴를 검토해 보면, 가장 중심이 되는 메인 요리의 재료는 상어 지느러미와 제비 집이 각각 세 번씩 쓰여 공동 1위다. 그밖에는 해삼, 전복, 상하이 게, 곰 발바닥, 오리가 한 번씩 등장했다. 즉 중국공산당은 자국의 요리 재료 중 상어 지느러미와 제비 집을 최고급으로 여긴다고 할 수 있다.

'국연'을 개최한 중국공산당 창당 멤버 중에서도 중심 인물이었던 마오쩌둥, 그리고 그 뒤 마오쩌둥을 홀로 보필하다시피 한 총무부장 격 인물인 총리 저우언라이는 어떤 음식을 주로 먹었을까?

마오쩌둥이 나고 자란 후난성 사오산(韶山)은 성도인 창사(長沙)에서 50킬로미터 떨어진 샹탄(湘潭)을 지나 산골짜기로 60킬로미터를 더 들어간 곳에 자리한 내륙의 시골이다. 마오쩌둥은 이 시골에 사는 부농의 장남으로 태어나 전통 방식으로 교육받았다. 아버지는 지주이자 가부장으로서 권위를 휘두르던 인물이었으므로 마오쩌둥은 어머니를 더 잘 따랐다. 어머니가 독실한 불교도였기에 마오쩌둥 역시 열일곱 살에 변발을 자르기 전까지는 불교를 믿었다고 한다. 마오쩌둥의 성장 배경은 프로이트 스타일로 말하자면 마더 콤플렉스에 사로잡히기 쉬운 환경이었다. 마오쩌둥의 음식 취향도 평생 후난 시골의 맛에서 벗어나지 않았다. 그는 항상 진하고 분명한 맛을 좋아했다.

후난의 '후(湖)'는 둥팅(洞庭) 호수를 가리킨다. 후난 요리는 호수에서 난 식재료를 활용한 둥팅 호 요리, 거기다 산에서 난 식재료를 더한 창사 요리, 그리고 둥팅 호 서쪽의 이양(益陽)과 창더(常德)에서 발전한 풍미가 가벼운 샹시산취(湘西山區) 요리 세 가지로 구성되어 있다.

후난 요리는 한때 '샹차이(湘菜)'라고 불리기도 했으며, 그 체계가 만들어진 시점이 전한(前漢) 시대로 거슬러 올라가 역사가 2천 년에 이른다. 중국 8대 요리에서 한자리를 차지하는데, 청나라 중기에 관료들 사이에서 유행한 것도 이유 중 하나이리라. 장성헌(長盛軒), 취남진(聚南珍), 육향원(六香園), 동춘원(同春園) 등 후난 요리 음식점이 베이징에 진출하기도 했다. 지금은 광둥 요리의 재료로 유명한 훠투이(중국식 햄)도 베이징에는 샹차이를 통해 알려졌다고 할 수 있다. 샹차이 맛의 특징은 호수와 강에서 잡은 물고기에 훠투이 특유의 훈제 향미를 가미한 뒤 매운맛과 신맛이 적절히 어우러지도록 조리하는 것이다.

그러나 마오쩌둥이 태어난 사오산의 요리는 후난 요리의 세 가지 분류 중 아무데도 속하지 않는다. 굳이 따지자면 창사 요리 중에서도 산간 지역 요리라고 할 수 있다. 습도가 높은 산간 지역에서는 음식을 많이 만들어 보관해도 부패하지 않도록 고추와 기름을 많이 쓴다. 오늘날 본래의 샹차이는 쇠퇴했고 마오쩌둥이 좋아하던 스타일의 요리가 후난 요리로 정착했다.

베이징의 중난하이에 살면서도 마오쩌둥의 입맛은 바뀌지 않았다. 그가 즐겨 찾던 요리는 '둥안지(東安鷄, 닭고기 고추 볶음)', '마라지(麻辣鷄, 토막 낸 닭고기를 고추, 마늘과 함께 볶은 요리)', '홍사오러우(紅燒肉, 돼지고기 간장 조림)'였다. 특히 홍사오러우는 마오쩌둥의 고향에서 음력 1일과 15일에만 맛볼 수 있는 별식이었던 모양이다. 홍사오러우에 든 돼지고기에 기름이 붙어 있지 않으면 마

오쩌둥은 맛이 없다고 불평했다.

세 가지 요리에는 전부 고추가 들어간다. 마오쩌둥은 고추를 매끼 먹다시피 했다. 매우면 매울수록 좋다는 것이 요리사가 마오쩌둥에게 받은 지시였다. 후난성의 일반적인 둥안지 조리법에서는 솥에 기름을 듬뿍 부어 달군 뒤 고추를 넣어 향을 낸 데다 닭고기를 볶는데, 마오쩌둥은 조리 마지막 단계에서 또 고추를 넣는 것을 좋아했다. 이렇게 만든 요리는 고추 색으로 새빨갛게 물든 기름 속에 닭고기가 뼈째 잠기고 그 주변에 검게 탄 고추가 눌어붙은 모양새였다. 세련미라고는 찾아볼 수 없는 음식이다.

이처럼 고추를 즐기는 입맛은 원래 쓰촨 사람과 출신이 같은 후난 사람의 특징이라고 한다. 마오쩌둥은 고추에 영양가가 많고 병을 고치는 효과가 있다고 믿었다. "고추를 좋아하는 사람은 못 해

낼 일이 없다. 홍군(紅軍)에 몸담은 이들 중에 고추를 싫어하는 사람은 한 명도 없다."라고 측근에게 말한 적도 있다고 한다.

마오쩌둥은 마라지에 여주를 넣는 것을 좋아했다. 여주에 눈을 맑게 하는 성분이 있다고 믿었기 때문이다. 여주만 따로 기름에 볶아 먹을 만큼 마오쩌둥은 여주를 좋아했다. 마오쩌둥이 여느 중국인과 마찬가지로 도교의 음식양생과 유교의 '의식동원' 식 가치관에 평생 얽매여 살았다는 것은 의외의 사실이다. 예를 들어 시고 맵게 맛을 낸 생선 머리 탕 '다터우위탕(大頭魚湯)'도 마오쩌둥이 잘 먹던 요리였는데, 생선 머리를 먹으면 대뇌가 발달하여 똑똑해진다는 그의 말을 보면 낡은 사고방식을 지니고 있었음을 알 수 있다.

후난 요리는 창사의 역사적 중요성을 생각하면 연구할 가치가 있지만, 사실 독자적인 음식 문화는 아니다. 창사가 역사의 무대에서 내려간 뒤에는 쓰촨과 후베이(湖北) 사이에 끼어서 발전한 지방 요리의 길을 걸었다고도 할 수 있다. '천하(千河)의 성', '천호(千湖)의 성'이라 불리던 후베이는 최적의 일조량과 강수량을 지닌 땅으로서 예부터 중국의 식량 창고였다. "량후(兩湖, 후베이와 후난)와 광둥에 풍년이 들면 온 나라에 식량 걱정이 없다(湖廣熟 天下足)."라는 말에서도 후베이 지역의 풍요를 엿볼 수 있다. 후베이 요리는 춘추전국, 한위육조, 수당송원, 명과 청에 이르기까지 시대의 흐름을 식량 창고로서 떠받쳐 왔다. 명나라와 청나라 때는 후베이에서 유명한 음식 요법 관련서가 두 권 나오기도 했다. 하나는 앞서 언급한 이시진의 《본초강목》인데, 다양한 약선 요리를 소개한 책이다. 다른 한 권은 황윈곡(黃雲鵠)의 《죽보(粥譜)》인데, 239종의 죽 만드는 법과 병에 듣는 효능을 자세히 다뤘다.

여하튼 이처럼 음식 문화 면에서 콤플렉스를 품기 쉬운 환경에 서 자란 마오쩌둥은 식생활 분야에서는 평생 혁명을 하지 않은 채 시골 고향 음식만 먹고 살았다. 중난하이에 거처를 두고 나서도 고기 요리 두 가지와 채소 요리 두 가지에 국만 한 그릇 곁들였다. 주식은 흰 쌀밥. 가끔 디저트 대신 군고구마나 삶은 옥수수를 먹 었다고 한다. 그밖에 후난 요리에는 훈제 닭고기, 돼지고기, 돼지 혀 따위를 찐 '라웨이허정(臘味合蒸)'과 다양한 자라 요리도 있는 데, 마오쩌둥은 잘 먹지 않았다.

마오쩌둥이 나고 자란 지방에서는 차를 마신 뒤 남은 찻잎 찌 꺼기도 먹는 것이 일반적이었다. 젊었을 적 베이징에 살 때도 고급 요리를 즐긴 적은 없는 것으로 보이는 그의 입맛에 세련된 광둥 요리나 상하이 요리는 애초에 맞지 않았을 것이다.

한편 저우언라이는 직접 요리하는 게 취미였다. 문화혁명이 일 어나기 전에는 시간이 날 때마다 요리를 해서 주변 사람을 대접했 다. "요리는 스트레스 푸는 데 좋다."라고 측근에게 말한 적도 있 다고 한다. 그가 제일 잘 만든 요리는 '홍사오시쯔터우(紅燒獅子 頭)'였다. 건국 축하 국가 연회에도 나왔던 요리다. 저우언라이는 '쭈이(最, 최고)'라는 말을 쓰는 일이 드물었지만, 자기가 만든 '홍 사오시쯔터우'를 두고는 "쭈이나서우더차이(最拿手的菜, 최고로 잘 하는 요리)"라며 자랑스럽게 여겼다고 한다.

봄철이면 그는 '홍사오러우(紅燒肉)'를 즐겨 먹었다. 마오쩌둥이 먹던 고기만 들어간 '홍사오러우'와는 달리 저우언라이가 즐긴 홍사오러우는 돼지고기 대신 쇠고기를 써서 당근과 함께 푹 익힌 요리였다. 사실 이 요리는 프랑스 유학 시절에 익힌 '뵈프 아 라 부르기뇽(boeuf à la Bourguignonne)', 즉 부르고뉴 식 쇠고기 스튜였다. 그가 장난기 어린 표정을 띠고서 냄비에 적포도주를 넣곤 했다는 이야기가 전해진다.

고기를 좋아하는 저우언라이의 취향은 개고기에까지 이르렀다. 그가 자란 곳은 저장성(浙江省) 사오싱(紹興)이며 태어난 곳은 장쑤성 화이안(淮安)인데, 두 고장 다 검은 개(黑狗)를 많이 키우는 곳이다. 저우언라이는 장쑤성 출신의 구이하이윈(桂懷雲)을 자택의 요리 고문으로 고용하기도 했다. 술에도 조예가 깊었고 단것을 몹시 좋아하기도 했다.

그밖에 저우언라이가 좋아한 요리로는 '빙탕저우쯔(冰糖肘子, 얼음설탕을 넣은 돼지 족발 볶음)'와 '홍사오지위(紅燒鯽魚, 붕어 간장 조림)'가 있었다. 6·25전쟁 때 격무에 쫓기던 저우언라이는 직접 주방에 가서 요리사에게 빙탕저우쯔를 만들어 달라고 부탁하기도 했다. 조리 과정을 구경하며 "업무 스트레스를 해소하려면 에너지를 보충해야 한다네. 에너지 보충에는 빙탕저우쯔가 효과적이야."라고 요리사에게 말을 건넸다고 한다. 고추의 매운맛을 좋아한 마오쩌둥과 '배가 고플 때는 설탕도 괜찮은 먹을거리'라고 할 만큼 단맛을 즐긴 저우언라이의 상이한 식성이 흥미롭다.

저우언라이가 '더우즈(콩국)와 두유를 좋아하고 우유는 싫어한

다'는 소문이 민간에 널리 퍼져 있었다. 그러나 이 이야기는 자신이 친서양파가 아님을 드러내려고 저우언라이가 스스로 일부러 퍼뜨린 것으로 짐작된다.(한편 그는 더우즈와 콩국에도 설탕을 타 마셨다.) 하지만 저우언라이의 식사 메뉴에는 사실 서양 분위기가 묻어 났다. 극단적인 야행성이었던 저우언라이는 아침 식사를 보통 사람들의 점심때 먹었는데, 더우즈나 두유에 삶은 달걀과 빵을 곁들여 먹었다. 점심은 오후 7, 8시에 먹었고 저녁은 밤 12시가 지나서 먹었다. 점심 식사는 주로 밥을 먹었고 만터우(饅頭), 옥수수 전병, 빵 따위의 밀가루류는 저녁 때 먹었다. 차로 이동하며 식사해야 할 때는 핫도그를 즐겨 먹었다. 채소는 누에콩과 콩나물, 양배

추와 당근을 좋아했으며 술안주로는 소금기 있는 버터 맛 땅콩을
자주 찾았다고 한다.

파리에는 저우언라이와 덩샤오핑이 드나들던 서점과 중국 음식
점이 지금도 남아 영업 중이다. 둘 다 파리 중심부인 카르티에라탱
(Quartier Latin)의 생미셸 광장 근처에 있다. 팅성밍(聽聲明)이라는
이름의 이 음식점은 어떤 메뉴든 소스를 듬뿍 끼얹어 프랑스인 취
향에 맞춘 요리를 낸다. 여기서는 특이하게도 메뉴판을 줄 때 버터
맛 땅콩을 같이 내온다. 주인에게 물으니 할아버지 때부터 이렇게
했다는 한마디가 돌아왔다.

"사회주의에 성벽은 필요 없다"

공산당 정부가 들어서고 언론도 급변했다. 건국 한 달 뒤인
1949년 11월 1일, 〈인민일보〉 제1면에는 상단 좌우로 중앙인민정
부 각 부서의 주소와 전화번호가 줄지어 실렸다. 이를테면 중앙인
민정부위원회 판공청 주소는 중난하이 신화먼(新華門), 전화번호
는 3-2016이라는 식이었다.

톱기사는 화베이 인민정부의 결속 상황에 관한 보도였다. 중소
(中蘇) 우호 난징 분회가 성립했다는 소식, 다롄(大連)에서 중소 우
의의 달이 시작되었다는 소식 등 벌써부터 소련과 우호를 다지는
분위기가 한창이었다. 2면은 화베이 농촌 간부 당원들이 집중 훈
련을 시작했다는 소식, 베이징과 톈진으로 식량이 대량 운송된다
는 소식, 오늘의 물가(밀 1근 250위안, 돼지고기 1근 740위안) 등 안정

된 새 나라의 인상을 주는 기사로 구성되어 있었다. 반면 3면에서는 미국 경제에 문제가 있다는 보도, 일본 요코하마에서 도요타와 닛산이 3,500명을 해고했다는 뉴스 따위로 자본주의 국가의 쇠퇴(?)를 알렸다. 5면에 이르러서는 대부분의 지면을 소련 연구와 소련 찬양에 할애했는데, 하단에 배치한 문화 꼭지가 흥미롭다. 소개된 영화는 거의 소련 영화였는데("비장한 용기! 강철의 의지! 〈혁명영웅〉 중국어 자막 상영" 같은 식), 명배우 탄푸잉(譚富英)이 출연하는 경극 광고, 민중 예술 극단이 공연하는 연극 〈청궁외사(淸宮外史)〉가 모레 개막한다는 예고도 섞여 있다. 그리고 마지막 광고 페이지에는 "쌀, 면 제분합니다. 공임은 저가, 작업은 신속, 외상 대환영" 따위의 광고가 실렸다. 신문만 보면 외관상 정치 기구는 사회주의 체제로 바뀌었어도 사람들의 생활 감각은 혁명 전과 달라지지 않았던 듯하다. 그도 그럴 것이 신중국 건설과 함께 베이징에 속속 들어온 관료와 군인들, 지식인 계급은 일반 대중과 분리된 생활을 하는 것이 공산당이 채택한 방식이었던 것이다.

청나라 왕조가 성립 당시 백성을 내성에서 쫓아내고 내성을 거대한 병영으로 삼았던 반면, 중국공산당은 베이징 주변의 광활한 토지에 관청 부서, 소속 부대에 따라 다른 '대원(大院)'을 만들어 독립적인 소도시로서 기능하게끔 했다. '대원'은 높은 벽으로 둘러싸여 있었는데, 안에는 사무 시설과 주택을 비롯하여 각종 학교, 병원, 영화관, 오락 시설, 상점, 음식점, 주바오(酒保, 술집), 자치 조직까지 있었다. 대원 안에만 있어도 온전한 자립 생활이 가능했던 것이다. 그리하여 대원은 이전에는 베이징에 없었던 엘리트 문화와 지역주의 문화를 함께 낳았다. 음식의 경우 지방에서 동행한 요리사가 만드는 순수한 지방 요리가 있었는가 하면, 지방 요리에 베이징 스타일을 가미한 퓨전 요리도 공존했다.

당시 베이징에 주둔한 군인 중에는 남방 산악 지대와 산시성(山西省) 출신이 많았다. 농촌 출신으로 도시를 포위한다는 해방군의 근본 전략이 이 대원 정책에서도 드러난다. 대원은 베이징의 전통적인 도시 생활을 고립시키는 결과를 낳기도 했던 것이다. 나중에 다룰 베이징 음식점을 빼면, 대원 체제에서 베이징은 새 나라 건설에 따른 경제 효과를 직접적으로 누리지 못했다.

청나라 초기 베이징 내성과 외성의 총 인구는 68만 명이었다. 그중 팔기(八旗)가 22만 명, 그밖에 만주족에 복속된 한족 관리들이 4만 명, 합계 26만 명의 소비 활동 덕에 도시 경제가 활성화되었다. 그러나 신중국의 소비 계층은 자급자족이 가능한 대원 안에서 생활했기에 베이징 경제를 별로 자극하지 않았다.

그도 그럴 것이, 공산당은 베이징, 아니 국가 전체의 경제 기구를 바꾸려고 했다. 마오쩌둥은 톈안먼 위에 서서 눈앞에 펼쳐진 경치를 굴뚝 숲으로 만들어야 한다고 말했다. 그러려면 베이징 전체가 공장 노동자의 도시가 되어야 한다. 문화 유적도, 개인의 재량으로 부를 창출하는 상업도 사회주의 사회에서는 필요 없다. 그 뒤에 베이징 공장 노동자가 농민화하면 더더욱 바람직하다. 농민 사회야말로 모든 것을 낳는 원천이기 때문이다.

한편 새 정부가 호적 체계를 정비하면서 개인의 출신이 한층 명확하게 기록되었다. '출신 : 만주족'이라고 서류에 적힌 만주족들의 심정은 어떠했을까? 일자리를 잃은 만주족들은 농촌에 가서 농민이 되도록 권장받았지만, 그들은 본디 수렵민이지 농민이 아니다. 베이징에 남으려고 애를 쓰는 이들도 많았다.

여하튼 중국공산당은 한족 대표로서, 그리고 전 중국의 대부분을 차지하는 농민 대표로서 새롭게 군림하게 되었다. 소수민족이 규정되었고 이들은 사실상 한족에 비해 차별받는 처지에 놓였다.

옛 왕조의 상징을 지워버리는 것이 전통적으로 새 왕조가 우선 신경 쓰는 일이다. 한나라와 당나라, 원나라는 다음 왕조 손에 파괴되어 번듯한 유적을 거의 남기지 못했다. 청 왕조만이 파괴를 최소한으로 하고 대신 변발 풍습과 내성, 외성의 엄격한 주거 구분을 실시한 것은 앞에서 살펴봤다. 그러나 중국공산당은 나라의 이전 주인만큼 관대하지 않았다. 큰길을 장식하던 화려한 패루(牌樓, 길을 가로질러 세우는 아치형 대문)를 철거한 새 정부는 성벽이라는 베이징 최대의 상징을 서서히 파괴하기 시작했다. 성벽은 외적으로부터 자신을 지키기 위한 것이다. 사회주의 중화인민공화국의 수도가 된 베이징에 방어의 상징은 특히 어울리지 않는 유물이었다. 이제 베이징은 사회주의의 중심부로서, 사회주의가 새롭게 선포된 땅으로서 상징이 되어야 했다.

마오쩌둥이 사회주의에 성벽은 필요 없다는 말을 처음으로 했다고 한다. 베이징 인민을 상대로 청나라 왕조보다 더욱 강렬하게 의식 변혁을 촉구한 셈이다. 베이징은 성벽이 지키던 도시였다. 베이징에 간다는 것, 베이징을 떠난다는 것은 곧 성벽을 들어가고 나가는 것이었다. 이 성벽의 파괴는 문화혁명에서 절정에 달했다.

물론 선정(善政)을 펼치는 것이 중국공산당의 이상이었다. 새 정부는 우선 중국 전 국토의 매춘 소굴이었던 유곽을 강제로 폐쇄하고 유곽 경영자를 인민재판에 회부하여 과단성 있게 처벌했다. 비밀결사 '청방(靑幇)'과 신흥 종교 '일관도(一貫道)' 등의 조직원과 유곽의 악덕 경영자에게는 '중화인민공화국 베이징 시 군사관제위원회 군사법정'의 이름으로 1951년에 여러 차례 가차 없이 사형 선고를 내렸다. 기루(妓樓), 기관(妓館)을 무대로 한 매춘이 중국 전역에서 자취를 감췄다. 기녀에게는 공장 노동자로서 사회에 복귀할 길이 열렸다.

퇴폐적이고 반사회적인 '악(惡)'의 문화 역시 성숙한 도시를 이루는 한 부분이라고 여기던 풍류인들은 전 중국에서 '중국적 정서'의 한 측면이 사라질 위기를 느꼈을 것이다.

혁명 요리, 반혁명 요리

한편 중국 전역에서 도시의 요리업계는 의외로 일찍이 없었던 대성황을 맞이했다. 국민당 시대에 식자재 값이 치솟고 고액의 세금을 부과함에 따라 음식점이 잇따라 도산한 것과는 달리, 공산당 치하에서는 무겁던 세금을 폐지하고 손님이 늘면서 급격히 상황이 반전되었다. 도시에 새롭게 합류한 사람들에게 산업계가 일제히 접대 공세를 퍼부은 것도 호황에 유리하게 작용했다.

공산당 입장에서도 국가 권력을 장악하기는 했으나 내심 농민 출신인 자신들이 도시 사람들과 잘 어울릴 수 있을지 불안하기도 했을 것이다. 중국에서 농촌과 도시의 격차는 우리의 상상을 초월할 만큼 크다. 그러나 산업계와 정계는 예전부터 이렇게 잘 지내지 않았느냐는 듯, 국민당 때부터 해 오던 방식대로 새 정부를 대했다. 뭇 회사에서 관료들에게 접대 공세를 펼치면 보답으로 향연이 열리는 식으로 접대 규모는 점차 눈덩이처럼 커졌다.

요리업계는 완전히 부활했다. 해방군 간부 중에 남방 출신이 많았기에 어떤 경로를 거쳤는지 홍콩이나 일본에서 고급 식자재가 유입되기 시작했고, 통 상어 지느러미와 전복도 시중에 나돌았다. 이후 국연(國宴)에서 전복이 잘 등장하지 않은 것은 말린 전복이 원래 일본산이었고, 또 전복을 홍콩의 상징으로 여겼기 때문이다.

그러나 첸먼제 러우시의 음식점에서는 직경 10센티미터가 넘는 전복 하나를 쓴 요리에 지금 화폐 가치로 약 1백만 원을 부르는 곳도 나오게 되었다. 홍콩에서 버블경제 시기 고급 레스토랑 메뉴에 붙던 가격이다. 지방에서는 연회 마지막에 자기 이름과 함께 만세를 부르라고 강요하는, 황제 기분에 취한 간부도 나왔다. 이때 베이징 음식점에 예약을 잡기는 보통 어려운 일이 아니었다고 한다. 당 중앙은 집권 3년 차까지 이 상황을 방치했다.

한편 문화 방면에서 마오쩌둥이 중국 국민에게 전한 첫 메시지는, 1951년 5월 3일 홍콩 영화 〈청궁비사(淸宮祕史)〉를 베이징, 상하이, 우한(武漢), 톈진 등지에서 상영 중지하도록 조치한 것이었다. 〈청궁비사〉는 연극 〈청궁외사〉가 환골탈태한 영화였다. 이후 마오쩌둥은 〈청궁비사〉가 애국주의 영화가 아니라 매국주의 영화라고 하며 구체적으로 비판의 내용을 밝혔다. 그 이틀 전에는 중국공산당 중앙에서 '전당·전군이 정풍운동*을 전개하는 것에 대한 지시'를 내리기도 했다. 베이징 시민이라면 누구나 이전과는 사뭇 다른 권력자의 등장과 갑자기 시대가 바뀌었다는 느낌에 어리둥절했을 것이다.

이윽고 5월 20일에는 〈인민일보〉에 마오쩌둥이 손수 쓴 격한 어조의 사설이 게재되었다. 이번에도 영화에 대한 비판이었다. 도마에 오른 것은 〈무훈전(武訓傳)〉이었다. 이 영화는 구걸로 생계를 꾸리면서도 가난한 아이들을 위해 교육 사업을 한 무훈(武訓, 1838~1896)의 업적을 칭송하는 내용이었기에, 이런 미담이 뭐가 문제냐며 시정 사람들은 수군거렸다. 특히 경미(京味) 문화가 몸에 배고 의리와 인정에 죽고 사는 베이징 시민들로서는 도무지 영문을 몰랐을 것이다.

6월 4일에는 중앙교육부에서 '영화 〈무훈전〉과 무훈 정신에 대한 토론과 비판을 전개하는 것에 대한 지시'가 나왔다. 7월 23일부터 28일에 걸쳐서는 〈인민일보〉가 '무훈 역사 조사기'를 게재하여 비판 운동이 이미 정치적 차원에 이르렀다는 것이 명확히 드러났다.

영화는 오락거리에 지나지 않는 줄 알던 사람들이 이제 영화를 정치적 차원에서 논하고 규탄하는 시대를 살게 된 것이다. 마침내 8월 8일 〈인민일보〉에 저우양(周揚, 1908~1989)이 쓴 논설이 실리면서 인민은 왜 이 영화가 비판 대상이 되었는지를 깨닫게 되었다. 저우양의 논설은 〈반(反)인민, 반(反)역사 사상, 반(反)리얼리즘 예

정풍운동(整風運動) 마오쩌둥이 중국공산당의 당내 투쟁을 효과적으로 전개하기 위해 주창한 쇄신 운동.

술)이었다. 즉 무훈이 구습과 폐단에 찌든 옛 국가에 맞서 혁명을 일으키지 않았다는 것, 그것이 문제였다.

단지 영화일 뿐이라고 할 수 있었던 시대는 끝났다. 영화관에 드나드는 관객 수가 줄기 시작했다. 그와 더불어 영화와 마찬가지로 오락의 범주에 들어가는 외식을 제공하는 베이징 요식업계는 공황 상태에 빠졌다. 요리에서 반인민, 반역사 사상, 반리얼리즘이란 무엇인가를 요리사가 생각해야 하는 시대가 된 것일까?

반인민이라는 비방은 서비스를 개선해서 대처할 수 있을지도 모른다. 하지만 반역사 사상이란 무엇인가? 이전까지 생각지도 못한 관점이었다. 역사상 만들어져 온 요리와 다른 요리를 내면 안 된다는 말일까? 세월에 따라 어느새 조리법이 바뀐 요리는 얼마든지 있다. 아니면 전통적인 조리법을 쓰면 안 된다는 것일까? 건국 기념 국연에서는 전통적인 장쑤성 요리가 나오지 않았나? 애초에 요리의 리얼리즘이란 무엇일까? 무엇이 문제인지 파악해서 바로 잡지 않는 요리계도 얼마 지나지 않아 규탄당할 게 뻔했다.

요리계의 혼란은 우스꽝스러울 지경이었다. 베이징에 있었던 춘화루(春花樓), 녹명춘(鹿鳴春), 천보성(天寶成), 춘명루(春明樓) 등등 민국 시대에 생긴 남방 화이양(淮揚) 음식점 그룹은 회의 끝에 가게에 이런 방을 붙이기로 했다.

요리의 명칭을 옛날식으로 고친다.
화이양 요리*에 공통적으로 쓰이는 두부를 옛날식으로 만든다.
양념을 원래 화이양에서 하던 식으로 한다.

간장, 된장, 그밖의 조미료는 화이양 제품을 쓴다.

베이징에서는 이제껏 진짜 화이양 요리를 만들지 않았다고 제입으로 고백한 셈이다. 당시 음식점들이 허둥거리던 모습이 짐작이 갈 것이다.

그리고 1952년 봄, 공산당은 문화와 풍속을 규제하기 시작했다. 정권 성립 직후 곧바로 한국전쟁에 휘말리기도 했기에, 자국 내부에서 정권을 방위하는 데 신경 쓰는 한편으로 내부 재정비를 꾀한 것이다. 내부 재정비란 사실상 반혁명 숙청 운동이었다.

처음에는 '삼반운동(三反運動)', 다음에는 '삼반오반운동(三反五反運動)'이라는 이름을 내걸고 관리를 대상으로 부패, 낭비, 관료주의 세 가지를 척결하고, 민간의 경우 뇌물 수수, 탈세, 국가 자산 횡령, 일을 날림으로 하고 원재료를 눈속임해 쓰는 행위, 국가 경제 기밀 누설 등 다섯 가지를 척결하는 운동을 계급투쟁의 일환으로 실시했다. 1955년까지 자본가, 관리, 반혁명분자, 토비(土匪, 도적), 특무분자(特務分子, 간첩) 등 다수가 처형되었다. 공산당은 처형자 수를 명확히 밝히지 않았으나 홍콩과 타이완에서는 엄청난 숫자가 출판물에 기록되어 전 세계 화교 네트워크를 타고 전파되었다. 결국 이 조치는 공산당의 뜻과는 상관없이 공포정치의 개막이라는 이미지를 세상에 심고 말았다. 그리고 중국 요식업계는 이를 계기로 더욱 얼어붙었다. 접대 연회 덕에 호경기가 이어진 것도

화이양(淮揚) 요리 장쑤 일대의 요리를 말한다. 상하이 요리와 저장성 요리를 화이양 요리의 지류로 본다. 해산물 요리가 발달했으며 달콤하고 맵지 않은 것이 특징이다.

■■■ 1950년대 초, 광둥성 포산(佛山)에서 벌어진 '삼반운동' 가두 행렬. 1952년 1월 마오쩌둥은 전 인민과 간부들에게 '독직', '낭비', '관료주의'에 맞선 투쟁을 펼치도록 호소하였다. 이것이 삼반운동의 시작이었고 뒤이어 오반운동이 전개되었다. 삼반오반운동으로 중국의 정치, 경제, 사회 전 분야가 급속히 얼어붙으면서 요식업계도 심각한 경영난에 빠졌다.

잠시뿐, 이제 많은 음식점들이 영업조차 힘든 상황을 견뎌야 했다.

당시 중국공산당 중앙 간부 중에는 소련에서만 본보기를 찾을 게 아니라 중국식 사회주의를 하루빨리 고안해야 한다고 주장하던 지식인 집단도 있었다. 그러나 마오쩌둥은 우경화를 경계했고 농민에 의한 혁명 투쟁을 꿈꾸었다. 그의 이상은 농민의 유토피아였다. 마오쩌둥에게 도시란 우경화가 이루어지는 악의 온상이었으며, 농민이야말로 올바른 인민이었다. 마오쩌둥의 '농민 선호, 도시 혐오'는 확대 해석하면 세련미를 싫어하는 것이자 현대적 지성을 부정하는 것이었다.

본래 마오쩌둥의 마르크스주의는 본가와 종류가 달랐다. 러시아 제국의 도시 프롤레타리아가 품은 위기의식이 촉발한 러시아 혁명은 하층 생활을 하던 도시 거주자가 권력자를 대상으로 일으킨 혁명이었지 농촌에서 전개한 운동은 아니었다. 그것은 구체적으로 특권을 탈취하려는 시민 봉기라는 형태로 성립했다. 마오쩌둥이 생각하던 농민 혁명에 비하면 오히려 쑨원의 중화민국이 도회적이고 마르크스적이다. 마오쩌둥 사상은 도시의 부정이자 현대화 부정이기도 했다. 이 사상이 당을 통해 전 중국에 전파되었다.

그렇지 않아도 기울어 가던 요식업계는 이제 일제히 '농민적 요리'로 쏠리면서 도회적 세련미를 버렸다. 이렇게 바꾼 요리를 '혁명적 요리'라고 선전해도 되느냐고 지구의 인민정부(지역 관청)에 문의한 음식점도 있었다고 한다. 그전까지 밀려드는 예약을 퇴짜 놓느라 정신이 없었는데 이제 손님이 싹 사라졌다. 다음에는 자신들이 비판당할 차례 아닐까? 음식점 경영자는 지난날 기루의 폐쇄를 떠올렸다. 우리가 하는 요리도 따지면 악의 풍속 문화가 아닌가? 이대로 있다가는 언제 마오쩌둥에게 비판당할지 모른다. 톈차오(天橋) 연예와 연일*에 즐기던 사소한 유흥도 부정당할 위기에 처한 시대다.

이때 요리사의 마음에 한 가닥 위안이 된 것은 전취덕고압점(全聚德烤鴨店)과 풍택원반장(豊澤園飯莊) 등 유서 깊은 음식점을 방문해 요리사들을 만난 저우언라이가 "맛의 뿌리를 끊지 말라.", "더

연일(緣日) 신불(神佛)과 이 세상의 인연이 강하다고 하는 날. 약사여래는 8일, 관세음보살은 18일 등으로 정해져 있으며 이날에 참배하면 영험하다고 한다.

욱 연마하라."라고 말한 것이었다. 전통을 지키라는 말은 아무리 저우언라이라 해도 내놓고 입에 담을 수 없었지만, 그 전통을 끊지 말고 연마하라는 것이었다. 요리는 혁명적이지 않아도 괜찮은 게 아닐까 하는 억측이 오갔다. 그리고 요리사들은 한계가 주어진 상황에서 품질을 높이는 것이 요리사가 할 일이라고 이해한 소수와, 한편으로는 저우언라이의 말을 '신중하게 현상을 유지하라'는 의미로 받아들여 경쟁을 멈추고 복무 규정에만 충실하고자 한 사람들로 나뉘었다.

베이징 음식 골목의 추억

이후에도 중국 사회주의 세계는 다양한 변화를 거쳤다. 1952년, 1953년에는 이렇다 할 변동이 없었으나, 1955년에는 공사합영(公私合營)의 물결이 상업 전반에 밀어닥쳤다. 외국에 '베이징 덕(Beijing duck)'으로 널리 알려진 오리 구이 '베이징 카오야'를 만들던 전취덕고압점도 예외는 아니었다.

카오야(烤鴨)는 원래 난징 요리지만, 전취덕고압점은 1864년 청나라 때 베이징 첸먼제의 노점에서 시작했다. 당시에는 아직 베이징 카오야라는 이름이 없었고, 예로부터 오리 요리가 풍부하던 난징에서도 '사오야(燒鴨)'나 '과루야(掛爐鴨)'라는 명칭을 썼다. 이 오리 요리를 현재의 수준으로 끌어올린 원동력이 바로 전취덕의 힘이었다.(그렇다고는 해도 사실 전취덕이 맛있었던 것은 1979년이 마지막이다. 이후에는 오리를 현대적 방식으로 양식하여 오리 자체의 맛이 떨어졌고 동시에 화덕도 현대화하여 바삭바삭한 맛이 사라지고 말았다.)
날개를 잘라낸 오리 배에 3센티미터쯤 되는 칼집을 넣고 그 구멍
으로 손가락을 넣어 내장을 끄집어내는 데서부터 전취덕에 대대로
전해 오는 맛의 비결이 시작된다. 그다음에는 배 속을 씻어낸 뒤
공기를 불어넣어 부풀린 배에다 물을 넣고, 굵은 수숫대를 뚜껑
삼아 구멍을 막는다. 물엿과 오리 기름을 섞은 액체를 오리의 온
몸에 바르고 전취덕이 고안한 벽돌과 흙으로 만든 화덕 안에 매달
아 대추나무나 버드나무 같은 향이 있는 나무를 때어 고열로 굽는
다. 문화혁명 때까지 왕푸징에 있던 가게에서는 거의 벌거벗은 직
원이 화덕 당번을 하고는 했다.

하지만 전취덕 역시 혁명과 함께 닥친 여러 가지 모순에 골머리
를 앓았다. 신중국 건설과 함께 시작한 노사 분쟁에 발목이 잡힌
것이다. 앞서 쓴 대로 일본 점령과 그 후 국민당 시대에 겪은 엄청
난 인플레이션 때문에 형편이 어렵다가 아닌 밤중에 홍두깨처럼
공산당 접대의 호경기가 찾아오면서 전취덕은 갑자기 돈더미에 올
라앉았다. 이때 전취덕 직원들이 사회주의 국가가 되었으니 주인
이 이윤을 다 가져갈 것이 아니라 노동자와 함께 공평하게 분배해
야 한다는 주장을 하고 나섰다. 이에 주인은 자본 출자자의 권리
가 있지 않느냐며 맞섰다.

그러나 호황도 잠시, 삼반운동으로 경영이 다시 얼어붙었다. 그
뒤에는 손님이라곤 소련 사람밖에 기대할 수 없었기에 가게는 도
산 직전의 궁지에 몰렸다. 이때 처음으로 노사 쌍방이 대화의 자리
를 마련했다. 가게의 영업을 중지하고 부동산을 팔아 직원들에게

■■■ 화덕 앞에서 오리를 굽는 '전취덕'의 점원(1930년대). 베이징식 오리 구이로 유명한 음식점 전취덕은 1864년 첸먼제 노점에서 출발했다. 1952년에 전취덕도 국가와 개인이 공동 경영하는 공사합영 음식점이 되었다.

분배하자는 결의가 내려졌다. 이 결의를 실행하지 않을 경우 국가가 책임을 지고 노동자 보호를 위해 가게를 사들이도록 한다는 단서가 덧붙었다.

지구 노동국은 이 결정을 베이징 시 시장 펑전(彭眞, 1902~1997)에게 맡겼다. 펑전은 처음에 이를 각하했다. 베이징 시에서 손꼽히는 유명한 레스토랑이 이렇게 문을 닫아서야 국가의 체면이 깎인다. 그렇다고 해서 국가가 모든 부담을 떠안고 가게를 사들이는 것은 자금 문제만 생각해도 불가능한 일이다. 한 번 그런 전례를 만들면 눈사태처럼 일이 커져서 모든 기업을 국가가 사들여야 할 것이었다.

그리하여 펑전은 베이징 시 신탁 공사와 손을 잡고 소련 일부의 예를 따라 이미 풍택원반장을 대상으로 실험한 바 있었던 공사합영이라는 방안을 내놓았다. 현재 부동산과 건물의 값어치를 평가한 뒤 이제 그 금액이 원래 자본금과는 상관없이 출자자 측 자본금이라는 것을 가게 주인이 인정하도록 한다. 이를 바탕으로 국가가 총 자본금의 반액을 출자하여 공동 경영을 추진하는 것이다.

이 방안에 따르면 가게 가치를 싸게 평가하는 것이 국가로서는 이익이다. 실제로 펑전의 아이디어는 1955년부터 1956년에 이르기까지 당시의 낮은 화폐 가치로 평가한 금액의 절반만 들여 국가가 기업을 통째로 사들이는 결과로 이어졌다. 출자자 측은 당시 빚을 지고 있었고 국가가 출자한 금액이 빚 변제액과 맞먹었기 때문이었다. 이리하여 원래 출자자는 새로운 체제 속으로 빨려 들어갔다.

여기에 더해 마오쩌둥은 1955년 11월 초부터 12월 27일에 걸쳐 농촌 개혁을 전개하고 우경화 사상을 끊임없이 비판해야 한다고 제창했다. 마오쩌둥의 말에 응답하듯 1956년 1월 말까지 전국 50개 도시 상공업계가 전부 재편성되어 공사합영을 했다. 1월 15일부터 20일 사이에는 베이징 시에서 총 20만 명이 참가한 '사회주의 개조 승리 축하 대회'가 곳곳에서 열렸다. 이후 노동자를 착취한다는 이유로 마침내 자본가를 전부 우경으로 지목했고, 공사합영 정책은 점차 국가가 합법적으로 개인 재산을 몰수하는 수단이 되어

갔다.

이러한 변화에 따라 베이징 서민이 즐기던 맛을 대표하는 샤오츠 역시 역사에서 자취를 감추고 말았다. 소규모 샤오츠 가게는 공사합영 정책에서 밀려나 도산의 고배를 마시거나 결국 개인 영업이 금지됨에 따라 자연 소멸하는 두 갈래 길 중 하나를 걸어야 했다. 어차피 문화혁명이 시작되기 전해인 1965년이면 거리에서 유흥을 즐기는 것을 일절 금지하면서 연일(緣日) 행사와 오락거리를 제공하는 노점도 더는 찾아볼 수 없게 되니, 샤오츠의 소멸은 예정된 일이었다.

베이징 서민이 사랑하던 이 간식거리가 가장 발달한 곳이 바로 톈차오(天橋)였다. 톈차오는 유흥의 거리다. 외성을 따라 쭉 남쪽으로 내려가면 왼쪽 방면에 톈차오가 나오는데, 그중에서도 오른쪽 지역이 톈차오의 중심부였다. 톈차오라는 이름은 정양면(톈안면)에서 남쪽으로 곧게 뻗은 쳰먼다제가 천단(天壇) 공원을 만나는 지점에 있었던 다리에서 유래했다. 톈차오의 하늘 '천(天)' 자는 천단의 '천'이다. 원나라 왕조가 다스리던 때 톈차오 일대에는 아직 강이 흐르고 있었다. 요나라 때(916~1125) 이래 '천하제일천(天下第一泉)'이라 불리던 위취안산(玉泉山)의 샘에서 솟아나온 물이 다리 밑을 흐르고, 화방(畵舫)이라고 불리던 색색으로 화려하게 칠해진 유람선이 오가고, 승객은 시를 읊으며 차를 음미하고 술잔을 기울였다고 한다.

명나라 왕조가 성립한 뒤 쳰먼다제 남쪽에는 길을 사이에 두고서 하늘과 땅에 제사를 지내는 천지단(天地壇, 1530년에 지단을 분리하면서 천단이 된다)과 농업이 잘 되기를 기원하는 선농단(先農壇)이 지어졌다. 동짓날에는 황제가 천단에서 기도를 올리려고 톈차오를 건넜기에 주위가 급격히 떠들썩해졌다. 상사(上巳, 삼짇날)와 단옷날에는 천지단 북쪽, 톈차오에서 300미터 정도 동쪽에 있던 금어지(金魚池)에 사람들이 모여들었다. 나무 그늘에서 잔치가 벌어지고 기념으로 금붕어를 사서 집에 가는 것이 관습이었다고 한다.

청나라 강희제 때에 이르면 원소절(元宵節, 정월 대보름) 축제가 둥화먼(東華門) 밖에서 정양먼 밖 영우궁(靈佑宮)으로 장소를 바꿔 열렸다. 원소절 전후 닷새를 '등절(燈節)'이라고 하여, 가정에서는 제단에 양 머리 모양이나 금붕어 모양의 등롱을 장식하고 쌀가루로 만든 반죽에다 호두나 목서나무 꽃에 백설탕을 더해 만든 속을 넣은 떡(이 떡 역시 '위안샤오元宵'라고 한다)을 바쳤다. 영우궁은 멍석으로 지붕을 덮고, 흰 비단에 다양한 이야기를 그림으로 그려 붉고 푸른 술을 달아 장식한 아름다운 등롱, 짚 다발로 만든 뼈대에 물을 끼얹어 얼린 뒤 중심에 초를 꽂아 불을 붙인 얼음 등롱 따위를 수없이 동원해 꾸몄다. 궁 주변은 달이 하나 더 뜬 듯 밝았다. 축제 내내 여기저기서 폭죽이 터졌고 상점과 사찰은 사람들로 붐볐다. 이즈음부터 절의 연일(緣日)도 성대하게 축하하게 되었다. 다양한 연주와 연극, 무술 시합 따위가 펼쳐졌고 군중이 몰려와 구경했다.

중화민국 시대에 이르러 톈차오에는 전차 터미널이 생겼다. 시내의 절에 연일 행사가 있을 때면 목에 방울을 단 당나귀가 나와 관광객의 인기를 끌었다. 시내 곳곳에 차관(茶館), 반관(飯館), 잡화점이 개업했고 경극 무대가 줄지어 늘어섰다. 가설 건물에서 잡예(雜藝), 잡기(雜技)를 보여주며 장사하는 가게가 엄청난 숫자로 불어났다. 어느새 톈차오는 베이징에서 유일한 인민 오락장이 되어 있었다.

가설 건물이라고 해도 대부분은 풀로 엮은 거적으로 만든 천막 수준이었다. 객석 자리에는 오랫동안 앉아 있으면 엉덩이가 아픈 덜컹거리는 걸상을 놓았을 뿐이었다. 흙먼지가 자욱한 땅바닥에 넓게 천을 깔고 헌 옷, 누가 봐도 장물인 새 구두, 그밖에 이런저런 잡동사니를 놓고 파는 수백 수천의 노점상이 어수선하게 늘어서 있었다. 예인들은 대부분 길바닥에서 쇼를 벌였다.

이 톈차오에 중국 전역에서 온 기예의 '달인'들이 모여들었다. 경극에서 여자 역을 연기하는 남자 배우의 원조 격으로서 이후 내성에서 활동하는 극단에 발탁되는 신옌추(新艶秋)도 톈차오 출신이었다. 그와 반대로 비싼 입장료를 받으며 부자들만 보는 연극을 하는 것은 자신이 생각하는 배우의 길이 아니라고 하여 정통 무대를 버리고 톈차오로 들어온 명배우 구훙린(賈洪林)도 있었다.

잡예(雜藝)의 명인을 꼽자면 한이 없다. 핑수(評書)란 《삼국지》나 《수호전》, 《요재지이》 같은 이야기에 가락을 붙여 청중 앞에서 들려주는 것이다. 큰 부채를 접은 채 휘두르며 흥을 돋우다 때로는 싱무(醒木)라고 하는 딱딱한 나무토막을 두드려 집중을 유도한다. 손님을 다시 오게 하려고 이야기의 절정은 맨 마지막까지 미루다 결국 들려주지 않고 "오늘은 시간이 다했으니 여기까지만 하겠습니다."라며 끝내는 것이 관례였다.

샹성(相聲)이란 연기자 두 사람이 주고받는 일종의 만담이다. 외설적인 농담이 오가는 일이 잦았다. 한편 볜시파(變戱法)는 마술이란 뜻이다. 아무리 봐도 속임수가 아닌 진짜 같은 탁월한 기술을 자유자재로 다뤘다. 커우지(口技)는 성대모사다. 호궁(胡弓)과 징 반주를 배경으로 삼아 연극의 한 장면을 노래하는 칭창(淸唱)이라는 기예도 있었다. 라다펜(拉大片)은 '요지경' 또는 '만화경'을 뜻한다. 변사가 그림을 보여주며 이야기와 노래를 들려주는 일종의 이동식 극장이었다.

청나라 말기에는 작은 주머니에 든 모래와 빗자루만 가지고 땅에 글자를 쓰는 명인이 있었다. 노래를 부르면서 땅에 모래를 조금씩 흘려 글자의 윤곽선을 그렸다. 커다란 글자가 그려지면 그 글자와 관련한 우스운 이야기를 흥겹게 읊었다. 이야기 솜씨도 출중했던 그는 전 경극 배우였는데, 예명은 궁불파(窮不怕)라 했다. 가난이 무섭지 않다는 뜻이다.

동물에게 재주를 가르쳐 구경거리 삼는 명인도 있었다. 곰이나 원숭이는 물론 개구리, 쥐, 개미, 벌, 전갈까지 있었다. 개구리는 이름을 부르면 상자에서 폴짝 뛰어나와 줄을 섰다고 한다. 개미의 경우 주문을 외운 뒤 "정렬!"이라고 외치며 쌀알을 흩뿌리면 쌀알 사이에 섞여 있던 갈색, 검정색 개미들이 색깔별로 모여 두 줄로 정렬했다고 한다. 만주족 예인도 많았다. 청나라 말기 한족 경극이나 그밖의 예능을 받아들여 자기 것으로 만든 만주족들은 연극계나 예능계에 들어가기도 했고, 길거리에서 재주를 선보이며 명예를 포기하는 대신 민중의 인기를 얻기도 했다.

이처럼 볼거리가 넘쳤던 톈차오는 '음식 골목'이기도 했다. 톈차오를 만끽하려면 하루로는 부족했다. 유흥과 먹을거리는 바늘과 실과 같아 베이징 서민이 즐기던 맛이라면 무엇이든 톈차오에서 경험할 수 있었다. 국수만 해도 열여섯 종류가 있었으니 말 다 한 셈이다. '더우즈(콩국)'처럼 콩을 재료로 한 음식만 열다섯 종류. 튀김이 열네 종류. 내장, 고기, 생선, 알 따위로 만든 요리가 열아홉 종류. 달콤한 간식이 열 종류. 과일을 말린 것을 포함하면 스물여섯 종류. 빙수나 '쏸메이탕(酸梅湯)' 같은 달고 시원한 마실 거리가 다섯 종류 등등. 합계 116가지 요리를 파는 348개 전문점이 좁은 톈차오 안에서 치열하게 경쟁했다(1950년, 톈차오 지구 인민통제위원회 조사).

쏸메이탕은 라오베이징(老北京)의 여름을 상징하는 것 중 하나다. 매실과 얼음설탕을 함께 끓인 뒤 장미나 목서나무 꽃을 넣어 차게 식힌 음료다. 제2차 세계대전 전에는 길가 여기저기에서 노점 아저씨가 빙쏭얼(氷霜兒)이라고 하는 놋쇠로 만든 밥그릇 같은 모양의 물건을 쳐 소리를 내며 후퉁(뒷골목)을 돌아다녔다. 지금도 노인들은 그 맑은 소리를 '딩대랭동, 댕대랭딩, 딩딩댕' 하는 소리로 기억하고 있다. 골동품 가게가 빼곡하게 늘어선 류리창(琉璃廠)의 한가운데에는 한해 내내 쏸메이탕만 파는 신원제(信遠齊)란 이름의 전문점이 있었다. 국민당 시대 공산당의 비밀 아지트였다고 한다.

톈차오 말기인 1952년에 유명한 노점으로는 바오두시(爆肚石),

더우즈쉬(豆汁舒), 더우즈쉐(豆汁薛), 더우푸나오바이(豆腐腦白), 양터우마(羊頭馬) 따위가 있었다. 마지막 글자가 가게 주인의 성이다. '바오두(爆肚)'란 돼지 곱창을 볶은 간단한 요리다. '더우푸나오(豆腐腦)'는 틀에 넣어 굳히기 전의 부들부들한 두부를 말한다. 사발에 담아서 간장이나 녹말 소스를 가득 부어 나왔다. 이런 덴신 가게 사이사이에 들어선 레스토랑으로는 이의헌반관(二義軒飯館), 남래순(南來順), 지기반포(遲記飯鋪), 중흥반관(中興飯館), 마가반포(馬家飯鋪), 영리거반장(永利居飯莊) 등이 있었다. 이들은 예로부터 이어져 내려오는 베이징 전통 요리를 내놓았다.

어딜 가나 볼 수 있었던 것은 댜오쯔(吊子, 돼지 허파) 또는 양고기 냄비였다. 간장만으로 간을 한 국물에 양고기나 댜오쯔를 넣어 끓였다. 둘 다 독특한 신맛이 났다. 양고기에서는 가다랑어포와 닮은 신맛, 댜오쯔에서는 탄 맛이 섞인 듯한 신맛. 그 냄새와 신맛이 혼연일체가 된 국물 맛이 산둥 사람에 의해 만주로 갔다가 베이징으로 다시 돌아오는 순환 경로를 거쳐 퍼졌다.

일본 점령 시기 일본인들에게 '베이징 긴자(銀座)'로 불렸던 왕푸징의 둥안(東安) 시장에는 어떤 의미에서 세련된 국물과 국수를 맛볼 수 있는 가게가 많았다. 펑톈(奉天)의 후덕복(厚德福), 녹명춘(鹿鳴春), 전직 베이징 시 시장이었던 요리사 저우다원(周大文, 1895~1971)의 화이양(淮揚) 풍미 음식점에서 다루던 '베이징 풍미' 특별 메뉴가 실제로 베이징의 둥안 시장에 있는 음식점에서도 곧잘 나왔다. 둥안 시장의 진위(金魚) 후퉁 쪽은 북문(北門)이었는데, 문을 지나면 바로 일본 요리까지 하던 삼륭반장(森隆飯莊)이 있었고 왼쪽에 자리한 경극 극장 길상희원(吉祥戱院)을 보면서 안쪽으로 들어가면 솬양러우(양고기 샤브샤브)의 동래순, 쓰촨 요리의 아미찬청(峨眉餐廳), 왼쪽에는 오방제(五芳齊)와 호남주루(湖南酒樓)가 이어졌다. 어느 가게에 들어가도 만주에서 인기 있던 산둥인 요리사가 끓이는 간장 맛의 만주 스타일 국을 팔았다. 그 국에 국수를 마는 것은 일본인 손님의 입맛을 생각했을 때 자연스러운 일이었으리라. 신기하게도 그 국 맛은 일본 라멘 국물 맛과 꼭 닮았다.

오늘날 톈차오에는 붐비는 인파도 없거니와 수상쩍은 노점도, 기예를 보여주는 무대도 없다. 1950년까지 톈차오의 모든 예인이 국가가 주는 등급을 받아 지금까지 유지하고 있다. 예인도 국가 공무원이 되는 시대가 온 것이다. 그리고 1958년에 마침내 '농촌에 문화를 퍼뜨리고 농촌 인민에게 봉사하자'는 정책이 채택되었다. 말은 그럴듯했지만 사실은 등급 없는 길거리 예인들을 추방하는 것이었다. 길거리 예인들은 스무 명, 서른 명씩 무리를 지어 둥베이 지방이나 멀리는 티베트 산악 지대까지 뿔뿔이 흩어졌다. 사람들을 즐겁게 하는 일이 업이었던 이 예인들에게 국가는 아무런 지원을 해주지 않았고, 이들은 농촌에서 관객들이 던져주는 동전밖에는 연명할 길이 없었다. 농촌행은 저승행이나 마찬가지였다.

그리고 곧 닥쳐올 문화혁명에서 길상희원, 덕성헌희원(德盛軒戱院), 천락희원(天樂戱院), 만성헌희원(萬盛軒戱院), 소도원희원(小桃園戱院), 단계희원(丹桂戱院), 소소희원(小小戱院) 따위 경극 극장들은 투쟁 모임이 열리는 곳으로 탈바꿈했다. 물론 기존의 경극은 문화혁명에서 철저히 부정당했다.

텐차오는 이제 잿빛으로 풍화한 폐허 같은 거리가 되었다. 외국인이 멋모르고 발을 들이면 슬럼인 줄 알 것이다. 나는 1975년에야 겨우 텐차오를 직접 밟아볼 수 있었다. 나중에 텐차오 일대가 한때 유흥의 거리였을 뿐 아니라 범죄자나 세상을 등진 이들이 숨어 살던 '악'의 정글이기도 했다는 것을 알고, 몰라보게 쇠퇴하고 황량해진 지금 모습에 새삼 놀랐다.

얼마 지나지 않아 제2차 세계대전 전에 나온 오래된 텐차오 안내도를 베이징의 골동품 가게에서 발견했다. 지도만 봐도 왕년의 번화가다운 분위기가 풍겼다. 그 지도를 가지고 곧장 텐차오에 다시 가보니 반관(飯館, 레스토랑)과 예인들의 무대는 흔적도 없었지만 도로의 뼈대는 남아 있음을 확인할 수 있었다. 조사하는 과정에서 차차 당시의 사진도 여러 장 구하게 되었고, 상세한 건물 배치와 업소의 종류, 건축 디자인에 관해서도 알게 되었다. 어떤 무대에서 어떤 공연이 유행했는지, 어떤 음식점에서 무엇이 명물 메뉴였는지, 길거리 예인들은 어디다 판을 폈는지, 그들의 잠자리가 뒷골목 어디에 있었는지 같은 정보들도 빈약한 자료를 수집하는 사이에 알게 되었다. 특히 중요한 정보원은 지금도 옛 텐차오의 그 자리에서 살고 있는 사람들이 들려주는 이야기였다.

다 무너져 가는데도 생활의 냄새가 풍기는 가옥 앞에서 지도를 확인하던 내게 지팡이를 짚은 노인이 다가와 뭘 하고 있느냐고 물었다. 외국인 억양의 중국어로 설명하니 노인은 허허 하고 웃으며 오른손을 들어 공기를 베듯 휘두르더니, "텐차오메이요우러(天橋沒有了, 텐차오는 이제 없다)."라고 한마디를 내뱉었다. 멀어져 가는 노인에게서 들려오는 소리는 구성지게 뽑는 경극 한 소절이었다. 뜻은 알 길이 없었다. 그러나 그 목소리가 얼마나 맑고 웅숭 깊었는지, 지금도 또렷이 기억한다.

대약진운동과 대기근

1958년 이후의 중국으로 돌아가보자. 경제 부흥을 지나치게 서두른 '대약진운동'의 실패와 그 실패가 계기가 되어 일어난 대기근이 중국을 덮쳤다. 건국 10주년이었던 1959년을 기점으로, 중국에서는 생 돼지고기가 사라졌다. '10주년 대경(大慶) 국연'은 새로 지은 인민대회당에서 열렸다. 5천 명이 참석했다는 이유도 있어 뷔페식으로 열렸는데, 전채 7가지를 제외하면 요리는 '위안바오야쯔(元寶鴨子)'와 '주단위두(鳩蛋魚肚)', 두 가지가 전부였다.

소련에서 빌린 곡물을 변제하기 위해 돼지고기는 전부 통조림에 담아 수출해야 했다. 통조림 캔이 찌그러져 소련에서 받기를 거부한 소량의 불량품만을 민간에 배급했다. 그마저 1960년과 1961년에 이어진 대기근으로 현대 중국에서 사람들이 가장 굶주리던 시기에는 민간 배급이 중지되었다. 음식점 배급도 마찬가지였다. 수백 명 규모의 손님을 수용하는 커다란 국영 레스토랑조차 24개들이 종이 박스 하나를 한 달에 한 개 배급받는 것이 한계였다고 한다. 통조림 하나가 300~500그램. 즉 당시 레스토랑에서 먹을 수 있는 최고급 요리는 통조림 고기와 채소 볶음이 고작이었다. 공사합영 음식점의 생명은 풍전등화의 지경에 놓였다.

마오쩌둥은 잇따른 실정으로 기근을 초래하고 중국 경제에 타격을 입히면서 실각의 위기에 몰렸다. 그 대신 류사오치(劉少奇, 1898~1969)가 지휘하는 체제에서 경제가 급속하게 회복하기 시작했다. 류사오치의 정책은 지성 중시, 지적 문화 중시, 도회 상업 중시, 대외적 균형에 초점을 맞췄다. 누구나 중국의 미래가 밝다고 느꼈다. 국제적으로도 체면을 지키면서 내부 안정에 전력을 기울이는 자세는 중국 민중이 바라 마지않던 신중국의 모습이었으리라. 실제로 경기는 점차 되살아날 기미를 보였고 배급이기는 하나 생 돼지고기도 서민의 입에 들어가게 되었다. 기근이 끝을 보이던 1962년, 베이징 시민은 찰나의 여유를 즐겼다. 돼지고기 피망 볶음, 돼지고기 징장(춘장) 볶음이 몇 년 만에 부활했다.

그것도 잠시, 마오쩌둥의 권력 탈취를 위한 투쟁이 시작되었다. 모든 것을 부정하고 파괴하는 회오리가 몰아친 문화혁명이었다.

6장

문화혁명과
평등의 맛

홍위병, 음식점을 접수하다

정치 권력을 탈환하려는 마오쩌둥의 반격은 거셌다. 지성을 해악으로 간주하고, 도시를 부정하며, 실용주의적 경제 발전 노선을 비판하고, 농민 사회만이 존재하는 유토피아로 돌아가고자 했다. 그러려면 계급투쟁이 필요했으며 반대 파벌을 파멸시켜야만 했다. 이는 도를 넘어선 평등주의였다. 국력을 전 중국에 공평하게 나누기 위해 도시에서 부를 흡수하여 도시민의 삶을 일반 농민 수준으로 낮추겠다는 것이다. 이것이 중국 전체를 혼란으로 밀어 넣은 10년간의 암흑, 문화혁명이었다. 전통 있는 음식점들은 모두 가게 이름을 문화혁명 스타일로 바꾸어야 했다. '향양(向陽)'이나 '동풍(東風)' 따위로 몹시 문화혁명적인 이름이었다.

문화혁명은 정부 전체가 단결하여 직접 지시한 결과가 아니었다. 다만 마오쩌둥이 '조반유리(造反有理, 모든 반란에는 정당한 이유가 있다는 뜻)'라는 구호로 홍위병들의 폭동을 허가하고 마오쩌둥의 지령을 받은 극좌 세력 린뱌오가 폭동을 부추김에 따라, 행정·

경찰 기관이 마비되고, 혼란에 힘입어 도시를 장악할 권한을 지닌 것처럼 행세하게 된 홍위병이 그때까지 억눌렀던 불만과 욕망을 터뜨리면서 폭거로 치달은 사건이었다. 문화혁명 초반에 홍위병 간부는 모두 대원(大院)에 사는 고급 관료의 자제들이었다.

먼저 희생양이 된 것은 쳰먼제에 있었던 베이징 카오야 음식점 '전취덕'이었다. 1966년 8월 19일 '구세계에 맞선 선전포고'를 한 베이징 제2중학, 제22중학, 제25중학, 제26중학, 제63중학 학생(우리 학제에서는 중학생, 고등학생) 약 800명이 "노동 인민 착취의 상징", "자본가의 아성"이라고 외치며 돌진하고 난입하여 가게의 극좌 직원들과 함께 가게를 엉망으로 파괴했다. 예로부터 달았던 간판을 끌어내리고, 흰 페인트칠 바탕에다 글자 모양대로 오려낸 종이를 댄 뒤 검은 잉크를 뿌려 만든 소박한 간판으로 바꿔 달았다. 거기다 '사구(四舊, 타파해야 할 네 가지 폐단으로서 낡은 사상, 낡은 문화, 낡은 풍습, 낡은 습관을 말함)의 아성', '자본화의 착취 현장', '반혁명', '구세계의 상징', '부르주아 계급의 온상'과 같은 죄상을 가게 한복판에 내붙였다. 그러고는 마오쩌둥 석고상과 사진, 어록 포스터 따위로 가게 안을 꽉 채운 뒤, 가게 이름을 '전취덕고압점'에서 '북경고압점(北京烤鴨店)'으로 바꿔버렸다.

이튿날인 20일은 산둥 요리 음식점 '풍택원' 차례였다. 이 가게에는 문화혁명 초기부터 극좌 그룹에 속한 직원이 있어 제15중학, 제25중학 홍위병 500명을 불러 함께 쳐들어왔다. 도자 식기, 은 식기, 쑤허위안 스타일로 섬세하게 지은 내부 시설이 전부 부서졌다. 제15중학 학생 약 30명이 귀빈석을 접수함에 따라 '치안원(治安員)'

■■■ 문화혁명 시기의 선전 포스터. 홍위병들이 들고 있는 깃발에 '조반유리(造反有理)'와 '홍위병(紅衛兵)'이 씌어져 있고, 발밑에는 불상과 책, 영화 필름 등이 불타고 있다.

과 '마오쩌둥 사상 선전대'가 '주둔'하게 되었고, 가게 이름도 풍택원반장에서 '춘풍반장(春風飯莊)'으로 개명하였다.

옛 풍택원에는 전취덕과 마찬가지로 "노동자, 농민, 병사의 방문을 환영합니다."라고 적힌 간판이 내걸렸고, '노농병(勞農兵, 노동자·농민·병사) 메뉴'만을 만들었다. 거민식당과 똑같은 메뉴였다. 요리 한 가지와 옥수수 만터우(饅頭, 찐빵), 국이 8편(分). 여기다 요리를 한 가지 추가하면 1자오(角) 3편. 옥수수 만터우 대신 하얀 밀가루 만터우 두 개에 건더기가 든 국물을 시키면 2자오였다. 그밖에 홍위병 연회용 특별 메뉴가 2자오 5편에 팔렸다.

이 소식을 듣고 가게에 찾아오는 평범한 베이징 서민은 없었다. 상경한 농민이 오는 일도 드물었는데, 이들이 2자오 5편을 내고 연회라도 할라치면 치안원이 '부르주아적'이라고 비난하고 나섰다. 결국 손님은 홍위병뿐이었다. 이 손님들은 직원을 부르주아에 봉사한 죄인이라고 여겼기에 식탁 위에 발을 올리고 밥을 먹었으며 밥값도 내지 않았다. 마오쩌둥의 보호를 받는 몸이니 무서울게 없었다. 그 상황에서 홍위병들 간에 내부 투쟁까지 벌어지면서 유명 레스토랑은 홍위병들의 아지트 겸 무료 급식소로 변질되고 말았다.

건륭제가 혼자 몰래 와서 먹고 갔다고 하는 전설이 전해 오는 사오마이(燒賣, 꽃만두) 가게 '도일처(都一處)'도 사구 퇴치의 표적이 되어 '연경소매관(燕京燒賣館, 연경은 베이징을 뜻함)'으로 바뀌었다. 그러나 정작 가게 이름이 쓰인 간판은 보이지 않고 '연경소매관 혁명위원회'의 흰 간판만이 높이 걸려 있었다.

솬양러우(양고기 샤브샤브)를 팔던 동래순(東來順)에서는 제25중학, 제26중학, 제63중학의 홍위병의 손에 가게 이름이 적힌 액자와 가게에 걸려 있던 액자 여러 개가 부서졌다. 가게가 자랑하던 라오서의 휘호 '노점신풍(老店新風)'은 전통을 부정하는 홍위병들의 최우선 사냥감이 되어 갈기갈기 찢기고 짓밟혔다. 그리고 가게는 철거 명령에 따라 신교반점(新橋飯店)으로 옮겨 이름을 '민족찬청(民族餐廳)'이라고 바꿔야 했다. 문화혁명이 끝난 지 3년이 지난 1979년에야 원래 이름 동래순을 다시 내걸 수 있었다. 그러나 그때는 아직 마오쩌둥 사상을 계승한 화궈평(華國鋒, 1921~2008)의 시대였다. 옛 이름을 써도 된다고 허락은 받았으나 불안에 떨며 액자를 다는 공사를 했다고 한다.

••• 가난한 베이징 서민의 애환을 다룬 작품을 많이 집필하여 중국공산당으로부터 '인민 예술가'라는 평을 받았던 라오서. 문화혁명 당시 '반동분자'로 실추된 그의 명예는 1978년에 이르러서야 회복됐다.

동래순에 쳐들어간 제63중학의 홍위병은 가장 난폭한 부류였다. 8월 23일 낮에 국자감(國子監, 청나라 때 과거 시험장)에서 경극 의상 따위의 문화국(文化局) 소장품을 불태우고 작가 라오서 일행을 데려와 무릎을 꿇린 뒤 때리고 발로 차는 폭력을 자행했다. 굴욕당한 사람들 중 라오서만이 머리가 피투성이가 된 채 자신의 목에 걸린 죄상 '반동적 문예 권위'를 찢어발겨 홍위병들에게 내던졌다. 그 결과 폭행은 한밤중까지 이어졌고, 결국 "오늘은 집에 갔다가 내일 유서를 써서 가지고 오라."라는 명령을 들었다. 당시 중국에서 자살은 반혁명적 행위였다.

"내가 또 여기에 오겠나?"라고 라오서는 대답했다고 한다. "타이핑(太平) 호수라면 또 몰라도."

"와야 한다. 유서를 잊지 말고 가져와라. 자신이 쓴 글이 전부 오류였다는 걸 깨닫고 절망했다고 써라."

내 친구가 옆에서 직접 들었다는 이야기다.

이튿날 아침 참혹한 시체가 되어 타이핑 호수에 둥둥 뜬 라오서가 발견되었다. 물에 들어가 스스로 목숨을 끊었다는 것이 정설이다.

사라진 외식 문화

이처럼 문화혁명이 막을 연 1966년부터 1969년까지는 공농병(工農兵, 노농병)에게 복무(서비스)를 제공하는 것이 가장 중요한 과제였기에, 국영 기관에서는 기존의 모든 서비스가 사라지고 음식점도 셀프 서비스로 바뀌었다. 경제 활동이 멎어버리고 공장도, 회사도 개점 휴업 상태가 이어졌으며 학교마저 폐쇄할 지경에 몰렸다. 베이징, 상하이, 광둥 등 도시의 음식점은 거의 다 입구와 창문을 널빤지로 막은 채 문을 닫았다.

베이징의 경우 문을 연 음식점은 외빈(외국인)의 식사와 고급 관료들의 연회 자리를 제공하는 손에 꼽을 정도의 가게밖에 없었고, 식료품을 살 곳은 외국인 전용 슈퍼마켓 하나, 고급 관료들의 가족용 슈퍼마켓 몇 개가 전부였다. 서민들이 함부로 접근할 만한 곳은 없었다. 1인분 밥값만 해도 보통 서민의 월급 몇 개월 치나 됐다. 베이징 사람들은 원래 자기 신변에 성가신 일이 생기는 것을 싫어한다. 잇따라 바뀌는 권력자들을 맞이해야 했던 베이징의 오래된 전통이다. 게다가 문화혁명기에는 비판을 당해 신세를 망칠

함정이 개인의 생활에 수없이 파여 있었다.

그러나 외국 신문 기자들은 후퉁 깊숙한 곳에 있는 음식점에 초대받아 일반석에서 가족들이 모여 식사하는 풍경을 볼 기회를 얻기도 했다. 그것은 물론 아이들과 밖을 지나다니는 행인까지 총동원해서 연기를 시켜 연출한 광경이었지만, 순진한 기자들은 속는 일도 많았고 꾸며낸 줄 눈치 채더라도 당시 자국과 중국의 관계를 고려하여 문화혁명의 위대함이라며 보도하기도 했다. 당시 신문 관계자들의 고충이 엿보이는 이야기다. 이 문화혁명의 시대에 가족이 외식을 하며 단란한 시간을 보낸다는 것은 중국인에게 상상도 할 수 없는 일이었다. 문화혁명에 관한 제대로 된 보도는 중국 인민이 문화혁명 때 겪은 고초를 직접 쓰기 시작한 이후에나 볼 수 있었다. 그러나 당시 내보낸 기사가 오보임이 들통 날 것을 걱정하여 일부 신문 관계자들이 아직도 문화혁명을 찬미하는 자세를 고수하고 있는 현실은 안타까울 뿐이다.

외부인이 보기에 문화혁명 시대 중국은 신기한 세상이었다. 마치 지구가 또 하나 존재하고 거기에 별천지가 펼쳐져 있는 듯한 느낌이었다. 예를 들어 당시 국내선 여객기가 막 이륙하려는 상황을 돌이켜보자. 수십 명이 탈 수 있는 소련제 여객기다. 엔진이 모두 가동하면서 동시에 기내 스피커에서 찢어질 듯한 큰 소리로 〈동방홍〉이 흘러나온다. 덜컹거리며 기체가 진동하고 질주를 시작한다. 그러나 객실 승무원들은 자리에 앉아 안전띠를 매기는커녕 통로에 꼿꼿이 서 있다. 왼손으로 의자 등받이를 잡고 오른손은 높이 들고서 눈을 반짝이며 앞을 바라본다. 당시 유행하던 '혁명적 포즈'

다. 여객기가 이륙한 뒤 계속 상승하여 수평으로 비행하기 직전까지 상당한 시간 동안, 뺨에 홍조를 띠고 자신의 용기에 도취해 '혁명적 행동'을 계속했다.

마침내 승무원 한 명이 맨 앞에 서서 《마오쩌둥 어록》을 치켜들고 1장을 새된 목소리로 암송한다. 다음에는 주머니에서 종잇조각을 한 장 꺼내 더욱 큰 소리로 읽기 시작한다. 승객들 사이에서 찬미하는 듯한 박수 소리가 울려 퍼졌다. 왜 박수를 치느냐고 나는 동행한 통역 겸 가이드에게 물었다.

"저 여성은 자신들을 혁명적 전사라고 했습니다. 그리고 우리 혁명적 인민은 위대한 마오쩌둥 동지에게 봉사해야 하지 않겠느냐고 제안했습니다. 혁명 정신을 마오쩌둥 동지에게 바쳐야 한다는 것이지요."

쉽게 이해가 가지는 않지만, 요점은 일반인을 위한 서비스는 하지 않겠다는 뜻이었다. 우리들은 삶은 달걀과 단 과자, 운 좋으면 딱딱하고 깡마른 닭다리가 하나 들어 있을지 모르는 골판지 종이 상자에 담긴 도시락을 가지러 서둘러 기내 뒤편으로 갔다. 아무래도 승객 전원이 먹을 분량이 있을 것 같지 않았기 때문이다.

문화혁명의 영향으로 중국 경제는 더더욱 악화됐다. 화베이에서는 주식이었던 밀가루의 질이 갈수록 떨어졌고 겉껍질까지 갈아 섞어서 양을 늘리는 것이 당연한 일이 되었다. 품질이 나빠졌지만 가격은 폭등했다.

중국의 밀가루는 1950년부터 1960년 사이에 품질이 크게 떨어졌다. 이때가 이른바 '바이펀(八一粉)'의 시대인데, 수확한 전체 밀에서 81퍼센트 분량의 밀가루밖에 생산하지 못했다는 뜻이다. 그리고 문화혁명 시대에는 더 질이 떨어졌다. 1960년대부터 1970년대까지가 '뱌오준펀(標準紛)'의 시대였다. 그런데 이 '뱌오준펀'에도 종류가 두 가지 있었다. 일반 대중용으로 나오는 대량 생산품과 제한된 수량밖에 나오지 않는 특제품이 있었다. 외국인은 외빈석이 있는 호텔과 음식점에서 이 특제품을 구할 수 있었다. 점도가 좋고 가루의 맛이 깊었다.

1980년대부터는 밀가루를 평등하게 분배했지만 전반적인 질은 더 떨어지고 말았다. 이 질 저하 현상은 아쉽게도 지금까지 이어지고 있다. 밀가루 질 저하에 큰 피해를 입은 것이 산시 음식점들이었다. 반죽한 밀가루 덩어리를 칼로 쳐서 깎아 국물에 넣는 '다오샤오몐(刀削麵)', 이 면을 양손으로 늘인 '라몐(拉麵)', 면을 더더욱 늘여 머리카락과 헷갈릴 만큼 가늘게 한 '룽수몐(龍須麵)', 라오서가 사랑했던, 언뜻 보면 이탈리아의 조개 모양 마카로니(Shell macaroni)와 닮은 '마오얼둬(猫耳朶)'까지 거의 모든 면 요리가 청나라 궁중에 들어갔다. 그랬던 것이 이제는 본고장 산시성과 웬만큼 연고가 있는 가게가 아니면 좋은 밀가루를 쓸 수 없게 되고 말았다.

베이징 시민들 사이에서 내놓고 표현하지는 않으나 마오쩌둥에 대한 반감이 강해지고 있었다.

"중국은 소련이랑 달라. 옛 러시아는 부유한 계급만 잘 먹고 잘사는 사회였다고 하지 않나? 우리 같은 사람들 처지에서는 좋을

게 없지. 그런 상황에서는 폭동을 일으켜야겠다는 생각이 들겠지. 그래서 공산당이 생겼다면 만세를 부를 일이야. 하지만 중국에서는 베이핑(北平, 베이징의 별칭)이란 도시에 공산당 군대가 입성했고 새로 생긴 정권을 시민 대다수가 지지했지, 우리가 자발적으로 혁명을 일으킨 건 아니야. 베이핑에서 베이징으로 이름이 돌아온 건 잘된 일이지만, 시민 입장에서는 권력자가 바뀌었을 뿐인 거라네. 어차피 베이징이 거듭해 온 역사가 다시 반복될 뿐인 거지. 하지만 이번에는 마오쩌둥 쪽에서 갑자기 자기들 손으로 새로운 혁명을 시작했어. 그런 줄 몰랐는데, 마오보다 잘난 사람이 그 위에 있었던 건가?"

사회주의 개조 음식점 풍택원

외국인의 눈에 문화혁명은 영원히 계속될 것처럼 보였다. 나처럼 문화혁명 때부터 중국을 경험한 사람으로서는 문화혁명의 분위기야말로 중국 본연의 모습인 것처럼 느껴졌기 때문이다. 게다가 외국인들은 중국 정부가 보여주는 것을 주로 볼 뿐이었다. 문화혁명 이전의 중국, 공산당이 통치하는 중국의 진짜 모습은 상상에 맡길 수밖에 없었다. 외국인이 후퉁에 출입하는 것조차 금지하고 있었으니 말이다. 실상이 알고 싶어 절치부심하는 여행이 이어졌다.

1976년 즈음 어느 날부터 갑자기 직장과 숙소에서 풍택원까지 가는 길이 바뀌었다. 톈안먼은 나날이 인파가 늘어났고 장안로는

동서 방향이 폐쇄될 때가 있었기 때문이다. 풍택원으로 가는 길은
두 갈래가 있었는데, 톈차오 방면에서 톈차오를 지나 우회하는 경
로와 허핑먼(和平門) 방향에서 후팡차오(虎坊橋)를 거쳐 주쯔커우
(珠子口)로 들어가는 경로였다. 후자는 도중에 산시 음식점인 진
양반장(晉陽飯莊) 앞을 지난다. 라오서를 비롯해 라오베이징들에
게 사랑받던 음식점이다. 진양반장에도 외빈석이 있었는데 일행이
많아져서 이곳에 오게 되면 내가 밥값을 부담했다. 왠지 모르지만
관료들은 진양반장을 지나 풍택원을 고르는 일이 많았다. 그래서
내가 밖에서 공짜로 밥을 먹은 음식점은 거의 항상 풍택원이었다.

풍택원만큼 정치 투쟁 때문에 자주 문을 닫은 가게도 흔치 않았
다. 1946년과 1952년에 한 번씩, 1967년부터 1969년에도 폐점한
적이 있다. 내가 처음 풍택원에 간 것은 1972년의 일이다. 2층과 3
층 자리는 별실이었는데, 마루에서부터 1.5미터 정도는 뿌연 녹색
의 위생색(衛生色), 그밖에는 하얀색으로 싹 칠해진 중국 전통이
라고는 전혀 느낄 수 없는 무미건조한 인테리어였다. 게다가 아직
풍택원이라는 이름이 부활하지 않아 '춘풍반장'이라는 문화혁명식
이름으로 영업하고 있었다.

하루는 낮 연회를 하러 춘풍반장 현관 앞에 차를 대고 내렸을
때 흰 상의를 걸친 요리사와 맞닥뜨렸다. 자연스럽게 눈이 마주치
자 그는 나를 유심히 살펴보았다. 당시는 몰랐지만 그 순간이 문
화혁명 시대부터 풍택원의 책임을 맡아 온 탁월한 요리사 왕이쥔
(王義均) 씨와의 첫 만남이었다. 나중에 듣게 된 바로는 당시 풍택
원 주방은 비참한 지경이었다고 한다. 네 개 파벌이 늘 그 안에서

투쟁하고 있었던 것이다. 조반파(造反派)에 홍위파(紅衛派), 마오쩌둥 옹호파, 연합(連合)이 그들이었다. 젊은 요리사는 혁명만 했지 요리를 만들지는 못하는 상황이었다.

이때 풍택원의 명물은 '해삼 파 구이', '오징어 계란국', '맑은 국물 생선 찜(칭정清蒸)'이었는데, 모든 요리가 왕이쿤 씨의 손으로 만들어졌다. 여기에 렁차이(冷菜, 미리 만들어 식혀놓았거나 조리할 때 열을 가하지 않은 음식)와 달콤한 디저트인 '바바오판(八寶飯, 찹쌀에 대추와 연밥을 넣어 찐 것)', 주식으로 '인쓰만터우(銀絲饅頭, 가느다란 밀가루 반죽을 돌돌 감아 만든 찐빵)'를 곁들이면 그야말로 진수성찬이었다. 그런 식사를 일행 몇 명과 함께 하고 있던 어느 날이었다. 멀리 풍택원 뒤편, 즉 다스란(大柵欄), 첸먼제의 북쪽 방향에서 환호성이 들려왔다. 일행인 중국인이 일어나 문 밖으로 나갔다. 나도 구경하러 풍택원 현관 앞으로 나가보았다. 사람들이 주쯔커우 교차로와 후퉁 안으로 달려가고 있었다. 그리고 저마다 "톈안먼 광장!"이라고 외치고 있었다. 그날 밤 제1차 톈안먼 사건(1976년 4월 5일)이 일어났다. 사람들이 정부를 상대로 직접적 항의 행동에 나선 최초의 사건이었다.

중화민국에서 중화인민공화국을 거치는 동안 음식점은 구체적으로 어떤 역사를 겪어 왔을까? 풍택원은 1930년에 처음 문을 열었다. 이 음식점처럼 중국 공산당과 함께 걸어온 역사의 현장은 또 없다. 달리 말하면 사회주의에 삼켜진 곳이라고도 할 수 있겠지만 말이다.

풍택원의 역사를 말하려면 먼저 베이징 팔대루(八大樓)의 하나로 일컬어졌던 신풍루반장(新風樓飯莊)부터 이야기해야 한다. 국민당이 통치하던 시절 베이징 '팔대은호(八大銀號, 은호銀號는 환전상)'의 회장이자 '동덕은호(同德銀號)' 사장이었던 야오쩌성(姚澤聖)은 라오찬(老餐, 미식가)으로 유명했는데, 신풍루의 단골손님이기도 했다. 신풍루는 요리사도 훌륭했고 지배인이었던 롼쉐탕(欒學堂, 별명 푸바오蒲包)이 비록 문맹인 데다 키가 작고 못생기긴 했으나 밝고 소탈한 됨됨이와 깔끔한 접대 자세가 마음에 들었다.

그러나 야오쩌성은 국민당 정부에 아첨하는 신풍루의 경영 방침에는 반대했다. 당시 신풍루 사장이 정부를 방패 삼아 오만한 태도를 보이는 일도 있었고, 신풍루에 모이는 의회 의원들을 경호하느라 경찰이 너무 많이 오기도 했다. 당시 중국 경찰관은 생계가 곤란한 사람들이 택하는 직업이어서 거친 이들이 많아 누구나 멀리하곤 했다. 그래서 야오쩌성은 지배인 롼쉐탕에게 사람을 모아 다른 가게를 내보지 않겠느냐고 권했다. 단 주방장을 비롯한 몇 명은 빼오지 않기로 했다. 나쁜 평을 얻을까 우려한 것이다.

1930년 4월, 메이시제(煤市街) 남문에 있었던 제남춘반점(濟南春飯店)을 사들이고 당장 쓸 운영비로 5천 위안을 조달하여 새로운 가게를 열었다. 가게 이름은 풍택원으로 하기로 했다. 그리고 영업을 개시하기 위한 준비를 거쳐 8월부터 풍택원은 정식 개업했다. 이때부터 야오쩌성은 경영자 자리에서 내려와 투자자로 머물기로 하고 롼쉐탕을 경영자 자리에 앉혔다.

청기와와 벽돌로 지은 건물 내부에는 넉넉하게 공간을 나눈 크고 작은 방들이 있고, 나중에는 영인당약점(永仁堂藥店)에서 받은 유명인사들의 글씨와 영화 배우, 경극 배우의 스틸 사진을 장식했다.(영인당약점은 1933년에 왕푸징王府井에 생긴 신생 약국이었는데, 신경통 등에 효험이 있는 삼용호골주蔘茸虎骨酒를 주로 빚었다. 약국은 의식동원醫食同源의 사상을 바탕으로 하여 평판이 좋은 음식점과 계약하여 자기 가게의 이름이 들어간 액자를 음식점에 걸었다.) 사철 언제나 난시먼(南市門) 밖 꽃집 두 곳에서 싱싱한 꽃을 배달시켜 꽃병에 장식했다. 테이블과 의자는 최고급 자단(紫檀)으로 만들었고, 잔과 과일 그릇, 숟가락, 젓가락 받침 등은 순은으로 만든 것을 썼다. 젓가락은 상아에다 잔에는 건륭제 시대에 만들어진 칠보를 장식하는 호화로움을 자랑했다.

풍택원 요리의 섬세함은 곧 높은 평가를 얻었다. 요리사는 모두 산둥성 출신이었다. 고급 재료와 산둥 요리의 특징인 도회적 세련미에 완벽한 서비스까지 더해져 당대의 고위급 인사들은 하나같이 풍택원에서 연회를 열었다. 게다가 신풍루의 단골 여럿이 롼쉐탕과 실제 창업자 야오쩌성을 따라왔다. 경극 배우 메이란팡도 그중 한 명이었는데, 개명희원(開明戲院)에서 공연이 끝나면 회원 맞은편 비스듬히 있는 풍택원에 꼭 밥을 먹으러 왔다. 이때만 되면 민낯의 명배우를 보려는 손님들로 가게가 가득 찼다. 그러나 롼쉐탕의 인생은 1931년 가을 상하이의 유명 여배우 후뎨(胡蝶)가 베이징에 왔을 때부터 기울기 시작한다. 후뎨가 그에게 상하이 지점을 내라고 설득한 것이다.

롼쉐탕은 그해 말엽에 상하이로 갔고 다음 해인 1932년에 상하이 국제반점(國際飯店) 2층에 '풍택루(豊澤樓)'를 정식 개점했다. 그는 그대로 상하이에 체류하며 스스로 지배인을 맡아 일했다. 주방에서는 우지젠(吳緝健)이 솥(조리)을, 궈광더(郭光德)가 도마(썰기)를, 왕다오청(王道成)이 뎬신(點心, 가벼운 간식거리)을 맡았다. 훗날 상하이의 미각을 재구성한 인물들이다. 이들에 의해 상하이의 미각에 산둥의 맛이 뚜렷하게 섞여 들어갔다. 후데의 연예계 관련 교유 덕택에 가게는 성공적이었다. 이 상하이 지점의 설립이 당시 35세였던 롼쉐탕의 시야를 넓혀준 덕에, 그는 난징, 카이펑, 톈진에 잇따라 지점을 냈다. 베이징에서는 바몐차오(八面槽) 70호에 췌화루반장(萃華樓飯莊)을 설립하는 계약까지 맺었다. 후데는 롼쉐탕의 첩이 되어 있었다.

그러나 모든 일이 잘 풀리지만은 않았다. 1936년의 일이었다. 풍택원반장은 주변 음식점들이 인플레이션 때문에 한숨을 푹푹 쉬고 있을 때도 일본군과 친밀했던 덕에 괜찮은 이윤을 내고 있었다. 하지만 이 시대에도 아직 요리사는 고소득 직종이 아니었다. 대우에 불만이 있던 요리사들이 '혁명'을 일으켰고 구력(舊曆, 음력) 8월 15일에 직원들이 전부 그만두고 말았다. 상하이에 있던 롼쉐탕이 깜짝 놀라 허둥지둥 베이징으로 돌아왔을 때는 이미 소송이 진행 중이었고 풍택원 본점은 영업을 정지한 상태였다. 판결이 내려졌고 롼쉐탕은 거액을 지불해야 했다.

이때 요리사와 경영자 사이의 분쟁은 일종의 유행이 되어 있었다. 시대가 바뀌었고 불안정한 분위기를 가게 직원들이 몸으로 느끼고서 혁명을 일으킨다. 그 결과 요리사의 권리가 인정되고 가게는 쇠퇴한다. 모든 가게가 재판에서 진 비용까지 감당해야 했고 그맘때면 출자자는 이미 발을 뺀 상황이었다. 요리사의 인권을 고려하지 않고 가게를 운영하는 것이 일반적이었던 낡은 경영 방식이 이제까지 진 빚을 한꺼번에 갚는 것이나 마찬가지였다. 한편 요리사들이 '고소하면 돈이 나온다'는 사실을 깨달은 것도 그에 못지않게 작용했다.

1946년 9월, 풍택원반장은 다시 문을 열었으나 1951년에 가게의 서비스 담당 직원들이 '노자(勞資, 노동자와 자본가) 양측이 함께 관리한다'는 당의 정책을 자본가 측에 제시했다. 가게 안에 노동조합이 생겼고 공산당은 산둥성 옌타이(煙臺) 출신 머우밍(牟銘)을 파견하여 풍택원의 서기장에 앉혔다.

1952년 '삼반오반운동'이 시작되었다. 여기에 편승하여 "풍택원의 재산을 나누어 가지고 가게를 폐쇄하자."고 주장하는 직원이 생겨났다. 이제 노동자와 자본가의 차별은 없다는 당 정책을 곡해한 것이다. 가게 재산을 공평하게 분배해야 한다고 생각한 직원들은 귀한 은 식기를 상당수 훔쳐갔다. 겨우 위기를 빠져나오자마자 풍택원의 경영은 다시 암초에 부딪쳤다.

여기서 등장하는 거물급 인사가 훗날 사인방 체포를 지휘하는 베테랑 정치가 예젠잉(葉劍英, 1897~1986)이다. 당시 베이징 시 군관회(軍管會) 주임으로서 '아시아·태평양 평화 회의' 개최를 눈앞에 두고 있던 예젠잉은 풍택원의 문제를 듣고 "옛날 풍미를 간직하고 있는, 당이 외국인을 접대할 장소가 반드시 필요하다. 공산당 입장에서는 풍택원을 폐쇄하면 곤란하다. 풍택원을 지지하도록 하라."라고 관계 부서에 지시했다. '지지하도록 하라'는 것은 쉬운 말로 하면 '빨리 어떻게 좀 해보라'는 뜻이다.

풍택원이 공산당의 어용 음식점이 된 뿌리가 여기에 있었다고도 할 수 있다. 풍택원은 곧 첸먼구(前門區) 정부가 관리하게 되었고 업무 면에서는 국무원(國務院) 전례국(典禮局)의 위신칭(余心淸, 1898~1966) 국장이 책임을 맡았다. 첸먼구 정부의 리루이(李銳)는 "가게 재산을 나누어 가지고 가게를 폐쇄하자."고 선동한 사람들을 엄하게 처벌했다.

이 해에 국가가 출자함에 따라 풍택원은 베이징의 반장(飯莊) 중 처음으로 공사합영을 시작한 가게가 되었다. 그리고 국무원이 중산공원(中山公園) 중산당(中山堂)에서 개최한 평화 회의의 성대한 환영 연회는 풍택원이 맡아 무사히 진행되었다.

뒤이어 공산당은 또 다른 조치를 취했다. 사람들에게 풍택원을 음식점의 새로운 모델로 인지하게 할 필요가 있었던 것이다.

1954년 풍택원에 당 서기인 왕완제(王萬傑)가 취임했다. 패기 넘치던 왕완제는 왕이췬, 시광난(時廣南)과 같은 젊은 요리사를 양성하고 실내 위생 및 주방 설비 개조에 힘을 쏟았다. 지금도 풍택원은 전채, 생선 요리, 고기 요리를 하는 주방이 각각 따로 있다. 주방을 용도에 따라 나눔으로써 효율과 위생 면에서 개선을 기대할 수 있다고 생각한 것이다. 왕완제의 노력이 결실을 맺어 이러한 운영 방식과 풍택원의 이름은 중국 전역에 더욱 널리 퍼졌다. 공사합영 이후 풍택원은 공산당 정권 아래에서 전에 없던 새로운 방식으로 앞으로 나아갔다.

••• 베트남의 호찌민 주석과 마오쩌둥이 산둥 요리 전문점 '풍택원'에서 환담을 나누고 있다(1965년). 풍택원은 1950년대부터 당과 국가 지도자들이 연회와 국빈 접대 장소로 애용하는 베이징 대표 음식점이 되었다.

얼마 지나지 않아 왕완제는 지배인도 겸임하게 되었다. 롼쉐탕이 건강 문제로 정식 퇴임했기 때문이었다. 이때 풍택원은 완전한 국영 음식점이 되었다. 1958년 롼쉐탕은 반신불수의 상태에서 세상을 떠났다. 당시에는 중국 이곳저곳에 열었던 가게의 적자 때문에 땡전 한 푼 없는 신세라, 풍택원에서 관을 살 돈을 댔다고 한다.

풍택원은 당과 국가 지도자들의 연회 장소로서 더더욱 중요한 곳이 되었다. 류사오치, 저우언라이, 주더(朱德, 1886~1976), 덩샤오핑, 쑹칭링(宋慶齡, 1893~1981), 펑전, 예젠잉, 천이(陳毅, 1901~1972) 등 건국의 주요인사들이 빈번하게 들렀다. 국무원 각 부서와 베이징 시 지도자들은 풍택원에서 연회를 여는 것이 관례였다.

베이징 시장이었던 완리(萬里)와 왕레이(王磊)가 적극적으로 풍택원의 발전을 돕기도 했다. 또 풍택원 요리사들은 마오쩌둥이나 류사오치뿐 아니라 예젠잉, 천이, 궈모뤄(郭沫若, 1892~1978), 랴오청즈(廖承志, 1908~1983)의 집안에서 먹을 요리를 준비하러 중난하이를 방문하기도 했다.

1963년 9월 풍택원에서 회식을 한 저우언라이는 시간을 내 주방을 방문하여 미리 준비해 둔 카메라 앞에서 "산둥 요리의 풍미는 반드시 보존해야 합니다. 전통을 잃지 말도록 하세요. 선생님들은 인재 양성에 힘을 쏟아주십시오."라고 간곡히 요청하는 퍼포먼스를 하기도 했다.

중국 10대 요리 명인 왕이쥔

그리고 문화혁명이 일어났다. 1968년 문화혁명 초기에 풍택원 반장은 앞서 쓴 대로 '춘풍반장'으로 이름이 바뀌었다. 파사구(破四舊, 사구 척결) 운동으로 이치(李奇)가 쓴 휘호 액자가 부서져버렸다. 그밖에 두 개 있던 오래된 금속제 액자는 다행히 부서지지 않았으나, 새로운 '춘풍반장' 액자는 널빤지 조각에 하얀 페인트칠을 하고 글자 모양으로 오린 두꺼운 종이 위에 잉크를 뿌려 만든 군대 스타일의 무미건조한 것이었다. 다수의 은 식기와 자기, 가구는 물론이고, 현대 중국 회화를 대표하는 화가 장다첸(張大千, 1899~1983)과 치바이스(齊白石, 1860~1957) 등의 글과 그림도 가게 앞에서 불타 없어졌다. 풍택원 내부에서는 조반파와 연합파가 분열하여 문화혁명 투쟁을 시작했다.

1970년 완리의 도움을 받아 풍택원은 쓰허위안 건물을 버리고 앞뜰에 이어져 있었던 유서 있는 경극 희원인 화북희원을 철거한 뒤 3층짜리 새 건물을 지어 옮기고자 공사에 착수했다. 당분간 문화혁명 투쟁에서 풍택원을 지켜야겠다는 의도가 깔려 있었다.

그리고 1972년, 신축 건물에서 풍택원이 정식으로 다시 개점했다. 하지만 새 건물은 문화혁명 스타일을 그대로 따른 건축 양식이라 결코 아름다운 모습은 아니었다. 콘크리트도 모르타르처럼 보이는 날림 공사였던 데다, 현관 앞 주차 공간이 안 어울릴 만큼 크게 들어서 오히려 건물이 초라해 보였다.

하지만 이후 풍택원반장은 외국 귀빈을 여러 명 접대했다. 1972년 9월 29일 중일 국교 수립 조인식 때 방중한 다나카 가쿠에이(田中角榮)가 일본에 있었던 중국의 국보급 미술품 몇 점을 은밀하게 반환한 연회도 풍택원에서 열렸고, 호찌민(胡志明), 부시(George H. W. Bush), 키신저(Henry Kissinger) 등도 연회 주빈으로 풍택원을 방문한 적이 있다. 개방 정책이 시작될 무렵까지 풍택원은 90여 명의 국빈을 그리 넓지 않은 연회장에서 맞이했다. 국민당 시대부터 중화인민공화국 건국, 문화혁명에 이르기까지 풍택원은 파란만장한 역사를 그대로 겪었다. 현재는 문화혁명 시대의 건물을 철거하고 호텔을 병설해 운영하고 있다.

이 풍택원의 명물 요리사가 바로 왕이췬 씨다. 왕이췬은 1933년 4월 산둥성 옌타이 푸산구(福山區)에서 태어났다. 아버지는 식료품 판매를 했고 어머니는 농업에 종사했다. 왕이췬은 열세 살에 풍택원에 들어갔다. 밤에는 홀 구석에 이불을 깔고 잤고 휴일도 없이 일했다. 그러면서 풍택원에서 대대로 일해 온 요리사들의 가르침을 받았다.

1954년에 그는 중국 청년 조리사 대표로 레시피 국제 박람회에 참가했다. 그리고 특별상을 탔을 뿐 아니라 현지에서 기록 영화에 출연했다. 여기서부터 왕이쥔은 공산당과 함께하는 인생을 시작한다. 1956년 3월 청년단 첸먼구 위원회에서 '선진 돌격수'라는 칭호를 수여받았고 이어서 같은 해 9월에는 '청년 우수 공작자(工作者, 작업자, 종사자)'라는 칭호를 수여받았다. 그리고 "나의 일생을 당과 인민의 빛나는 사업에 바치고자 결심하고" 중국공산당에 가입했다. '선진 돌격수'라고 하면 엄청난 칭호인 것 같지만 이것이 중국 스타일이다.

그러나 그 후 왕이쥔은 문화혁명 활동을 전혀 하지 않았다. 문화혁명이 끝난 뒤 그가 세상의 주목을 받은 것은 1978년 6월의 일이었다. 베이징 시의 '팽조(烹調, 조리) 기사(技師)' 칭호를 받은 것으로 시작하여 '선진 공작자'를 거쳐 1983년 6월에는 베이징 시 제2복무국에 1982년도 우수 공산당원으로 추천받았다. 그뒤에는 파죽지세였다. 1986년 1월에 베이징 시 팽조 협회가 왕이쥔에게 '우수 특급 주사(廚師, 요리사) 영예 증명서'를 수여하자 뒤이어 3월에는 베이징 시 노동국이 그를 '특 일급 팽조 주사'로 승인했다. 그리고 1990년 5월, '베이징 시 5·1 노동 훈장'을 수여받았다. 이를 디딤돌 삼아 '전국 십가(十佳) 명주(名廚)(전국 10대 요리 명인)' 중 한 명이 되었고 중국 팽조 협회 이사까지 올라갔다.

왕이췬이 전승하는 산둥 요리는 최근 광둥 요리처럼 단맛을 더하지 않으며 요리의 기본이 되는 상탕(국물)을 훠투이(중국식 햄)에 의존하지 않고 우려낸 산둥 특유의 산뜻하고 시원한 맛이다. 탁한 맛, 의미 없는 맛은 찾아볼 수 없다. 재료 하나하나가 지닌 맛이 전부 발휘되어 언제까지나 영롱한 여운을 남긴다.

산둥 요리 대 상하이 요리

왕이췬의 특기인 산둥 요리는 구체적으로 어떤 요리일까?

산둥 반도의 바다에서 잡히는 어패류는 상하이나 광둥의 어패류와는 다르다. 한때 산둥을 조계로 삼았던 독일인들이 깔봤다고는 하지만, 산둥 해산물은 일본 해산물에 가까운 엷은 맛이 난다. 잡맛이 없고 산뜻하다. 그러니 당연히 감칠맛을 끌어내는 미묘한 불 조절이 상하이나 광둥 요리와는 다르며, 동물성 재료인 훠투이와도 성격이 맞지 않는다. 산둥 요리는, 여러 가지 맛이 복잡하게 융합한 광둥 요리와는 매우 대조적인 요리 체계로서, 재료가 지닌 본래 맛의 궁극을 좇는 요리이다. 한 지점에 집중하여 깊이를 추구하는 산둥 요리의 이러한 특성이 궁중 요리의 미의식과도 겹쳤다고 할 수 있을 것이다. 한편 일반 음식점에서도 청나라 중기부터 민국 말기에 이르기까지 이러한 특성을 잃지 않았다는 것 역시 산둥 요리의 강점이었다.

어디서 나왔는지 뻔히 드러나는 재료를 과잉 사용한 요리를 격이 낮다고 보는 태도는 세계 공통의 감각이다. 실제로 광둥 요리사

중에서도 탁월한 요리사일수록 훠투이의 존재가 느껴지지 않도록 감칠맛만 추출하며 가리비의 감칠맛도 자유자재로 사용한다. 마찬가지로 산둥 요리에서도 감칠맛 성분을 내는 데 조개나 닭 따위를 쓰면서 그 냄새를 전혀 남기지 않는 경우를 쉽게 찾아볼 수 있다.

여하튼 베이징에서 이미 완성된 산둥 요리가 있었기에 저 유명한 장동관의 강남 요리도 순수한 한 점으로 수렴한 미각을 갈고 닦는 일이 가능했다고 할 수 있을 것이다. 이를테면 장동관이 강남에서 궁중으로 가져와 건륭제가 애호했다고 항간에서 전해 오는 버찌 고기, 즉 탕추잉타오러우(糖醋櫻桃肉)의 경우 산둥 요리에도 똑같은 요리가 존재한다. 지방이 없는 붉은 돼지고기를 깍둑썰기하여 간장, 후추, 산둥성의 황주인 모주(墨酒), 벌꿀, 물, 산둥성에서 난 신선한 신맛이 나는 빨간 버찌와 함께 솥에 넣어 천천히 약불에서 4, 5시간 삶는 요리라고 한다. 주역인 돼지고기가 이 요리에서 어떤 모습으로 변모하는지 궁금해 한번 직접 요리해보고 싶다.

청나라 때 원매는 다음과 같이 산둥성 지난(濟南)의 요리를 묘사했다.

"뜨거운 기름으로 볶고, 양념하여 재빨리 냄비에서 꺼낸다. 이 너무나도 부드러운(脆) 요리야말로 기품 있다 하겠다.(熱油爆炒 加料起鍋 以極脆爲佳)"

중국어에서 '脆(취)'라는 한자는 '무르고 허약하다'는 것 말고 다른 뜻도 있다. 산뜻함, 이에 닿는 바삭한 감촉, 녹아 사라지는 듯한 느낌도 '脆'의 범위에 들어간다. 그리고 중국인에게 특히 '脆'한 것은 입안에서 극도로 세련된 맛이 순간 느껴진 뒤 사라지는 감각이다. 청나라 말기 '酥(쑤)' 이래의 전통이 남아 있는 것이다.

지난에서 수도 베이징으로 전해진 산둥 요리는 청 궁중에서 갈고 닦여 지금과 같은 광채를 얻게 되었다. 그러한 광채야말로 권력자가 자신의 것으로 삼아 독선적으로 보호하고 싶은 요소일 것이다. 그 수단으로서 재료 조합의 단순화를 꾀했다는 것은 앞에 쓴 바 있다. 이 '脆'한 맛에 대한 집착은 중국 특유의 미의식을 해독하는 열쇠 중 하나이며, 공산당 권력자들 중에도 이를 이해하는 사람이 있었다고 볼 수 있을 것이다.

예를 하나 들자면, 베이징의 대표적인 해삼 요리인 '충사오하이선(葱燒海蔘)'이 있다. 이 요리에 바삭한 식감은 없다. 그러나 파(葱)의 단맛과 소스가 어우러진 해삼의 풍미가 느껴지는 과정에는 모두 목구멍으로 넘어가는 최고의 정점이 계산되어 있어 달리 느끼는 것은 불가능하다. 자연스럽게 씹어 삼키면 그 정점을 모두 경험하게 된다. 섬세함과 호방함이 공존하는 미각의 조합과 조리법에 의해 '脆'를 최대한 끌어내는 요리, 이것은 역시 다른 나라 요리와는 좌표가 다른 중국 요리에서만 맛볼 수 있는 감각일 것이다.

광둥에서는 산둥 요리와 강남 요리를 총칭하여 '루위(鲁豫) 요리'라고 부르기도 한다. 산둥 요리의 색채가 더 강한 이름인데, 산둥 요리에 강남 황허 중류 지역의 특색이 섞인 요리를 나타낸다. 중국의 4대 요리 중에 산둥 요리가 자랑하는 조리법의 다채로움은 여기에 뿌리가 있다고도 할 수 있을 것이다. 물론 시간이 지남에 따라 다양한 조리법을 개발하기도 했다. 같은 바오(爆, 살짝 끓이기, 살짝 볶기)라도 유바오(油爆), 탕바오(湯爆), 충바오(葱爆), 수이바오(水爆) 등 다종다양하다.

산둥 요리의 세력권은 매우 넓다. 당연히 지방에 따라 맛의 경향도 다른데, 지난차이(濟南菜), 자오둥차이(膠東菜), 루시차이(魯西菜), 쿵푸차이(孔府菜)로 나눌 수 있다. 산둥성 내부의 '거리 감각'만 해도 엄청난 스케일이다.

여기서 지난차이도 엄밀히 말하자면 지난 지역의 전통 요리와 길거리 요리 문화를 만든 성 바깥 상부(商埠, 항구) 요리, 그리고 일반 서민의 자창차이(家常菜, 가정식)를 구분해야 한다. 자창차이를 넣은 것은 아마추어가 만드는 요리의 기법이 다른 어떤 지역보다도 수준이 높기 때문이다. 물론 신선한 재료를 구하기 쉽다는 것도 이유 중 하나다. 해산물이 지천임은 물론이거니와 타이산(泰山)을 마주보고 있으며 북쪽으로는 황허가 흐르는 축복받은 지리조건 덕택에 원나라 때 이미 유통이 확립되었기 때문이기도 할 것이다. 한편으로 요리의 명칭이 재료를 있는 그대로 나열하여 단순한 것도 특징이다. 예를 들면 '탕추다리위(糖醋大鯉魚, 잉어鯉에 달고糖 새콤한醋 소스를 끼얹은 요리)', '훙사오다창(紅燒大腸, 삶은 돼지 대장大腸)' 등 소박하고 꾸밈없는 명칭을 쓴다.

국물 개념을 중국에서 가장 먼저 도입한 것은 광둥이 아니라 지난이었다. 그릇 바닥이 보이는 맑은 국을 칭탕(清湯)이나 상탕(上湯)이라고 부르고, 하얀 국은 바이탕(白湯), 또는 나이탕(奶湯)이라고 부른다. '칭탕간베이지야야오(清湯干貝鷄鴨腰, 말린 조개 관자를 넣은 닭과 오리를 맑게 끓인 탕)'이나 '나이탕지위(奶湯鯽魚, 흰 국물 붕어탕)' 등은 지난차이의 유명한 국물 요리다. 그리고 파를 많이 쓰는 것도 특징이라 할 수 있다.

한편 자오둥차이는 옌타이나 칭다오(靑島) 등 바다에서 가까운 지역의 디팡차이(地方菜, 지방 요리)에 영향을 받았다. 그 뿌리는 왕이췬 씨의 고향인 푸산에 있는데, 푸산은 토산물이 풍요로운 것이 가장 큰 특징이다. 자오둥차이는 무엇보다도 해산물 요리다. '충사오하이선'이나 '유바오하이뤄(油爆海螺, 소라 볶음)', '위안커바오위(原殼鮑魚, 전복 찜)' 등이 있다.

자오둥차이의 해산물 요리는 재료가 지닌 본래의 맛을 덮어버리지 않도록 담백하게 양념하는 것이 특징이다. 조미료도 별로 사용하지 않는다. 옌수이다샤(鹽水大蝦, 짭짤한 보리새우를 향신료와 함께 찐 것)는 이러한 특징이 가장 잘 드러난 요리일 것이다. 짠맛을 내기 위해 새우를 잡은 장소의 신선한 바닷물까지 넣어 만드는 요리다.

여기에 루시(魯西)의 풍미가 더해진다. 루시는 산둥의 농산물 창고와도 같은 곳이라 필연적으로 색과 맛이 짙은 내륙 특유의 특징을 띠고 있으며, 본래 산둥 지역에서도 이질적인 문화권이다. 대표적인 요리로 '탕추황허리위(糖醋黃河鯉魚, 황허 잉어를 튀기고 새콤달콤한 소스를 뿌린 요리)', '차오야오화(炒腰花, 돼지 콩팥 볶음)' 등이 있다. 그리고 쿵푸차이의 전통도 어우러진다. 공자(孔子)가 태어났다는 산둥성 취푸(曲阜) 지역의 요리인 쿵푸차이는 그러한 역사에서 영향을 받았는지, 예절을 중시하고 신분에 따라 요리 종류가 정해진다. 최고의 신분에는 만한전석, 그다음에는 제비 둥지나 상어 지느러미, 해삼 요리가 이어진다. 쿵푸차이는 식기를 중시하고 요리 이름도 공들여 특이하게 짓는데, 이를테면 '양관싼데(陽關三疊)', '시리인싱(詩禮銀杏)', '완서우우장(萬壽無疆)', '지샹루이(吉祥如意)', '롄녠유위(連年有餘)' 같은 이름이다. 이런 이름만 봐도 산둥 요리의 전반적 경향에서 완전히 벗어난 요리라고 해야 할 것이다.

시간을 조금 거슬러 올라가자면, 상하이에서는 건국 초기부터 베이징과는 다른 문제가 있었다. 상하이에 인민해방군이 들어와 도시를 해방시키고 접수했을 때 이를 담당한 인민해방군 제3야전군은 산둥성 부대였다. 해방군 간부들은 그대로 상하이에 살면서 정부 기관의 핵심 위치로 들어갔다. 이러한 배경이 상하이에서 산둥 사람이 실권을 잡기 쉬워지는 데 한 원인이 되었다. 부대 주둔지가 따로 있기는 했으나 기본적으로 그들은 베이징처럼 대원(大院)을 만들지 않고 뿔뿔이 흩어져 민간인들 틈에 섞여 살았다. 상하이는 베이징과 달리 외국의 영향을 많이 받아 아파트 형태의 건축물이 많았던 것이 이유였을 것이다.

그리고 상하이 요리의 산둥화가 조용히 시작되었다. 원래 상하이 요리와 산둥 요리는 재료에 해산물을 많이 사용한다는 점이 비슷해서인지 어딘가 닮은 맛이 난다. 그리고 청 왕조가 멸망하던 시기에 이미 상하이 사람마저 상하이의 맛을 거의 잊어버린 상태였다. 망각은 조계지 시대를 거치면서 점점 속도가 빨라졌다.

청나라 말기 상하이 요리는 지역으로 말하자면 항저우, 쑤저우,

양저우, 우시(無錫), 닝보(寧波) 요리의 결정체였다. 즉 원래 상하이만의 독자적 미각이 있었던 것은 아니다. 이러한 부분은 베이징 요리와도 비슷하다. 그러나 상하이와 베이징이 다른 점은 베이징이 무조건적으로 남방 요리에 대한 동경을 드러내며 남방식 요리와 본토 베이징 요리의 양극화 양상을 보였던 데 비해, 상하이는 원래 있었던 지방 요리가 한 지점으로 놀랍도록 수렴하여 화려하게 꽃 피었다는 것이다.

청나라 말 상하이는 다양한 외국 조계지가 들어서고 외국인이 늘어나면서 도시 전체가 서양화하던 분위기였다. 또 도시가 급작스럽게 발전하면서 중국 전역에서 많은 인구가 유입되었다. 그리하여 상하이에는 수많은 '후이관(會館)'과 '쭈허(組合)'가 생겨났고, 이곳에서 동향 출신들은 친목을 다짐과 동시에 출신 지방 음식점의 발전에도 공헌했다. 즉 나중에 외국으로 나간 화교(華僑)와 같은 조직 형태가 이미 상하이에서 생겨난 흔적이 있다는 것이다. 이 후이관은 베이징에서 과거 시험 수험자들을 위해 지어졌던 숙박 시설과는 성격도, 용도도 다르기에 주의해야 할 필요가 있다. 오히려 가깝기로는 영국 사람들이 조계에 만든 클럽이 더 들어맞는데, 이 클럽의 형태를 그대로 도입했다고 말하는 게 이해가 빠를 것이다.

중국인은 과거에도 지금도, 자신이 나고 자란 곳에서 맛본 음식 문화에서 쉽게 벗어나지 못하는 듯하다. 식자재와 조미료도 똑같은 것을 쓰고 요리의 겉모양도 똑같은데 요리법이 조금만 달라도

'입에 안 맞는다'며 잘 먹지를 못한다. 이 '입에 안 맞는다'는 표현은 프랑스 요리도, 이탈리아 요리도 맛있게 먹는 현대 일본인에게는 이해가 잘 안 가는 감각일 것이다. 예를 들면 같은 돼지고기 만터우라도 베이징 사람이 다른 지방에 가면 돼지고기 풍미가 아주 약간 다른 것만으로도 입에도 대지 않는다든지 혹초에 담가 시커멓게 된 것을 겨우 하나 먹는 일이 많다.

베이징에서는 만터우 속에 들어가는 녹말 소스로 요리한 돼지고기에 징장(춘장)을 넣어 만들기도 했다. 중화민국 시대에 둥안시장의 오방제에서도 만들어 인기를 끌었던 고기 만터우다. 한편 광둥에서는 녹말 소스에 된장과 설탕을 조금 넣어 만드는 방법도 있었다. 이 만터우는 우연히 징장을 넣은 만터우와 비슷한 스타일이 되었을 뿐 실제로는 전혀 다른 음식인데, 대부분의 베이징 사람들은 "이건 베이징 스타일이다."라며 고집을 부릴 것이다. 광둥 땅에서 베이징의 맛을 찾았다고 감격하거나, 광둥 사람이 베이징의 맛을 훔쳤다고 여기거나 둘 중 하나일 테다. 둘 다 잘못된 생각이지만 아마 후자의 경우가 더 많을 것이다.

이런 충돌이 여기저기서 일어나 쓰촨과 광둥, 쑤저우와 항저우, 산둥과 상하이, 그밖에 다양한 지방 사이에서 서로를 손가락질하는 일이 자주 벌어졌다. 그 결과 안타깝게도 향토의 맛이 그 근간을 잃게 되곤 한다. 자기 고장 맛에 집착하고 그 맛이 절대적으로 옳다고 생각하면서도 실제로 그 맛과 닮은 다른 맛에 대해서는 제대로 된 판단을 하지 못하는 것은 어느 나라에서나 흔한 일일지도 모르겠다.

본론으로 돌아가자면, 그리하여 상하이에서는 각 지방 음식점 사이의 경쟁이 치열해졌다. 처음에는 고향의 맛으로 승부하던 음식점들이 다른 지방 음식점의 요리가 유명해지자마자 그 요리가 마치 자기 고향에도 있었던 요리인 양 선전했고, 그러면서 정체불명의 요리가 점점 늘어났다. 그런 요리를 뻔뻔스럽게도 '위안웨이(原味, 본고장 맛)'라고 선전하면 할수록 손님은 칭찬을 퍼부었다.

이에 더해 서양 요리의 파도가 점차 중국 요리로 밀려 들어오면서 밍차이(名菜, 유명한 특산 요리) 자체도 바뀌어 갔다. 이를테면 '시후추위(西湖醋魚)'는 항저우의 밍차이와 비슷한, 흑초에 설탕을 가미한 새콤달콤한 간장 녹말 소스를 초어(草魚) 튀김에 부은 요리였는데, 언제부터인가 영국인이 가져온 토마토 주스와 토마토 케첩 맛으로 바뀌었다. 이 변화는 상하이에서 서양 요리와 중국 요리를 혼합한 퓨전 양식당이 처음으로 시도했는데, 인기가 갈수록 커져 나중에는 원조 시후추이가 영향을 받기에 이르렀다고 한다.

원래 강남 요리는 생선이든 고기든 훙사오(紅燒, 간장으로 양념해서 익힌 것)가 많다. 색깔도 진한 갈색이다. 청어는 펄떡거리는 생기와 사나운 성격으로 유명한데, 그 맛은 꼬리와 바위도 씹어 부순다고 묘사되는 머리 부분에 있다고 할 수 있다. 광둥에서는 꼬리 부분만 술지게미와 함께 삶아 전골처럼 먹고, 상하이 인근에서는 기름에 구운 뒤 간장을 넣어 삶는다. 고기의 조리법도 마찬가지인데, 소스 색깔이 진하고 강한 맛이 나도록 요리한다. 오늘날 음식점에서는 이런 요리의 반들반들한 광택을 강조하려고 기름과 태운 설탕을 사용한다. 여기서 나오는 단맛을 서민들이 점점 선호하게 되었다. '단 것은 고급'이라는 개념은 농촌의 감각이다. 농촌 사회의 의식이 점차 도시에도 밀려들어오게 된 것이다. 이런 의미에서는 '농촌으로 도시를 포위한다'는 마오쩌둥의 전략이 옳았으며, 마오쩌둥이야말로 중국인의 본질을 파악하고 있었다고 할 수 있을 것이다.

〈해서파관〉과 사라진 죽순 요리

지금 상하이 출신의 50대 후반 중국인으로서 보통 시민으로 살아온 사람에게 가장 그리운 맛이 무엇이냐고 물으면, 반드시 듣게될 대답 중 하나가 '옌두셴(腌篤鮮)'이다. 옌두셴은 죽순과 돼지고기 두 가지만 가지고 만든 수프이다. 일반적으로 가장 구하기 쉽고 값도 싼 소금에 절인 건조 죽순 '칭쑨첸(靑筍乾)'을 사용하며 돼지고기도 소금에 절인 것으로 쓴다. 이 죽순과 돼지고기의 염분을 얼마나 빼고 조리하는지가 맛을 가르는 기점이 된다. 칭쑨첸은 항저우의 첸탕강(錢唐江) 상류의 창산(常山)과 룽유(龍遊) 주변에서 많이 나는데, 상하이와 가깝다. 그리고 칭쑨첸이 나는 이 지역에서 동쪽 산으로 들어가면 톈무산(天目山), 황산(黃山), 우이(武夷) 등 고급 차 산지가 있다.

가장 호화로운 옌두셴은 봄에 톈무산에서 나는 '예마오쑨(野毛筍)'이라 하는 야생 죽순과 신선한 돼지고기로 만든 것인데, 마무리로 야생 죽순에서 짠 기름을 친다. 물론 집에서 먹는 요리는 아니고 고급 레스토랑에서 봄을 느끼도록 내는 값비싼 메뉴다. 더욱 고급 기술이 필요한 옌두셴으로는 신선한 돼지고기와 소금에 절인 돼지고기를 둘 다 사용하는 것도 있다. 이 조리법은 가정에서도 많이 따라하였기에, 두 가지 지방이 수프 표면에 둥둥 뜨는 신기한 맛을 상하이 사람은 어렸을 적부터 혀로 기억하고 있다.

이 옌두셴을 처음으로 바꾼 것이 새로운 국가 성립 직후의 광둥 음식점이다. 죽순과 돼지고기에 저장성 진화(金華) 지역 특산물인 햄을 넣은 것이다. 뒤이어 푸른 채소(青菜)가 더해지고 돼지고기가 구이로 바뀌는 진화(?)를 거쳤다. 그리고 차오저우(潮州) 음식점에서는 구운 돼지고기 대신 해산물을 쓰게 되었다. 여기까지 오면 옌두셴이라고는 할 수 없다. 여기에다, 산둥성 출신 군인들의 보호를 받았던 상하이의 산둥 음식점은 차오저우판 옌두셴에 신선한 가리비 등을 넣어 산둥 풍으로 승화시켰다. 이 요리는 이제 옌두셴이 아니라 '산셴탕(三鮮湯)'이다. 결과적으로 상하이 가정 요리였던 옌두셴은 산둥의 산셴탕에 잡아먹힌 셈이 되었다.

그러나 거꾸로 생각하면 음식점에서 만드는 상하이 요리가 광둥의 맛이나 쓰촨의 풍미를 도입하는 등 상하이 사람의 입맛에 맞게 요리를 바꾸어 갔다고 할 수도 있다. 그만큼 외국의 영향을 크게 받고 모든 것이 급변하는 환경에서는 원래 요리가 어땠는지 따위는 하잘것없는 문제였을지도 모른다.

단, 거기에는 조리 기술에 대한 상하이 요리사들의 자신이 있다. 이 자신감만 지키면 상하이의 맛은 살아남는다는 긍지가 있다. 예를 들어 민물새우를 물기를 털지 않고 볶는다. 물 또한 맛에 영향을 끼친다는 것을 알고 하는 일인데, 단시간에 불이 닿게 하여 껍질에 바삭한 식감을 남기니 대단한 기술이다. 불은 최대한의 강불만 쓴다고 한다. 이 기술을 '훠궁(火功)'이라고 하는데, 모든 요리에 사용한다. 강낭콩 꼬투리만 볶을 경우 거품이 부글거리는 200도의 기름에 재빨리 볶아 꼬투리 속 온도를 120도로 맞춘다. 이 120도보다 조금이라도 낮거나 높으면 향이 절반으로 줄어든다. 이 훠궁은 지금도 세세한 부분까지 전수되고 있다. 조미료는 다양한데, 어장(魚醬), 새우장, 생선 국물 등이 있다. 단, 간장은 옛날과 성분이 달라 맛도 다르다.

그러나 산둥 요리의 여파는 이런 상하이 요리에도 한 줄기 상처를 냈다. 예전이라면 산둥 요리 따위야 상하이의 도시 문화에 흡수되어버리면 끝이었을 텐데, 중국공산당은 도시 문화를, 특히 상하이 자체를 부정하려 들었던 것이다. 문화혁명을 눈앞에 둔 시점에서 상하이를 표적으로 삼을 준비는 이미 되어 있었다. 상하이에서 봄의 신선한 죽순도, 계절을 아름답게 수놓던 마란터우(馬蘭頭, 10센티미터 정도 되는 식물로 흰 꽃이 피며 이파리와 줄기를 사용하여 흰 깨와 간장으로 무쳐 전채로 먹는다)도, '황니뤄(黃泥螺, 4월경에 잡히는 작은 조개. 표면에 독특한 끈적임이 있으며 술에 절여 먹는다)'도 자취를 감췄다.

문화혁명은 상하이에서 일어났다. 1965년 11월 10일, 상하이의 〈문회보(文匯報)〉는 사인방 중 한 명인 야오원위안(姚文元, 1931~2005)이 쓴 '신편 역사극 〈해서파관(海瑞罷官)〉을 평함'을 게재했다. 〈해서파관〉은 명나라 때 충신이 황제에게 간언을 했다가 파면되고 옥에 갇힌 사건을 바탕으로 하여 쓴 경극 극본이었는데, 야오원위 안은 이 내용이 마오쩌둥이 펑더화이(彭德懷, 1898~1974)를 파면 한 일을 비꼬려는 의도가 아니냐며 선동했다. 이 일이 빌미가 되어 1966년 초봄, 문화혁명이 시작되었다.

1967년 2월 11일, 베이징 중난하이 화이런탕(懷仁堂)에서 저우 언라이 주재로 회의가 열렸다. 중앙정치국원들이 문화혁명에 강한 불만을 품고 있었기에 열린 회의였는데, 따라서 실권을 장악하기 시작하던 문화혁명파에 맞서자는 결전의 형태를 띠었다. 예젠잉과 천이가 문화혁명파를 비판했다. 16일 회의에서도 문화혁명파에 대 한 규탄이 계속되었다. 그러자 문화혁명파는 마오쩌둥에게 이 사 실을 보고했고, 18일에 마오쩌둥은 회의에 출석한 문화혁명 반대 파 중앙정치국원들에게 자기 비판과 직무 정지를 명했다. 이에 따 라 중앙정치국은 활동이 정지될 상황에 몰렸다.

그런데 당시 회의 참석자들 명단을 살펴보다가 재미있는 사실 을 깨달았다. 그들의 출신 배경을 보면 남과 북의 대결이 적나라 하게 드러나 있다. 장칭의 출신지가 산둥성이라는 것은 유명하다. 그래서 상하이 영화계에 들어간 뒤 '북쪽 촌것' 취급을 받은 한을 평생 잊지 못했다. 첫 번째 결혼을 산둥성 지난에서 한 그녀는 이 후 산둥성 출신임을 숨기고 그 사실을 아는 사람들을 문화혁명 투 쟁의 희생양으로 삼기도 했다.

실제로 중국 사람들은 지금도 장칭 및 사인방을 상하이 출신이 라고 굳게 믿고 있는 경우가 있다. 문화혁명은 상하이의 토양에서 태어났다는 인식 때문이다. 문화혁명의 모든 불씨가 상하이에서

▪▪▪ 중국 문화혁명을 주도했던 4인방. (윗줄 왼쪽부터 시계 방향으로) 장춘차오, 왕훙원, 야오원위안, 장칭. 사진은 1980년 11월부터 시작된 반혁명 재판에 회부된 모습이다. 문화혁명은 상하이에서 시작되었지만 이들 중 상하이 출신은 아무도 없었다.

불붙었으며 새로운 활동의 발신지도 모두 상하이였으니 그렇게 생각하더라도 어쩔 수 없다. 그러나 문헌을 살펴보면 화이런탕 회의에 출석한 문화혁명파 중에서 장칭, 캉성(康生, 1898~1975), 장춘차오(張春橋, 1917~2005), 관펑(關鋒, 1919~2005), 치번위(戚本禹, 1931~)까지 놀랍게도 5명이 산둥성 출신이다. 그밖에는 허베이성 출신이 많다.

천보다(陳伯達, 1904~1989)는 푸젠성, 야오원위안은 저장성, 왕리(王力, 1922~1996)는 장쑤성 출신이었다. 상하이 출신이라고 할 수 있는 사람은 엄밀히 말해 하나도 없다. 그나마 상하이 근처 출신이라고 할 만한 사람은 야오원위안과 왕리 두 명뿐이다.

흥미로운 이야기가 나온 김에 문화혁명을 이끈 주요 인물들의 출신을 쭉 적어보겠다.

　　장칭 - 산둥성 주청현(諸城縣) (사인방의 우두머리)

　　왕훙원(王洪文) - 지린성(吉林省) 창춘(長春) (사인방)

　　장춘차오 - 산둥성 쥐예현(巨野縣) (사인방)

　　캉성 - 산둥성 자오난현(膠南縣) (사인방의 정신적 지주)

　　관펑 - 산둥성 칭윈현(慶雲縣) (탁월한 선동 능력으로 전국의 혼
란을 부추김)

　　치번위 - 산둥성 웨이하이(威海) (격렬한 선동으로 문화혁명의 폭
력적인 면을 확대함)

　　위후이융(于會泳) - 산둥성 (장칭의 지시로 문예계에서 비판을 조
직하여 수많은 문화예술인을 박해함)

　　궈위펑(郭玉峰) - 허베이성 (캉성의 부하, 비방誹謗의 선두에 섬)

　　왕웨이궈(王維國) - 허베이성 (공군 제1정치위원. 린뱌오 쿠데타
의 주요 멤버)

　　츠췬(遲群) - 산둥성 (장칭 그룹)

　　구퉁저우(顧同舟) - 허베이성 (광저우 군구軍區 참모장. 린뱌오 쿠
데타의 주요 멤버)

　　후핑(胡萍) - 산둥성 (공군 사령부 부참모장)

　　다이리칭(戴立淸) - 산둥성 (왕훙원의 심복. 전前 상하이 기준 자재
제1공장 임시공臨時工. 폭력적 파괴 공작을 수행)

인간이란 나고 자란 곳의 맛을 결코 잊지 못하기 마련이다. 문

화혁명은 결과적으로 봤을 때 산둥 요리와 상하이 요리의 대결이라는 측면도 담겨 있었다는 생각이 든다.

'맛없는 맛'의 시대

베이징에는 '조어대 국빈관(釣魚臺國賓館)'이라는 국가 연회 시설이 설치되어 있다. 두 개의 문은 철통같은 경비가 지키고 있으며 안에 들어가면 별천지가 펼쳐진다. 백조가 떠다니는 드넓은 연못을 중심으로 다양한 별채가 늘어서 있다. 조어대(釣魚臺)란 위위안탄(玉淵潭) 옆에서 솟는 작은 연못에 금나라 때 장종(章宗)이나 청나라 건륭제가 낚싯줄을 드리운 장소가 있다는 데서 따온 이름이다. 1949년 이래 국빈을 접대하는 시설로 쓰여 왔는데, 앞서 썼듯 중앙에는 동쪽과 북쪽 방향으로 뚫린 문이 있어 병사들이 삼엄한 경비 태세로 지키고 있다. 남쪽에는 자동차 전용 문이 있는데 덩샤오핑은 이 문밖에 쓰지 않았다고 한다. 관리는 외교부가 맡고 있다.

조어대 국빈관처럼 설립 배경과 용도가 애매한 시설도 없을 것이다. 안은 마치 일본의 황거(皇居)처럼 말끔하게 정돈된 정원인데, 1949년 이래 이곳의 손님은 국빈보다 중국 정부 수뇌부가 훨씬 많았다. 초기에는 소련 국빈이 체류한 적도 있었다. 그러나 중소 밀월의 시대가 지나고 나서는 국가 지도자들의 거처로 쓰이기도 했고, 문화혁명 때는 각 세력의 아지트처럼 되었다. 본래 37채 있었던(헤아리는 방법이 여러 가지 있어 숫자는 달리 말할 수도 있다) 별채가 각각 소속이 다른 호위병들에 점령당해 요새화하는 일도 있었다고 한다.

별채라고는 해도 하나하나가 널찍한 건물이라 요인(要人) 집무실과 주거 공간, 몇 개씩 되는 회의실, 연회장, 경호하는 병사와 직원 숙소 따위가 들어 있다. 예전에 저우언라이는 5호동을 썼다. 키신저가 비밀리에 중국을 방문해 6호동에 숙박하며 저우언라이와 회담한 적이 있기도 하다.

문화혁명 중기까지 이곳에 중앙문화혁명소조(中央文化革命小組)가 있었는데, 장칭이 소조의 실권을 쥐고 있었다. 조어대 국빈관을 장칭이 장악하고 있었다는 뜻인데, 장칭은 이곳에 사저도 두었다. 현재 시점에서는 17호동이었다고 추측하곤 한다. 물론 사인방 중 나머지 세 명도 각각 별채를 하나씩 쓰고 있었다. 장칭은 그 후 중난하이로 옮겨 여제처럼 생활했는데, 옮긴 뒤에도 조어대의 요리사에게 상하이 요리와 서양 요리의 2교대제로 근무하기를 요구했다. 이런 역사가 조어대가 비밀스러운 색채를 띠는 데 일조했다고 할 수 있을 것이다.

사실 비밀은 공산주의뿐 아니라 국가라면 어디에든 있기 마련이다. 예를 들어 베이징 교외의 시산(西山) 지하에는 드넓은 비밀기지가 있는데, 전차 두 대가 양방향으로 오갈 수 있는 지하도로가 기지에서부터 중난하이와 인민대회당 지하까지 이어져 있다고 한다. 제2차 톈안먼 사건 때 베이징 중앙부 서쪽 시단(西单)에서 나타난 전차가 베이징까지 일반 도로로 오지 않고 시단에서 홀연히 나타났다든가, 택시 운전사는 도로를 달리며 타이어의 미묘한 진동으로 기지가 있는 곳을 안다든가 하는 길거리를 떠도는 소문이 많다. 그 지하도로는 조어대 쪽으로도 나 있다고 한다.

내 친구 중에 핑궈중(平國忠)이라는 조어대 국빈관 직원이 있었다. 그가 주선해주어 조어대 국빈관 내부를 몇 번 구경해보았다. 장칭이 쓰던 별채와 저우언라이의 별채, 사인방인 왕훙원, 야오원위안, 장춘차오의 별채 등이 기본적으로는 구조가 똑같은데도 살았던 사람에 따라 어쩐지 분위기가 다른 것이 재미있었다. 특히 장칭의 방은 구석구석까지 개조되어 침실은 루이 14세 풍이었으며 욕조는 모두 프랑스 수입품이라고 했다. 핑궈중이 장칭의 방에서 하룻밤 묵으면 어떻겠느냐고 권했지만 장칭의 침대에서는 악몽을 꿀 것 같아 사양했다.

별채 중에서 가장 큰 것은 18호동인데, 닉슨 대통령을 비롯하여 세계의 요인들이 숙박한 거대한 건조물이다. 2층과 3층이 숙박객용이며 1층에는 넓은 응접실이 있다. 핑궈중 왈, "자네, 여기서 파티 한번 해보지 않겠나?" 국빈 상대로밖에 음식을 만들지 않는, 조어대 국빈관 주방부(廚房部)의 엄선된 요리사를 18호동에 불러 그 요리 맛을 보지 않겠느냐는 것이었다. 그리하여 나는 일본 친구들을 초청하기로 했다. 전원이 도착하기 전, 나와 핑궈중은 미리 조어대 국빈관에 들어가 준비를 했다. 주방에는 요리사 뒤에 감시인이 붙어 있어 평상시에도 경비 태세가 엄중하다. 나는 그런 주방에 있었기에 잘 몰랐지만, 내 친구들은 문 앞에서부터 융숭한 대접을 받았다. 일단 병사들이 줄지어 정렬했고 그다음에는 치파오(旗袍) 차림의 여성 접객원들이 손님보다 더 많이 나와 맞이했다고 한다.

조어대 국빈관의 요리는 중국 전역의 요리가 어우러졌으면서도 담백하고 산뜻한 맛이다. 중국에서 가장 산뜻한 고급 요리의 부류에 들어갈 것이다. 하지만 맛이 엷으면서도 감칠맛은 짙다. 조어대 국빈관의 공적은 고급 재료와 높은 수준의 조리법으로 전 중국의 지방 요리를 통일한 새로운 중국 본토 요리를 제창한 것이라 할 수 있다.

물론 세계적으로 중국 요리의 얼굴마담이자 세일즈맨은 광둥 요리다. 화교 네트워크를 타고 퍼진 세계의 광둥 요리는 이제 진짜 광둥 요리와는 거리가 멀지만, 거기에는 어떤 나라의 식생활에도 맞출 수 있는 중국 요리의 강한 유전자가 심어져 있다.

비싼 휘투이가 남쪽 지방의 가정 요리에도 일반적으로 쓰이지는 않는다. 휘투이의 유무로 지역을 따지는 것은 레스토랑에서 자연스럽게 생겨난 행정 구분일 뿐이다. 실제로 광둥이나 상하이의 본래 맛이란 그럴듯한 조리법을 보기 좋게 늘어놓은 요리책과는 다른 곳에 있다. 몇 번 맛보았던 조어대 국빈관의 요리를 먹으며 머리에 떠오른 생각은, 광둥 요리는 중국 요리를 대표하는 맛이기는 하나 중화인민공화국이라는 한 나라를 대표하는 맛은 아니라는 것이었다.

최근에는 풍택원의 호텔에 묵는 일이 많다. 풍택원에 묵을 때면 왕이쥔 씨가 내 방에 불쑥 찾아오곤 한다. 그러고는 "라이라이(來來, 이리 오세요)."라며 나를 이런저런 곳에 데려가 안내해준다. 키는 그리 크지 않으며 말수가 적으나 소탈하여 친해지기 쉬운 성격이다. 대단한 애주가로서 하루는 술에 취해 자기 집에서 음식을 만들다 소금과 설탕을 헷갈렸다고 하는, 정감 가는 일면도 있는 명인 요리사다.

그러나 그가 풍택원 주방에서 손수 만드는 요리는 베이징 권력자들을 접대하며 갈고 닦은 여전한 수도의 맛이다. 공산당이 베이징을 수도로 정한 이래 당 중앙이 지지해 온, 정치적 중앙의 맛이라고 해도 과언은 아니다.

중국공산당은 해방 전 일본의 통치 아래에서 인플레이션이 심해져 무너지기 직전이었던 요리계 또한 재정비해야 했다. 1950, 1960년대에 요식업계를 비롯하여 다양한 기업 분야에 공사합영 방책을 도입하여 문제를 해결한 듯 보였으나, 따로 운영하던 음식점들을 여러 개씩 합병하고 조리 기술을 평준화한 결과 요리의 수준 저하를 초래하고 말았다. 안타까운 것은 수준 저하마저 당의 정책이라고 하여 손님도, 요리사도 체념하고 받아들였다는 사실이다.

하지만 당의 존재 덕택에 놀랍도록 폐쇄적이고 다른 파벌에는 문을 꽁꽁 걸어 잠갔던 요리계가 이제는 일원화하여 상호 교류까지 하게 되었다. 각 지방 파벌이 자기 지방 요리인 줄 알았던 것이 사실 전혀 다른 지방 요리였음을 깨닫는 일도 많아 다방면에서 수정이 이루어졌다. 그리하여 수많은 전통 요리(傳統菜)가 발굴되고 새로운 요리도 늘어났다.

그렇다 하더라도 사회주의 사상이 요리의 질을 떨어뜨린 측면이 있기는 하다. 1980년대 이전 '좋은 음식을 먹는 것은 부끄러운 일이며, 옥수수 끄트머리를 먹는 것이 영광된 일'이라는 식의 좌익

사상의 영향으로 요리의 진보가 더뎌진 것은 부정할 수 없다. 새 국가 건립 이후에도 사회 빈곤은 계속 이어졌고 대부분의 사람들에게 가장 큰 희망은 배불리 먹는 것뿐이었다. 문화혁명 시대에 들어와서는 전 국민이 극좌 언론에 휘둘렸으며 당시에 어떻게 하면 맛있는 요리를 만들 수 있을지 연구할 여유는 없었다. 행여 그런 연구를 하더라도 극좌 언론 앞에서는 멈출 수밖에 도리가 없었을 것이다. 문화혁명이 끝날 때까지 요리의 빛깔, 향, 맛 따위를 생각하는 것은 감히 상상도 못할 사치였다.

공산주의는 획일화를 촉구했다. 예를 들자면 스징산(石景山) 복무학교(服務學校)는 문화혁명 시대 중앙 조리학교였는데, 여기서 교육받은 요리사가 전국의 외국인용 호텔이나 음식점에 배치되었다. 그러나 이 조리학교는 효율적으로 요리하는 기술만을 가르쳤을 뿐 맛에 관해서는 가르치지 않았다. 또 태어났을 때부터 굶주리며 자란 세대의 학생들도 맛있다는 것이 뭔지 알지 못했을 것이다. 결과적으로 전 중국의 호텔은 호텔 바깥의 현지 전통 요리는 무시하면서 모두 똑같은 맛의 요리를 만들게 되고 말았다.

7장

부활하는 맛,
사라지는 맛

덩샤오핑과 맛의 개방

모처럼 개방화 정책의 시대가 왔으나 옛 베이징의 맛이 부활하기엔 이미 늦은 때였다. 문화혁명 시기에 태어난 세대 대부분은 이제 신맛이 강한 옛날식 더우즈(콩국)를 마시지 못했다. 유차(油茶), 몐차(麵茶)를 파는 것도 보기 어려워졌다. 즉 베이징다운 풍미 중에서도 가장 개성 강한 맛들이 전부 현대인의 입맛에 맞지 않게 된 것이다. 30년 정도 공백이 있었으니, 그 30년이 흐르는 동안 설령 문화혁명이 없었어도 도태했을 맛이었을까?

개방화의 꿈은 홍콩을 향한 꿈이기도 했기에, 베이징에 자창차이(가정식) 음식점, 옛날 소반장(小飯莊)이 부활했어도 얼마 안 있어 사람들은 광둥의 맛을 찾았다. 홍콩의 주권이 실제로 중국으로 돌아올 때까지 홍콩의 맛을 찾는다고는 말하지 않는 것이 사람들의 고집이었다.

그리고 1997년 7월 홍콩이 반환되자마자 베이징의 자창차이 음식점들은 상하이 요리와 광둥 요리 가게로 탈바꿈하기 시작했으며, 나아가 고급 음식점 중에는 홍콩 요리 중 차오저우 요리를 '신선한 고급 해산물 요리'라며 선전하는 가게도 점차 생겨났다. 실제로 가보면 하나같이 수조가 설치되어 있고 바닷물고기, 민물고기, 조개들이 파란색, 초록색 조명을 받고 있는, 홍콩의 사치스러운 레스토랑을 베껴 온 느낌이었다. 메뉴를 보면 어디 지방 요리라고 할 만한 특색이 없는 평범한 생선과 조개 요리가 나열되어 있었다.

홍콩이 돌아왔으니 어쩌면 남쪽에서는 홍콩과 광둥, 상하이 요리를 재구성하는 시도로 미지의 복합 요리가 생겨날지도 모른다. 북쪽 산둥과 남쪽 상하이 요리의 혼합이 시작될 수도 있다. 문화혁명 시기 공산당의 지도로 조리학교가 생기고 중국 전역의 호텔 요리 맛이 획일화한 것은 앞에서 설명했다. 이번에는 민간 쪽에서 통일된 중국 본토 요리가 만들어지게 될까?

문화혁명이 끝난 뒤 가장 큰 변화는 국영 레스토랑에서 마침내 가족이 오순도순 식사하는 광경을 볼 수 있게 된 것이었다. 첸먼제에 있는 음식점 도일처(都一處), 편의방(便宜坊) 등에서는 농촌으로 하방*했다가 운 좋게 귀향을 허락받았거나 수용소에서 풀려나 돌아온 사람이 몇 년 만에 온 가족과 함께하는 축하 잔치가 벌어져 보는 이들의 심금을 울렸다. 만약 다시 정치적 운동이 벌어진다면 하룻밤 조촐하게 치른 연회라 해도 비판의 대상이 된다. 그러나 일신의 안전을 꾀하며 살아가는 방식이 몸에 밴 베이징 사람들이 이제 괜찮다고 생각하게 된 것이다.

하방(下放) 공산당원과 공무원을 일정 기간 동안 농촌이나 공장으로 보내서 노동에 종사하게 함으로써 관료주의를 방지하고 당을 지역에 뿌리내리게 하기 위해 시행한 운동.

1984년이 되자 음식점의 개인 경영이 허가되었다. 상점들이 수십 년씩 합판과 널빤지 조각으로 입구가 막히고 못이 박혀 있었던 서민 거리가 되살아나기 시작했다. 거리에 일제히 꽃이 만발한 것 같았다. 번화가 곳곳에 큼직한 광고 포스터가 나붙었다. 거기에는 간체자가 아닌, 생기 넘치는 붓글씨로 쓰인 구식 한자가 번득이고 있었다. 처음에는 단순한 아마추어 요리밖에 없어 고작해야 자오쯔(餃子, 만두)나 단단몐(擔擔麵) 따위가 팔렸으나, 그래도 분명 거기에는 베이징 본토 맛이 있었다.

얼마 지나지 않아 첸먼제 큰길의 다스란 맞은편에 자리한 한때 미식의 거리였던 러우시 일대, 경극 희원이 빼곡하게 늘어서 있었던 셴위커우의 가사 상태였던 거리에도 새로운 벽보와 합판으로 만든 간판이 흘러넘쳤다. 서둘러 음식점으로 개조한 가게에서 페인트 냄새가 풍겼다.

솬양러우(양고기 샤브샤브) 가게가 처음 나타난 것은 첸먼제 랑팡얼탸오(廊房二条)의 좁은 골목이었다. 처음에는 두 가게가 동시에 생겼다. 그리고 3개월 뒤에 하나, 그다음엔 1년도 채 지나지 않은 새 50미터 정도 되는 길이의 골목에 순식간에 열 개가 넘는 가게가 문을 열었다. 개방 전에는 귀금속과 장신구 가게가 늘어서 있었던 거리가 이제 솬양러우 거리로 변신했다.

돌이켜보면 솬양러우 가게는 장 씨 부부가 처음이었다. 솬양러우 붐이 일기 몇 년 전인 1982년, 마침내 외국인이 혼자 후퉁을 통행하는 것이 허용되었다. 나는 이제까지 자동차 안에서 훔쳐보듯

▪▪▪ 1984년 여름, 갑자기 민간 경영이 허가되면서 급하게 문을 연 베이징의 한 음식점. 간판만 새로 달았다.

구경할 수밖에 없었던 후퉁을 탐방할 수 있어 신이 났다. 그전까지 길거리를 구석구석 살펴보는 것이 전혀 불가능했으니 당연한 일이었다. 이 점에서는 나도 1982년에 처음 중국을 방문한 관광객과 아무런 차이가 없었다.

나는 첸먼제 뒷골목을 흥분한 채 걷고 있었다. 거리가 활기에 넘쳤다. 지금까지 내가 봤던 베이징은 뭐였나 싶을 만큼 달라도 너무 달랐기에 당황스러울 정도였다. 그 거리 한구석에 '차관(茶館)'이라는 두 글자가 덜렁 쓰인 화선지가 전봇대에 붙어 있었다. 흠칫 놀랐다. 지금까지 간판이라고는 국영 음식점이나 상점에만 있었을 뿐이고, 화선지로 만든 간판 같은 것은 본 적이 없었다. 이제 민간 자영업이 허용된 것일까? 들어가 보니 그곳은 작고 좁은 여염집이었는데, 입구 앞에는 기와로 만든 난로 위에서 커다란 주전자가 김을 뿜고 있었다. 코크스 냄새가 풀풀 풍겼다. 곧 명랑한 아주머니가 나와서 안으로 안내해주었다. 두세 평쯤 되는 실내에 식탁 네 개가 달랑 놓여 있었는데, 손님 몇 명이 옛 정취를 재연하는 듯 느긋이 차를 마시고 있었다. 가게 입구에는 '공용 전화'가 두 대 놓여 있었다. 보아하니 공용 전화 설치 허가를 받고 몰래 영업하고 있는 것 같았다. 그렇다면 가게 안은 '전화 부스'인 셈이 된다.

그날부터 장 씨네 가게는 내 기지가 되었다. 숙소인 북경반점에서 첸먼제까지 슬렁슬렁 걸어 40분. 뜨거운 차를 홀짝이며 피로를 풀었다. 차는 주전자 하나가 약 3자오(角). 지금 물가로 따져도 5엔에서 7엔(50원에서 70원)이다.

가게는 장 씨 부인이 혼자 꾸리고 있었다. 나는 첸먼제 깊숙이

■■■ 베이징 첸먼제 뒷골목에 있던 솬양러우 가게 2층에서 저자가 직접 찍은 사진.
랑팡얼탸오 거리가 내려다보인다.

헤쳐 들어가 기적적으로 살아남은 오래된 건물을 구경하면서 이런 저런 상점에 들어가 보았다. 무거운 물건을 사면 곧장 장 씨네 차관에 맡기러 갔다. 근처에 자오쯔와 빙(餠, 부침개), 만터우(饅頭, 찐빵) 따위를 몰래 만들어 파는 가게가 있는 모양으로, 장 씨 부인이 주전부리를 사다 주었다. 마침내 장 씨네 차관에서도 '충사오빙(葱燒餠, 파 부침개)'을 만들기 시작했다. 밀가루에 물만 넣어 반죽한 뒤, 반으로 잘라 1센티미터 정도로 썬 파를 섞는다. 이 반죽을 한 시간 정도 숙성시켰다가 길쭉하게 손으로 늘여 찰흙 세공을 하듯 빙글빙글 말아 직경 30센티미터 정도의 원을 만든다. 그것을 참기름을 넉넉히 두르고 구우면 완성이다. 후통에 향긋한 연기가 피어올랐다.

가을날 오후에는 차를 홀짝이고 해바라기 씨를 씹으며 책 읽기로 시간을 보내기도 했다. 비를 피하다가 문득 빗줄기가 가늘어지면 좁은 후통에 비쳐 들어오는 햇살의 반짝임에 시선을 빼앗긴 적도 있었다.

다음 해 1983년에 베이징에 도착하여 바로 차관에 가보니, 감정이 풍부한 아주머니는 언제나처럼 내게 매달려 한바탕 운 뒤 이번에는 만면에 웃음을 띠고 오래된 벽 앞에서 손을 흔들어 벽을 칠하는 시늉을 했다. 닷새 뒤에 차관은 솬양러우 가게로 다시 태어났다. 이제 차는 팔지 않았지만 내게 휴식 장소로 2층을 쓸 수 있게 해주었다. 나는 창문에서 팔을 내밀고 바로 근처에서 만드는 비커에 든 밀조 맥주를 마시며 인적 드문 랑팡얼탸오 거리를 멀거니 내려다보았다. 밀조 맥주는 사발에 부으면 하얀 결정 모양의 앙금이 눈송이처럼 액체 속에서 흩날렸다. 씹으면 파삭 하고 작은 소리가 났다. 거기서 처음으로 장 씨를 만났다. 문화혁명에서 박해를 받아 건강이 상한 탓에 걷기도 힘들어했다. 옛날에는 경극 배우였다고 했다.

다음 해 갑작스레 이별이 찾아왔다. 부부 둘이서 시골로 내려간다고 했다. 가게는 벌써 팔았고 짐만 옮기면 끝이었다. 노후 대책을 마련한 것일 터였다. 장 씨의 가게 앞에서 부부를 배웅했다. 남편은 넝마 보자기로 싼 보퉁이 몇 개가 고작인 짐에 기대어 리어카에 탔다. 그 리어카를 키 작고 가냘픈 부인이 끌었다. 랑팡얼탸오에서 첸먼제 방향으로 멀어져 가는 그 광경은 잊을 수 없다. 지금도 베이징 근처 바오딩(保定) 마을에서 잘 살고 있으리라.

마치 기다리기나 했다는 듯, 그 이후 랑팡얼탸오에는 솬양러우 가게가 앞다퉈 들어섰다. 개방 정책이 순조로워진 증거였는지, 문화혁명 때부터 봉쇄된 채 방치됐던 상점 터나 창고가 된 장소를 사들이거나 빌려 개업한 작은 반장(飯莊)들이 곳곳에 생겨나기도 했다. 눈 깜짝할 새에 첸먼제에는 지방에서 온 관광객들로 가득 찼고, 고즈넉하고 조용한 후퉁은 꿈에서나 볼 수 있는 곳이 되고 말았다.

1989년 톈안먼의 수수께끼

그런 반장에서 이것저것 먹으며 돌아다녀 보니, 술안주 아니면 국수나 자오쯔밖에 없는 가게가 대부분이라 음식점이라 하기에는 아직 좀 부족했다. 그래도 서민들은 국영 대형 레스토랑보다 개인이 운영하는 조그마한 반장에 가는 재미가 생긴 것을 특히 좋아하는 기색이었다.

홍콩이나 타이완, 미국의 화교들은 언젠가 다시 문화혁명 시절의 공포 정치가 부활할지 모른다고 걱정했으나, 그럴 일은 없었다. 1989년 6월에 일어난 제2차 톈안먼 사건이 많은 방면에 영향을 끼쳤기 때문이다. 예를 들자면, 톈안먼 사건 자체가 바깥 자유주의 국가들에서는 민주화 투쟁으로서 역사에 기록되었으나 사실 이 사건에는 다른 측면이 있었다. 일단 대외적인 불이익을 당할 것을 알고 있었으면서 정부가 왜 군이 군대를 출동시켰느냐 하는 단순한 의문이 풀리지 않았다. 그리고 어째서 학생을 진압하는 데만 그렇게 큰 규모로 군사 행동을 전개한 것일까? 왜 양 진영은 전차 사정거리를 아슬아슬하게 사이에 두고 둥창안제(東長安街) 끝 젠궈먼(建國門) 바깥과 시창안제(西長安街) 끝 시단(西單)에 마주서 대치한 것일까? 설마 '학생'에게 대포를 쏘는 것이 효과적인 방책이라고 생각할 만큼 정부가 무능했을까? 그리고 어째서 학생 지도자들 전원이 상처 하나 없이 정부의 강경 진압(톈안먼 사건) 전날에 중국을 출국하여 마치 미국과 프랑스가 연출한 것처럼 기막히는 타이밍에 각 나라에 모습을 드러낸 것일까? 그리고 여러 외국들은 왜 그렇게 히스테릭하게 자국민을 베이징에서 탈출하게 했을까?

잘 모르는 사람이 봐도 이상한 일투성이다. 마치 중국공산당 내부에 있는 두 개 파벌의 투쟁, 그중 한 파벌을 미국이 몰래 뒤에서 지원했고, 미국을 중심으로 한 동맹국을 상대로 반대 파벌이 벌인 전쟁이 동시에 일어난 것 같았다. 각국 대사관이 이것은 단순한 학생들의 민주화 운동이 아님을 사전에 알고 있었다는 소문은 베이징 사람들이 즐겨 입에 올리던 화제였다.

"사람들이 도망치는 것은 보복당할 것을 두려워해서지 또 무슨 이유가 있겠어?"

톈안먼 광장에 진을 치고 있던 학생들은 사건 이틀 전 일제히 자리를 털고 톈안먼 광장에서 나갔다. 대열을 지어 행진하는 군대 같았다. 대열은 끊임없이 이어져 이렇게 학생이 많이 있었는가 하고 깜짝 놀랄 정도였다. 그 광경을 북경반점 베란다에서 내려다보면서 에구구 하고 한숨 돌렸던 것이 생생히 기억난다. 지금도 그때 찍은 비디오테이프를 잘 보존하고 있다. 비디오에는 텅 빈 광장을 가로등 빛이 비추는 휑한 풍경이 찍혀 있다. 그날 밤 톈안먼 광장은 쓰레기가 쌓여 있었고 오줌 냄새가 났다. 그러나 무질서하게 친 다양한 텐트 안에서 학생들이 노래하고 구호를 외치는, 보기에 따라서는 떠들썩하게 노는 것 같기도 한 광경은 이제 없었다. 이 하루의 유예가 있었기에 민주화 운동의 학생 지도자들이 베이징을 탈출할 수 있었을 것이다.

그러나 이튿날 이른 아침 북경반점 앞에서 희한한 일이 일어났다. 무궤도 전차(trolley bus) 운전사들의 파업이었다. 둥창안제와 직각으로 교차하는 난치쯔(南池子) 거리를 지나는 전차가 둥창안제를 막는 식이었다. 전차가 여러 대 교차점에 방치되어 이중 바리케이드가 만들어졌다. 곧 전차 운전사들과 시민 사이에 말다툼이 벌어졌다.

"우리는 학생들을 지원하고 싶다. 여러분도 그렇지 않은가?"

운전사의 말에 시민이 반박한다.

"거짓말 작작 해라. 학생들은 이제 없지 않은가. 어디서 나온 놈들이냐? 무슨 꿍꿍이속이지?"

이날 나는 연상의 동료 예술가 이케다 마스오(池田満寿夫, 1934~1997) 씨와 함께 둔황(敦煌)으로 갈 예정이었다. 창안제를 중심으로 교통이 마비되기 시작한 베이징 거리를 겨우 빠져나와 서우두 공항에 도착했다. 그리고 둔황에 도착한 밤, 멀리 베이징을 생각하며 둔황 여유국(旅遊局, 관광국)이 정성껏 마련한 만찬을 먹는 심경은 복잡했다. 그때 지도자를 잃은 학생들은 다시 톈안먼 광장에 모이고 있었던 것일까. 지방에서 상황을 모른 채 톈안먼 광장에 도착한 학생들이 희생되었던 것일까.

베이징의 가정식 열풍

여하튼 이 톈안먼 사건을 기점으로 하여 베이징 시민들의 의식이 바뀌었다. 이제 나라가 무슨 말을 해도 곧이듣지 않겠다는 생각이 일제히 퍼졌다. 문화혁명 이전은 그렇다 치자. 하지만 문화혁명에서 그리도 심한 고생을 겪었다. 이제까지 몇 번이나 뒤통수를 맞으면서 참아 왔다. 이제 나라 말을 들을까 보냐. 민주화에 대한 열망보다는 이런 것이 시민들의 정직한 마음이었다. 중국 정부는 다음부터는 학생뿐 아니라 일반 시민까지 적으로 돌릴 것 같았다.

한편으로는 덩샤오핑이 제창한 '선부기래(先富起來, 먼저 돈을 벌

수 있는 자부터 부자가 되어라)'의 여세를 타고 전국 규모의 자창차이(家常菜) 붐이 찾아왔다. 신중국 건국 후 처음으로, 제2차 세계대전 발발 전에 이 땅에 있었던 가정의 맛이 마침내 부활한 것이다.

톈안먼 사건 이후 새로운 유형의 음식점 경영자들은 예전 요리사들이나 친척 노인들을 찾아다니며 도시의 옛 맛을 전수받았다. 그리고 다시 태어난 요리에 베이징은 '라오(老, 옛날의, 본래의)', 상하이는 '정쭝(正宗, 정통)'이란 글자를 붙였다. 이것은 도시민이 공산당 치세를 살아오면서 찾아내어 드러낸 개인적 정체성이라고 해도 좋다. 농촌으로 도시를 포위한다는 마오쩌둥 특유의 전술 때문에 오랫동안 푸대접을 받아 온 도시 주민들의 '조반(造反)'이었다.

우리는 그저 시민일 뿐이다. 시민으로서 우리의 입장을 이제 확실히 내세우겠다. 더는 나라가 끼어들게 하지 않겠다. 너희가 끝없이 거듭하는 파벌 투쟁에 맥없이 휘말리는 것은 이제 지긋지긋하다. 원래 그것과 정치는 다른 일이며 우리의 생활과는 전혀 상관없는 일이다. 그리하여 옛날 좋았던 시절을 회고하는 서적이 속속 출판되면서 서점에는 '경미(京味) 문화' 코너가 따로 생겼다. 거기에 진열된 사진집과 읽을거리에는 후퉁의 인정도, 성벽도 건재했다.

처음에는 길거리에서 인기를 몰았던 수제 자오쯔 가게 '수공교자점(手工餃子店)'은 가게를 한달음에 확장했다. 유니폼을 입고 모자를 쓴 여성들이 환하게 웃는 얼굴로 새로 연 가게 전단지를 뿌리며 걸어 다녔다. 어느 가게나 '마치 자유주의 국가 같은' 양질의 서비스를 제공하는 데 신경을 썼다. 동네의 작은 국영 식당은 퉁명스럽고 고압적인 태도와 나쁜 서비스, 빈약한 메뉴 때문에 눈

■■■ 마오쩌둥과 덩샤오핑. 중국공산당 지도부에서 실용주의 노선을 대표했던 덩샤오핑은 1981년부터 실질적인 중국의 최고 권력자가 되어 과감한 경제 개혁 조치를 단행했다. 이 시기에 민영 음식점이 다시 등장했고 가정식 열풍이 불었다.

깜짝할 사이에 경쟁력을 잃어 갔다. 지금은 국영과 민영이 기묘하게 공존하는 상황이다.

하루는 베이징의 친구와 둘이서 구러우(鼓樓)를 기점으로 어슬렁어슬렁 산책을 했다. 이 근처는 옛날이나 지금이나 베이징 북부 번화가인데 구러우와 중러우(鐘樓) 끄트머리에는 노천 시장이 구불구불 이어져 있다. 거기서 디안먼다제(地安門大街) 골목까지 걸어가면 후난 요리를 파는 마개반장(馬凱飯莊)이 있으며, 이 근방에서는 자라 수프 등 안정된 수준의 요리를 낸다. 그 앞에 있는 옌다이셰제(煙袋斜街)로 직각으로 꺾어 들어가면 과거의 화려함을 짐작할 수 있는 건물이 낡은 모양새로 남아 있는데, 철거되는 것은 시간 문제일 듯 쇠락한 분위기다. 문화혁명 때 철저히 파괴되지 않았다면 아직 수명을 이어 가고 있었을지 모르는 청나라 말 상점가 터다.

그대로 걸어가면 첸하이(前海)와 허우하이(後海) 두 개의 호수를 잇는 가늘고 구불구불한 수로가 있다. 거기에 길이가 10미터쯤 되는 돌로 된 다리 인딩차오(銀錠橋)가 가로놓여 있는데 오른쪽이 허우하이다. 이 오른쪽 방향에 옛날 원나라 때 항만 도시가 있었다는 것은 앞에서 쓴 바 있다.

인딩차오 근처에는 예로부터 유명한 가게 중 하나였던 고육계(烤肉季) 등 관광객 상대로 영업하는 음식점이 몇 개 있지만, 그것 말고는 한산하다. 여름에는 수영장이 열리고 겨울에는 스케이트 링크가 생긴다. 이 거대한 호수들에 얼음이 두껍게 얼면 호수 중앙을 미끄러지지 않도록 뒤뚱거리며 건너는 사람들의 모습을 볼 수 있다. 얼음판 위로 자전거를 끌고 가는 사람들의 모습은 겨울에만 볼 수 있는 재미있는 광경이다.

디안먼다제에서 아주 조금 안쪽으로 들어왔는데도 무척이나 조용하다. 문화혁명 때는 모든 간판을 내려야 했기에 안개 낀 겨울날이면 아이러니하게도 산수화를 보는 것 같은 정취가 있었다. 지금도 호수 서쪽에는 고즈넉한 후통이 자리하고 있는데, 이곳은 고급 관료들이 많이 사는 지역이기도 하다. 특히 후통 앞 서쪽 호숫가에서 바라보는 구러우의 경치는 베이징 역사에서 어디보다도 변함없는 풍경을 유지해 온 고요하고 오래된 수도의 맛이 있다. 지금도 드문드문 핀 연꽃은 문화혁명 전까지만 해도 호수 전체를 덮을 만큼 무성했다고 한다. 옛날 연꽃이 피는 계절, 인파로 떠들썩했을 광경을 머릿속에 그려본다. 호수 근처에는 다양한 공연과 잡가(雜歌), 기공, 마술 등을 보여주는 길거리 예인들, 갈대로 된 발을 친 가설 찻집과 거적 천막에서 영업하는 가게들이 쭉 늘어서 흥청거리는 분위기였다고 한다. 작가 아쿠타가와 류노스케(芥川龍之介)도 여기서 놀았다. 그러나 지난날의 번영을 기억하는 것은 이제 호수 주위를 둘러싼 나무 정도일 것이다.

500명을 수용했다는 기록이 전해지는 대형 음식점 회현당(會賢堂)은 일본 통치 때 만주국의 주 베이징 대사관이었다가 일본이 패전한 뒤 철거되었다. 회현당 터와 호수를 사이에 두고 바로 정면 근처, 바깥쪽 호숫가 중간 즈음에 딱 한 채 작은 건물이 덩그러니 있기에 들여다보니 음식점이었다. 그것이 금해주가(金海酒家)와 맺은 인연의 시작이었다.

두 형제 부부가 가게를 운영하고 있었다. 요리사는 형이었는데 이름은 안샤오쥔(安曉軍), 마흔세 살이었다. 형제의 아내들이 손님을 받고 동생은 식자재 구입과 회계를 맡고 있었다. 모두 요리와 가게 경영에 관해 아는 바가 없는 초보였다고 한다. 그러나 아버지와 숙부 등 일가친척에 라오찬(老餐, 미식가)이 수두룩했다. 노인들이 하나하나 꼼꼼하게 요리사 안샤오쥔에게 옛날 맛을 전수해주었다.

요리란 것은 재능에 얼마나 많이 좌우되는 것인지 모른다. 안샤오준이 어릴 적 먹었던 음식은 주변 베이징 사람들이 똑같이 먹던 옥수수 전병이었고, 좁쌀과 피 같은 잡곡으로 만든 만터우였다. 아버지를 따라 거리를 산책하다 널빤지를 못 박아 닫아버린 근사한 건물 앞에서 여기가 옛날에는 고급 음식점이었다는 이야기를 듣고, 본 적도 먹어본 적도 없는 해삼이나 상어 지느러미 같은 고급 요리가 있다는 이야기도 들었다. 아버지는 젊었을 적 먹었던 미식 체험담을 늘 아들에게 들려주었다고 한다. 아들은 이렇게 저렇게 그 맛을 상상했다. 그러나 아들이 어린 시절에 그나마 먹을 수 있었던 좋은 음식이라고 해봐야 일 년에 몇 번 '징장러우쓰(京醬肉絲, 돼지고기를 가늘게 썰어 춘장에 볶은 요리)'나 '무쉬러우(木須肉, 목이버섯 달걀 볶음)' 정도를 맛보는 것이었으니 해삼 간장 찜 같은 것은 꿈도 꿀 수 없었다. 해삼을 씹는 감촉을 몰랐다. 그 해삼 요리를 만드는 것이 꿈이었다.

주방은 어른 두 명이 들어가면 꽉 찰 만큼 좁았다. 그러나 여느 자창차이 음식점이 프로판 가스를 많이 쓰는 것과는 달리 금해주가는 굳이 연탄을 썼다. 석탄이나 연탄은 불이 부드러우면서도 강하다. 도시가스나 프로판 가스는 화력만 셌지 불이 단단해서 모난 맛이 나기 쉽다고 한다. 지방 식당에서 많이 쓰는 코크스를 사용하면 요리의 맛이 변해버린다. 그리고 금해주가는 한 가지 맛에 편중하지 않은 풍미를 내도록 신경을 썼다. 대규모 음식점처럼 요리의 바탕을 이루는 국물은 일부러 만들지 않았다. 그게 자창차이 맛이라는 것이었다. 부드럽고 담백한 맛으로 승부한다. 가족의 맛을 내세워 장사한다. 안 씨 가문의 맛인 것이다.

이 금해주가는 4년간에 걸쳐 내가 애지중지 아끼는 음식점이 되었다. 가게를 통째로 빌려 파티를 연 일도 있다. 그때 메뉴는 자창차이 반장의 대표적인 음식을 전부 내 달라고 부탁했다. 모두 베이징의 옛 음식점에서도, 가정에서도 예사로 만들던 요리였다. 하지만 라오베이징들은 극찬을 아끼지 않았다.

예를 들면 전채 '피단더우푸(皮蛋豆腐)'가 있다. 샹차이(香菜, 고수) 위에 소금과 화학조미료를 뿌린 뒤 으깬 두부를 얹는다. 그 위에 피단(皮蛋, 삭힌 오리알)이 올라간다. 피단은 얇게 써는 것이 비결이다. 서너 시간 지나면 맛이 놀라울 만큼 어우러진다. 소금의 짠맛은 두부에는 스미지 않는다. 소금이 두부를 더욱 달게 느끼도록 만들고, 샹차이는 두부의 향기를 한층 두드러지게 한다.

'라오후차이(老虎菜)'도 풋고추와 오이를 가늘게 썰어 샹차이와 섞으면 끝인 간단한 요리다. 거기에 소금과 화학조미료와 참기름 드레싱을 뿌린다. 채소 풋내는 전혀 없다. 사실 라오후(老虎)는 린뱌오의 아들 린리궈의 별명이었기에, 린뱌오 실각 이후 음식점들이 자주적으로 규제하여 개방 정책이 채택될 때까지 만들지 못했던 요리다. 그밖에는 '장저우쯔(醬肘子)'가 안 씨 가문의 맛이었다. 간장과 후이족의 열세 가지 향신료를 넣어 삶는 쇠고기 렁차이(冷菜)다.

러차이(熱菜)는 메뉴만 봐도 60가지가 나열되어 있었다. 그중에서 목이버섯과 달걀 요리인 '무쉬러우'가 다른 곳과는 차원이 다른 맛이었다. 보통은 스크램블드에그처럼 만들지만 금해주가에서는 기름을 듬뿍 써서 튀기듯이 만든다. 그리고 기름기를 털어낸 뒤 그릇에 담아 내는 것이다. 탕수육에는 한때 일본에서도 유행했던 것처럼 파인애플을 넣었다. '보뤄구라오러우(菠蘿古老肉)'라고 하는데, 보뤄(菠蘿)란 파인애플을 뜻한다. 파인애플은 청나라 중기부터 중국 요리에 등장한, 역사가 오랜 식자재다. 지금도 탕수육은 베이징 사람들이 좋아하는 요리이고 한편 일본인도 좋아하여 만주로 가져간 음식이다. 청나라 초기에는 파인애플 대신에 마를 사용했다.

개인적으로 나는 맥주와 '훙사오완쯔(紅燒丸子)'의 조합을 좋아했다. 훙사오완쯔란 말하자면 고기 완자다. 다진 돼지고기에 달걀흰자, 생강, 파, 소금을 넣어 섞는 것은 일반적인 조리법과 똑같지만, 여기에 맥주를 섞어 상당히 부들부들해진 반죽을 숟가락으로 떠서는 200도에 가까운 기름이 끓는 솥에 집어넣어 순간적으로 튀겨낸다. 소스는 생강과 황주(黃酒)를 듬뿍 써 맛을 낸다.

안샤오준의 요리는 전반적으로 고도의 테크닉과 독자적 비결이 느껴지는 요리였다. '탕추파이구(糖醋排骨)'는 돼지 갈비를 살짝 삶아 녹말가루를 입혀 튀긴 뒤 새콤달콤한 녹말 소스로 볶는 요리이다. 탕추파이구를 잘 만드는 비결은 재료를 재울 때 쓰는 바이주(白酒)와 요리할 때 쓰는 황주를 융합하여 순간적으로 맛에 박차를 가하는 것이었다. 새우 볶음 요리인 '칭차오샤런(淸炒蝦仁)'은 고급 음식점에서 쓰는 재료가 아니라 냉동 재료밖에 쓰지 않았는데, 해동하기 직전 완성된 요리의 색을 아름답게 하기 위해 누린내를 지우고 새우 본래의 향만이 나게끔 하는 닭뼈 가루를 간 것과 달걀 흰자에 담가 두었다. 이 덕에 새우가 더욱 탱탱해졌다. 그 밖에 훙사오다이위(紅燒帶魚, 일종의 갈치 조림), 둥포저우쯔(東坡肘子), 사궈더우푸(砂鍋豆腐, 두부와 배추 등을 넣고 끓인 맑은 탕), 쏸라탕(酸辣湯, 시큼하고 매운맛이 나는 국) 등 다 꼽을 수 없을 만큼 많았다.

자창차이 붐은 1995년이 절정이었는데, 그 뒤로 몇 년 동안 극적으로 쇠퇴했다. 베이징 거리가 온통 건축 붐으로 들끓으면서 자창차이 반장은 새로 개발된 성문 밖 지역에 몰리기 시작했다. 경영자들은 도태했고 성공한 사람들은 점차 중급에서 상급 반관(飯館)으로 바뀌 영업하게 됨에 따라 시내의 자창차이 반관에서 내는 음식은 진짜 아마추어의 가정 요리가 되고 말았다. 지금은 인스턴트 국물을 솥에 넣어 손님이 마음대로 재료를 집어넣어 끓여 먹는 게 전부인, 요리사의 솜씨를 전혀 필요로 하지 않는 빈약한 맛의 요리 '충칭훠궈'가 늘어나는가 싶더니만, 둥베이 지방에서 돈을 벌러 온 농민들이 짜기만 하고 알맹이 없는 요리를 만들어 팔게 되고 말았다. 안 씨 가문도 큰길의 국영 백화점이 확장함에 따라 쫓겨났다. 하지만 지금도 교외에서 순조롭게 영업하고 있다.

요리의 운명을 생각하다

1997년 7월 1일 홍콩 반환식이 열리고 나서 어느 정도 지났을 무렵, 북경반점의 내 방에서 쉬고 있는데 청하오즈(程浩志) 씨가 불쑥 찾아왔다. 지금부터 같이 술이나 한 잔 하며 저녁 바람을 쐬지 않겠나? 그러고 나서 요리를 만들 테니 연회를 벌이자고 한다. 같이 놀 사람들을 빨리 모아봐라. 어떤 요리가 좋겠나? 나는 광화거의 요리가 먹고 싶다고 대답했다.

"판위(潘魚) 말인가?"라고 청 씨가 물었다. "그건 정식으로는 '판시칭정위(潘氏淸蒸魚)'라고 한다네. 청나라 때 반조음(潘祖蔭)이란 사람이 창시자야. 상당한 식도락가였던 모양인지 자기가 생각한 요리를 광화거 요리사에게 가르쳐주었지. 일단 잉어를 산 채로 비늘을 뗀 뒤에 손으로 두 토막을 내. 절대로 식칼을 안 쓴다고. 왜냐면 신선한 잉어라면 기합으로 토막 낼 수 있거든. 당연히 단면은 고르지 않지만 그게 맛있는 부분이야. 그리고 한동안 건조시켰다가 닭고기 국물에 표고버섯과 말린 새우를 넣어서 잉어 위에 부은 다음에 찜통에서 20분 정도 쪄. 그러면 끝. 좋구나(好)!"

호방하고 털털하며 성격이 급하고, 진지하면서 고집 센 사람이다.

"어디 판위만 있나? '정산야오니(蒸山藥泥)'를 잊어버렸구먼. 마를 간 데다 양 기름과 설탕을 한데 섞어 찌는 거야. 광화거에서는 심장(하트) 모양으로 만든다네. 루쉰이 즐겨 먹었다고 해."

청하오즈 씨는 지금은 은퇴해서 요리계를 떠났으나 쭉 의원회관(議院會館)의 주방장이었다. 주방장이라고 해도 공산당원이 아니었기에 요리사 등급으로는 낮은 삼등 조리사로 머물렀다. 그러나 베이징에서 어느 레스토랑에 가든 주방에 반드시 그의 제자나 제자의 제자가 있는, 모든 이들이 존경하는 요리사다.

그는 나를 그리 아름답다고는 할 수 없는 인민 아파트의 옥상으로 안내하고는, 일흔이 훌쩍 넘은 나이인데도 먼저 급수탑에 올라가 손을 내밀었다. 과연 위에는 반 평 남짓한 공간이 있어 남자 둘이 철퍼덕 앉아 술판을 벌이기에는 딱 좋아 보였다. 그곳은 베이징 서쪽 변두리였는데 바로 정면에 톈안먼 광장과 고궁이 보이는 위치였기에 전망도 좋고, 어쩐지 바람도 지상보다 시원한 느낌이었다.

겨울의 베이징 거리에서는 신기한 소리를 조우할 때가 있다. 탁 트인 맑고 높은 하늘을 찢어 가르는 듯한 금속성 울림이 머리 위에서 덮쳐 온다. 귀를 기울여 보니 그 소리를 내는 무리는 가까이 왔다가는 멀어지고 또 어디에선가 가까이 왔다. 무리는 나선 모양으로 하늘을 이동하고 있었다. 여하튼 듣는 사람을 긴장하게 하는 팽팽한 느낌의 소리임은 확실하다. 그것이 비둘기 피리라고 들었던 것은 언제 적 일이었을까.

베이징 특유의 놀이라고 하는데, 작은 표주박이나 대나무를 얇게 깎아 피리를 만든다. 피리라고 해도 손에 들고 입으로 불어도 소리는 나지 않는다. 비둘기 꼬리 깃털에 달아 바람이 불어 들어오면 정교하게 만들어진 피리 내부에서 소리가 울리도록 만든 장난감이다. 한 번에 비둘기 스무 마리 정도를 하늘에 풀어놓고, 비둘기 주인은 깃발로 비둘기들에게 신호를 보내며 움직임을 조정한다. 비둘기 떼는 드넓은 하늘을 유영하며 무리에서 이탈한 비둘기나 야생 비둘기를 끌어 모아 동료를 늘린다.

이게 전부라면 겨울 흥취를 느끼게 해주는 단순한 볼거리다. 가끔 비둘기를 키우는 집이 서로 결투를 한다. 비둘기 전쟁이다. 두

무리의 비둘기 떼가 소용돌이를 넓게 그렸다 좁게 그렸다 하며 회전하다 하늘에서 부딪친다. 그때는 마치 하늘이 와장창 깨진 것 같은 소리가 공중을 가른다. 지금까지 들었던 금속성의 비둘기 피리 소리만이 아니다. 더 투명한 메아리가 순간적으로 들린다.

비둘기가 갑자기 공중에서 충격을 받으면서 지금까지 쓰이지 않았던 피리 관에도 바람이 불어 들어가는 것일까? 비둘기의 비명도 섞여 나는 소리일까? 부딪친 뒤 비둘기는 연기처럼 흩어져 대열이 흐트러진다. 여기저기서 퍼덕이던 비둘기들의 작은 점이 어느 한쪽 집단으로 모이면서 승부가 난다.

베이징에서 그 소리에 익숙해진 뒤부터는 문득 들려오는 그 소리를 의식하게 되었다. 비둘기 피리에서 나는 금속성 소리. 물론 너무나도 투명한 소리다. 얇은 크리스털 유리로 하늘 전체가 덮인 것 같은, 공기가 삐거덕거리는 불온한 낌새. 듣는 이의 뇌 속에 작은 상처를 내는 듯한 느낌.

"여기서는 반환의 날에 불꽃놀이도 잘 보였겠군요."

내가 말하자 청하오즈 씨는 그랬지, 하고 대답하며 건배의 잔을 내밀었다. 얼궈터우(二鍋頭)라고 하는 60도의 소주인데, 옛날부터 전해 오는 베이징의 토산 술이다.

안주는 청 씨가 만든 차오마더우푸(炒麻豆腐). 대단한 비결이 숨어 있는 요리인 것 같았다. 눈을 감고 먹으면 이럴 수가, 푸아 그라 무스랑 똑 닮은 맛이 난다.

왜 요리는 세월이 흐르면 스러지는 운명을 지닌 것일까.

그런 것보다, 하며 청 씨가 말했다. 중국의 맛은 남쪽은 달며 북쪽은 짜고 동쪽은 시며 서쪽은 맵다고 대략적으로 나눌 수 있었으나, 이 구분이 앞으로 몇 년이나 이어지겠나. 이제 순수한 만주족의 맛을 아는 사람은 없다. 한족도 마찬가지다. 베이징의 맛이 점점 더 케케묵은 맛으로 느껴지고 마는 것이다. 이런 세태가 베이징에서 나고 자란 청 씨는 더더욱 탐탁지 않다. 청 씨는 지금도 베이징 요리, 즉 한 나라를 대표하는 수도의 요리야말로 역사상 최고의 요리라고 생각하고 있다.

"그날 천둥 소리를 들었나?"라고 청 씨가 말했다.

반환의 날은 아침부터 두꺼운 회색 구름으로 덮여 있었다. 텔레비전에 비치는 홍콩은 폭우가 내리는 듯했다. 저녁이 가까워질 무렵 베란다에 나가 반환식 준비가 진행 중인 톈안먼 광장을 내려다보는데, 별안간 빛과 소리가 거의 동시에 일며 큰 천둥이 쳤다. 푸른 듯도 하고 노란 듯도 한 빛의 굵은 용이 바로 톈안먼 광장에서 메아리를 울렸다. 누구나 톈안먼 광장에 천둥이 떨어졌다고 생각하고 상징적인 무언가를 느꼈을 것이다.

"그게 끝내기 한 방이 아니어야 할 텐데 말이야."

청 씨는 어둑어둑해지기 시작한 하늘의 엷은 빛 속에서 짧은 백발 머리를 긁적이며 얼궈터우 한 잔을 쭉 들이켜고, "이제 가볼까."라며 일어섰다.

8장

홍콩 요리,
중국 밖
중국 요리

반환의 날

홍콩이 중화인민공화국에 반환된 날, 1997년 7월 1일을 나는 북경반점에서 보냈다. 방 발코니로 나가면 톈안먼 광장이 바로 눈앞에 펼쳐졌다. 오른쪽으로는 고궁의 위용이 끝없이 이어졌다. 동쪽, 남쪽, 서쪽까지 베이징의 경치를 거의 180도로 조망할 수 있었다. 고궁 뒤쪽에는 중난하이가 하얗게 빛나고 있었는데, 마오쩌둥이 살던 국향서옥(菊香書屋)은 궁전 일부를 본떠 지은 높이 수십 미터, 길이 300미터가 넘는 벽에 가려 보이지 않게 되어 있었다. 저녁이 되자 이날 하루 특별히 정부의 초청을 받은 당원 시민들이 일렬로 줄지어 광장으로 들어갔다.

방에 놓인 텔레비전 각도를 조절하여 소파에서 홍콩의 실황 중계와 톈안먼 광장에서 열리는 기념 의식을 동시에 볼 수 있도록 했다. 두 가지 다른 풍토의 영상을 보며 홍콩 화교 요리와 베이징 중화인민공화국 요리의 차이를 곰곰이 되새겼다. 크리스 패튼(Chris Patten) 총독이 홍콩 정청(政廳)에서 관원들에게 고별 인사를 할 때,

톈안먼 광장 근처에 벼락이 떨어지고 콰르릉 꽝음이 울렸다.

내가 머문 북경반점의 최상층은 개방 정책이 실시되기 이전에는 상급 공산당원이나 군 관계자가 사용하는 층이었다. 나는 물론 우호당원(友好黨員)도 아니고 사회주의자도 아니지만, 베이징에 라오펑유(오랜 친구)를 여러 명 둔 덕에 문화혁명 시절부터 이 방을 숙소로 썼다. 문화혁명 후기 1976년에 일어난 톈안먼 사건도, 마오쩌둥이 죽은 날도, 그리고 1989년 민주화 투쟁이 벌어진 톈안먼 사건도 때마침 베이징에 있었기에 이 방에서 지켜보았다.

중국이라는 나라만큼 오래된 친구가 도움이 되는 곳은 없다. 아니, 라오펑유 없이는 중국의 문이 열리지 않는다. 반대로 라오펑유의 라오펑유, 또 그의 라오펑유 하는 식으로 인맥을 겹치면 중국의 문은 "열려라 참깨"를 외친 듯 술술 열린다. 그 속도는 광둥이나 상하이의 인간관계보다 베이징이 더 빠르다고 한다. 눈 뜨고 코 베어 가는 남쪽 사람들에게 미련하다느니, 어리숙하다느니, 어눌하다느니 하고 늘 비웃음당하는 그 베이징 사람들이 그렇다는 말이다.

홍콩이 반환된 당일로부터 이틀 전, 나는 뉴욕에 있었다. 홍콩 반환을 직접 두 눈으로 보려고 몇 년 전부터 홍콩의 하얏트 리전시를 예약해놓았지만 한참 전에 취소해버렸다. 주룽* 쪽에서 중국인민해방군이 분열행진을 한다거나 홍콩 섬에 군함으로 병사를 실어 나를 거라는 식으로 소문이 났던 반환 의식은, 그해 2월에 덩

주룽(九龍) 영국령 홍콩에 존재했던 중화인민공화국 영토. 영국과 중화인민공화국 양쪽의 주권이 모두 미치지 못하는 슬럼 도시로서 사실상의 무법지대였다.

샤오핑이 죽은 영향도 있어 군사적 시위 행동에서 버라이어티 쇼로 슬슬 방향을 전환했다. 그렇다면 군이 홍콩까지 가서 더위에 땀을 흘리기보다 에어컨을 튼 쾌적한 방에서 텔레비전을 보는 게 훨씬 낫다고 생각했다. 이대로 뉴욕에서 들썩이는 차이나타운을 구경해도 좋겠고, 친구들이 많이 사는 밴쿠버에 갈 수도 있겠다. 지금은 밴쿠버가 아니라 홍쿠버라고 불릴 만큼 홍콩 사람이 많은 리치몬드에서 진작에 캐나다 영주권을 따놓은 홍콩 사람들과 함께 시끌벅적 떠들어대는 것도 나름대로 재미가 있으리라. 사실 밴쿠버는 원래 영국인이 만든 도시이다.

이런저런 선택지를 머릿속에 굴리면서 매디슨 가와 60번지 모퉁이의 평소 즐겨 가던 이탈리안 레스토랑에서 나왔을 때, 홍콩에서 광둥 음식점을 경영하는 안면 있는 사장과 마주쳤다. 이렇게 돈 벌기 좋을 때 홍콩을 팽개치고 도대체 왜 여기 와 있느냐고 놀라서 묻는 내게 그는 태연하게 대답했다. 직원들까지 전부 다 열흘 동안 휴가를 가기로 했다고.

홍콩 반환일이 다가오자 요리사와 종업원들에게 외국에 사는 친척들이 홍콩에 묵을 곳을 알아봐 달라고 부탁하기 시작했다. 그렇지 않아도 정신이 없을 반환식 날에 점원들의 친척들까지 대거 몰려오면 감당하지 못할 거다. 그렇다면 이 기회에 가게 관계자 전원이 거꾸로 친척들이 있는 외국으로 나가도록 하자. 나갈 때는 홍콩인, 들어올 때는 중화인민공화국 국민인 것도 재미있지 않겠는가? 어차피 이 시기에 고객이 가게에 올 리가 없다. 이리하여 일행은 비행기를 타고 로스앤젤레스로 날아와서 각자 친척들을 찾

아 뿔뿔이 흩어졌다는 것이었다.

　홍콩의 역사적인 날에 홍콩에서도 유명한 레스토랑이 휴업을 하느냐며 신기해하는 내게 "아니, 가게는 열었어."라며 그는 수수께끼 같은 말을 했다. 고개를 갸웃거리다 설명을 듣고서야 이해했다. 반환을 둘러싸고 홍콩이 한창 시끄러울 때 꽤나 고액의 임대료를 지불하고 가게를 빌리고 싶다는 사람이 나타났다고 했다. 즉석에서 요리사와 종업원을 모집한 임시 경영자에게 자신의 유서 깊은 가게에서 간판을 그대로 걸고 영업하도록 허락했다는 것이었다.

　아무 문제도 없다며 사장은 의기양양했다. 덴신(點心)은 모두 냉동 보존되어 있다. 육수도, 상어 지느러미도, 전복도, XO장(醬)도 사실 레스토랑 몇 군데에서 공동 운영하는 공장에서 평소처럼 가져오면 된다. 그래서 누가 조리해도 먹을 만할 것이다. 요컨대 가게의 명성에 금이 갈 일은 없다. 그리하여 전 직원들의 여비를 댈 만큼 임대료를 받아내어 휴가를 간다며 신나게 나섰다는 것이었다. 어안이 벙벙한 내게 그는 말했다.

"하지만 뉴욕에서 홍콩을 봐도 재미가 없어. 살짝 먼 감이 있거든. 역시 베이징에 갈걸 그랬나 봐. 베이징이 어떻게 돌아가는지 보면서 방송으로 실황 중계되는 홍콩을 보는 거야. 이게 최고지."

이 사장님의 의견을 좇아 베이징에 가게 된 것이었다. 서둘러 호텔로 돌아가 베이징의 라오펑유에게 전화를 걸었다. 베이징도 홍콩과 마찬가지로 호텔이 꽉꽉 찼을 텐데, 베이징에 도착하니 문화혁명 때부터 계속 묵어 온 객실 열쇠를 북경반점 프런트에서 슥 건네주었다.

그나저나 힘들기 짝이 없는 여정이었다. 갑자기 베이징에 가려고 해도 직행 항공편은 전부 만석. 어쩔 수 없이 뉴욕에서 몬트리올, 토론토, 그리고 밴쿠버, 나리타까지 각각 한두 시간씩 걸려 경유하고 또 경유해서 기진맥진한 상태로 베이징에 도착했다. 손목시계를 보니 26시간이 지나 있었다.

홍콩 요리의 원점

홍콩이 반환된 날 이후 몇 번인가 홍콩에 갔다. 식사를 하는 가게는 정해져 있다. 반환 기념 휴가를 다녀온 그 고급 레스토랑에서 십수 년 이상 일하고 있는 종업원들의 서비스를 받거나, 그러지 않을 거면 최하급 노점에서 먹는 편이 틀림없이 맛있다.

유명한 가게나 비싼 가게들이 절반쯤은 관광객을 상대로 장사를 해야 하는 것은 파리와 도쿄에서도 비슷하게 벌어지는 일이다. 한편 중간급 음식점이라도 관광객 상대가 아닌 현지인용 음식점에 들어가면 홍콩에서만 맛볼 수 있는 별미를 먹을 수 있다. 다들 건물 위층에 있어서 입구에 이렇다 할 간판조차 없는데도, 문을 열면 광둥어가 성난 파도처럼 소용돌이친다.

홍콩을 관찰해 온 소식통들은 반환 이후에도 홍콩은 전혀 변하지 않았다고들 한다. 특정한 측면만 본다면 맞는 말일 수도 있다. 하지만 반환 이후 지난 10여 년간 홍콩 사회도, 홍콩의 맛도 크게 변한 게 사실이다. 그저 세월의 흐름에 따라 바뀌었다기보다는, '반환'이라는 편광 렌즈를 거쳐 맞이한 변화다.

사회가 바뀌는 것보다 먼저 개인의 의식이 바뀐 부분도 있을 것이다. 본래 홍콩은 법의 테두리 안에서라면 개인이 어떤 제약도 없이 욕망을 꽃피울 수 있는 도시의 본보기 같은 곳이었다. 이것은 영국이 맨 처음 심어놓은 유전자다. 물론 거기에는 일상 속 소박한 '생활'도 있을 것이다. 그러나 그런 서정적인 관점만으로는 홍콩의 진짜 모습을 볼 수 없다. 홍콩에서는 개인의 욕구의 방향이 바뀔 때마다 사회 전체가 거울처럼 따라 변한다. 홍콩의 맛에서 드러나는 변화는, 지금 이 시점에 개인에게 어떤 빛이 비추고 있는지를 나타낸다고도 할 수 있다.

1970년대에 접어들 무렵까지 홍콩 요리는 기존에 서민들이 즐기던 맛을 세련되게 다듬는 방향으로 일사분란하게 움직이고 있었다. 광둥에서 전래된, 열악한 재료로 만든 최하층 요리의 맛과 홍콩 연안에서 역시 가난하게 살던 어민의 맛이 결합한 것이었다. 원래 홍콩은 작은 어촌이었는데, 여기에 수많은 사람들과 함께 새로운 음식 문화가 한꺼번에 이식되었다고 할 수 있다.

하층민의 맛은 보통 기록으로 남지 않는다. 에도(江戶) 시대 서민이 나가야*에서 실제로 뭘 먹고 살았는지 역사가의 고증 없이 알기란 여전히 어렵다. 하쓰가쓰오*라면 사족을 못 쓰고 에도마에 스시*를 먹으며 메밀차를 마시는 사람들이 있었던 반면에 라쿠고 (落語, 일본의 전통 만담 공연) 〈나가야의 꽃놀이〉* 같은 현실도 있었다는 식의 설명으로 끝나는 단순한 사회는 아니었으리라. 이렇게 희화화된 단면만을 현대인들이 확대 해석해 상상하는 에도는 틀림없이 실상과는 상당히 거리가 멀 터이다.

이런 어려움에도 불구하고 옛 홍콩 서민이 먹던 음식을 상상해

나가야(長屋) 여러 집이 한 줄로 늘어서 벽을 공유하는 식으로 지어진 집합 주택. 에도 시대 서민의 대표적인 주거 형태였다.
하쓰가쓰오(初鰹) 그해 처음으로 잡히는 가다랑어. 보통 초여름의 가다랑어를 뜻한다. 일본의 태평양 연안에 서식하는 가다랑어는 여름에 필리핀 해에서 구로시오 해류를 타고 북상하며 가을에는 오야시오 해류를 타고 남하하는데, 북상할 때 잡히는 가다랑어가 하쓰가쓰오다. 에도 시대에는 '아내를 전당포에 맡기고서라도 먹고 싶은 하쓰가쓰오'라는 말이 있을 정도로 귀하게 여겼다.
에도마에즈시(江戶前寿司) 오늘날 초밥이라고 하면 흔히 연상하는, 초밥 장인이 식초로 양념한 밥을 손에 쥐고 회를 얹어 즉석에서 만드는 니기리즈시(握り寿司)를 일컫는 말. 에도 시대 도쿄 만에서 잡힌 신선한 어패류를 가지고 만든 것이 시초였다.
〈나가야의 꽃놀이(長屋の花見)〉 에도 시대 나가야에 살던 가난한 사람들이 꽃놀이를 하러 가는 내용의 만담. 달걀부침 대신 단무지, 술 대신 차, 어묵 대신 누룽지 등을 가져와 차려놓는 모습이 익살스럽게 묘사되어 있다.

보자면, 광둥의 간장과 고기를 소금에 절여 발효시킨 육장(肉醬)이 차오저우의 어장(魚醬)과 극적으로 만나 어우러졌을 것이다. 노점에 주렁주렁 매달아놓은 삶은 내장에 파리가 꼬이고 서민들이 만드는 생선 소금 절임 '셴위(咸漁)'에서 나는 냄새가 코를 찌르는 광경을 상상할 수 있다.

집에 부엌조차 없는 사람들을 위한 길거리 음식점에서는 부패를 막으려고 냄비 아래에서 약한 불을 계속 지폈을 테고, 요리는 졸아들어 바짝 말라 있었으리라. 그리고 요리사는 언제 만들었는지 알 수 없는 그런 음식을 지금 막 조리한 것처럼 느껴지게 하는 데서 솜씨를 발휘했을 테다. 철판 위에 수북하게 담아놓는 볶음국수 역시 사실은 아무리 열을 가해도 말랑해지지 않는 특별한 종류의 면이다. 이런 얄팍한 맛은 종종 사람의 생리에 직접 호소하여 습관처럼 찾게 만든다. 길바닥에 거적을 깔고 조리 도구를 늘어놓고서 독특한 장단을 맞춰 가며 작은 사발에 탕몐(湯麵)을 담아 파는 명물 가게는 최근 들어 급격히 사라지는 추세다.

현재의 홍콩에서 그때 그 맛을 맛보려 해도 방대한 메뉴 중에서 찾아내기란 힘들 것이 틀림없다. 그래도 돼지고기를 칼등으로 두들겨 연하게 만든 뒤 육장과 어장으로 짭짤하게 양념하고 셴위를 섞어 쪄낸, 둥글넓적한 햄버그 스테이크 모양의 '빙(餅)'을 노릇노릇 구워 간장을 뿌린 밥에 얹어 먹는 '셴위러우빙바오쯔판(咸漁肉餅煲仔飯)' 같은 음식은 옛날 맛에 퍽 가까울지도 모르겠다. 셴위만 한 마리 통째로 써서 쌀과 함께 익힌, 다이메시* 같은 밥 또한 옛 홍콩의 그림자가 엿보이는 유물이다. 혀에 한번 익으면 기가 막

히게 맛있다. 남은 밥을 볶아 먹는 별미로 유명한 오래된 가게가
아직 성업 중이다.

홍콩 경제가 성장기에 접어들면서 고급 음식점이라면 어디에서
나 맛의 세련화가 이루어졌다. 1970년대 전반에는 어장이 쫓겨났
다. 차오저우 음식점을 제외한 모든 곳에서 사라진 어장은 동남아
시아로 흘러들어가 본토의 어장과 동화되었다. 그리고 1970년대
후반 즈음하여 고급 요리가 나아갈 세 갈래 길이 뚜렷해졌다. 하
나는 홍콩보다 남쪽에 위치한 아시아 요리를 적극적으로 도입하
는 것. 두 번째는 누벨 퀴진* 이후 프랑스 요리의 감각을 적극적으
로 도입하는 것. 그리고 고급 식자재는 말린 재료 위주로 쓰는 것.
이렇게 모두 세 가지다.

그 결과 광둥 요리가 타이나 싱가포르 요리와 어우러져 새로운
미각이 태어났다. 단순히 타이와 싱가포르에 있던 화교 요리와 홍
콩의 광둥 요리가 섞인 것만은 아니었다. 동남아시아 각국 요리의
정수가 홍콩에 모여들어 새로운 요리법이 개발되면, 진화한 요리
가 다시 동남아시아 각국의 음식점으로 되돌아갔다. 홍콩이 주도
하는 식의 이러한 흐름은 당시 아시아의 국제 경제 판도에 그대로

다이메시(鯛めし) 일본 에히메 현(愛媛縣)의 전통 요리. 통째로 구운 도미를 간장이나 소
금으로 양념한 밥 위에 얹어 함께 익혀낸다.
누벨 퀴진(nouvelle cuisine) 프랑스어로 '새로운 음식'이란 뜻이다. 화려하고 맛이 진하고
무거운 프랑스 전통 요리에 반발하여 1970년대에 새롭게 등장한 프랑스 요리(법)를 가
리킨다. 고기를 줄이는 대신 채소를 많이 쓰고, 향신료와 허브를 사용하고, 재료가 지
닌 본래의 맛을 최대한 살리는 등 저칼로리를 지향하는 영양학적인 조리법이다.

들어맞는다.

프랑스의 누벨 퀴진을 도입한 '새로운 홍콩 요리'는 범(汎)동남아시아 고급 요리를 만들고자 모색하던 데서 비롯한 것으로 보인다. 본토 중국 요리와 이전보다도 더 거리를 두는 효과도 따라왔다. 독립국 홍콩, 중국 요리의 중심에 선 홍콩의 이미지가 만들어졌다.

프랑스에서는 1970년대 초에 일어난 누벨 퀴진 운동으로 요리에 엄청난 변화가 생겼다. 제2차 세계대전 이전부터 이어져 온 복잡한 요리법을 정리하여 단순하게 만들면서도 재료가 지닌 본래의 감칠맛을 살리는 조리법을 쓰면서 요리의 모양새도 맛도 바뀐 것이다. 그리고 그전까지 보이지 않는 곳에만 머물렀던 요리사가 시대의 총아가 되어 무대 전면에 등장했다. 이른바 스타 셰프의 시대가 막을 연 것이다. 낡은 스타일의 무거운 요리를 개혁하자는 목소리는 제2차 세계대전 이전에도 몇 번이나 나온 적이 있었지만 실현되지 못한 채 사라지곤 했다. 그러나 프랑스 요리는 전쟁 당시 이미 발전의 한계에 부딪친 상태였고, 요리사들이 위기감을 느끼는 한편으로 대중도 맛있는 음식을 먹은 대가로 돌아오는 칼로리 과잉 섭취에 신경을 쓰기 시작했다. 변화를 원하는 사람들의 욕구에 대중매체가 불을 붙였다. 저칼로리의 가벼운 요리는 전후 안정된 사회에 사는 대중이 절실하게 원하던 것이었다. 식자재에 최소한으로만 가열을 하고, 상큼한 맛을 살리고 가벼운 소스를 쓴다. 이런 요리는 당연히 신선하고 질 좋은 재료가 뒷받침되어야 한다.

이 누벨 퀴진 운동이 끝이 난 현재 시점에서 보면, 오랫동안 유럽 요리의 중심에 군림해 온 프랑스 요리는 오늘날 지나치게 국제화한 나머지 정체성을 잃어버릴 위기에 놓인 것처럼 보인다. 장차 프랑스 요리는 이탈리아 요리와 융합을 꾀하여 살아남을지도 모른다. 왜 그런가? 프랑스 요리는 태생적으로 두 가지 콤플렉스를 지니고 있다. 하나는 요리법 자체를 이탈리아에서 수입했다는 것이며, 또 하나는 레스토랑에서 음식을 내는 스타일을 러시아에서 배워 왔다는 것이다. 1인분씩 담긴 접시가 하나하나 차례대로 나오는, 우리가 아는 그 정찬 스타일은 러시아 궁정에서 처음으로 시도한 것이었다. 러시아에서 배우기 전까지 프랑스에는 식탁 한 가운데 놓인 커다란 접시를 둘러싸고서 각자 나이프를 쥐고 자기 몫을 집어먹는 식사 풍경밖에 없었다.

한편, 그전까지는 허옇게 익힌 쇠고기에 소금을 뿌려 먹을 뿐이었던 프랑스에 '요리'란 것을 알려준 메디치 가문은 이탈리아 중부 산간의 피렌체 지역을 다스리던 명문가였다.* 그런데 당시 피렌체는 국경 주위가 엄중한 경비와 함께 막혀 있었기에 고기 요리에 편중된 식생활을 했다. 지금은 피렌체 시장에서 싱싱한 어패류를 살 수 있지만 당시에는 기껏해야 소금에 절인 것뿐이었다. 북쪽으

---

* 중세 말부터 17세기까지 유럽 음식 문화의 중심지는 프랑스가 아니라 이탈리아였다. 프랑스 요리가 발달하게 된 계기는 메디치 가문 출신의 카테리나 데메디치(Caterina de' Medici, 1519~1589)가 1533년 프랑스의 앙리 2세와 결혼을 한 것이었다. 카테리나가 결혼하면서 데리고 온 이탈리아 요리사와 급사들이 다양한 조리법과 세련된 식사 예절을 알려주었으며, 이탈리아 요리사들은 프랑스의 식재료를 가지고 새로운 요리를 개발해 프랑스 요리사들에게 전해주었다고 한다. 대표적인 프랑스 디저트 '마카롱'도 실은 이때 프랑스에 소개된 이탈리아 과자 '아마레티'에서 비롯된 것이다.

로 고작 수십 킬로미터 떨어진 파르마에서 만들던 생햄(돼지고기를 소금에 절인 후 훈제 없이 건조, 숙성시켜 만드는 햄)도 파르마와 적대 관계였던 피렌체에는 들어오지 않았다. 프랑스는 이러한 피렌체의 한계를 한 치도 다름없이 그대로 물려받았다. 그렇게 해산물이 풍부한 나라인데도 생선 요리가 적은 게 바로 이 때문이다. 그리고 프랑스에는 지금까지도 생햄이 없다. 햄과 소시지는 독일에서 들여온 수입 문화다. 즉 극단적으로 말해 프랑스 요리에는 독자성이 아무것도 없다고 할 수 있다.

그런데 사실 홍콩 요리도 독자성이 없는 요리 체계다. 산둥 요리나 쓰촨 요리처럼 순수 배양된 종이 아닌 것이다. 같은 종류의 콤플렉스가 있는 프랑스에 홍콩이 이끌렸다고 보면 이렇게 재미있는 이야기도 또 없을 것이다. 다만 홍콩이 프랑스와 다른 점 하나는, 독자성의 부재를 반공산주의로 덮어씌워 선전해 온 홍콩인들의 만만찮은 저력이다.

홍콩인의 마케팅 감각이 엿보이는 또 다른 특징은, 홍콩 요리가 지닌 세련미와 고급스러움을 말린 재료를 가지고 완성하는 기이한 요리 체계를 만들어냈다는 점이다. 상어 지느러미 통찜이나 입이 딱 벌어지도록 커다란 전복을 비롯한 고급 홍콩 요리를 대부분 말린 재료로 만드는 이유는 무엇일까? 고급 요리에서 감칠맛을 내는 성분을 주로 말린 가리비에서 추출하게 된 이유는 무엇일까?

말린 어패류를 조심스럽게 다시 불리면 원래 있었던 감칠맛이 배가된다는 것은 잘 알려진 사실이지만, 그 감칠맛 속에 건어물 특유의 고릿한 냄새가 있다는 것은 사람들이 잘 모르는 부분이다. 그 냄새는 훠투이(중국식 햄)의 훈연 냄새와 어우러져 새로운 고급 홍콩 요리의 강력한 풍미가 되었다. 색다른 세련미를 창출한 것이다.

홍콩에도 신선한 고급 식재료는 얼마든지 있다. 그런데 어째서 굳이 말린 재료를 택한 것인지, 감칠맛 성분을 추출할 재료가 달리 없는 것도 아니면서 왜 훠투이와 말린 가리비를 쓰는 것인지를 숙고하지 않으면 홍콩 미각의 정체를 알 길이 없다. 아마 말린 재료로 만든 음식이야말로 본디 유랑민이었던 홍콩인의 마음 깊숙한 곳을 건드리는 맛이고 냄새이기 때문일 것이다. 홍콩 땅에 갓 도착했을 때 먹던 어장의 기억이 되살아나서 그런 것일지도 모른다. 한편으로 고급 식자재를 날것이 아니라 완성품에서 찾은 배경에는 유통의 안정성과 높은 이윤을 추구하려는 목적도 있었던 게 아닐까 한다.

베이징을 필두로 한 중국 북방 사람들은 훠투이를 싫어한다. 문화혁명으로 문화가 거센 소용돌이를 겪고 기성 가치관이 붕괴하면서 새로운 맛이라며 훠투이를 찬미하는 사람도 제법 생기긴 했다. 그러나 광둥이나 상하이의 맛이 베이징을 집어삼키려 아무리 기를 써도, 엄연히 남아 있는 '베이징 샤오츠', 즉 수도의 맛을 아는 사람이 있는 한 베이징 요리에 훠투이가 정착할 날은 오지 않을 것이다. 예로부터 일본에서는 중국 요리를 설명할 때 베이징 요리는 도쿄 요리고 상하이와 광둥 요리는 간사이 요리라고 빗대 말하곤 한다. 그러나 베이징이 도쿄라면 교토, 오사카는 거리로 봤을 때 산둥성이 되어야 하지 않을까? 상하이와 광둥은 베이징에서 봤을 때 외국이라고 해야 할 '딴 세상'이다.

그나저나 인간의 미각은 재미있다. 베이징에 오랫동안 체류하면서 산둥 요리의 담백하면서도 심연까지 꿰뚫는 듯한 깊은 감칠맛과 혀끝에 남는 시원함에 익숙해지니, 광둥식 국물은 훠투이의 탄 맛이 입안에 남아 어쩐지 텁텁하게 느껴질 때가 있다. 고기 우린 국물을 요리에 쓰는 것은 이해하지만 아무리 그래도 쇠고기 국물로 상어 지느러미를 삶는 것은 섬세함이 부족해도 너무 부족한 처사가 아닌가 싶다. "무슨 소리냐, 훠투이는 일본의 가쓰오부시(鰹節)와 마찬가지로 국물을 우리는 원재료로서 완성된 식품이다."라고 광둥 사람과 전 세계의 화교, 그리고 일부 상하이 사람이나 타이완 사람이 정색하고 소리 높여 반론을 펼지도 모르겠지만 말이다.

광둥과 상하이가 전 세계에 중국 요리를 알리는 대표 주자이고 세일즈맨인 것은 맞다. 하지만 지금도 베이징 요리는 중국 수도의 맛이다. 달리 말하면 정치적 중앙의 맛이라고 할 수 있다. 게다가 어쩌다 흉을 보고 있는 이 훠투이가 남쪽 지방의 가정 요리에서 일반적으로 쓰이는 것도 아니다. 광둥식 요리에는 훠투이가 들어간다는 잣대는 레스토랑에서 생겨나 정착한 형식적 구분에 지나지 않는다. 광둥과 상하이의 '참맛'은 보여주기 위해 만든 진수성찬만 빼곡한 요리책과는 다른 곳에 있다.

그렇다면 홍콩 요리의 뿌리는 무엇일까? 근대 역사부터 살펴보면, 홍콩에서 몸집을 불린 광둥 요리는 무엇보다도 상하이에 대한 대항 의식과 콤플렉스에서 출발했다고 볼 수 있다. 중화민국 시대의 수도 난징에서 요리 문화가 유입되었다는 점, 홍콩에서 싹튼 화교 네트워크를 타고 반(反)공산주의 프로파간다로서 요리가 활용되었다는 측면도 눈여겨보아야 한다. 그런 홍콩 요리도 영국 입장에서 보면 동남아시아의 다른 나라와 마찬가지로 식민지 요리의 변종 중 하나이리라. '식민지 요리가 독특하게 발달했다'는 것도 홍콩 요리의 특징 중 하나이다. 화교에 의해 국제적으로 평준화한 중국 요리의 최정상이기도 하다.

그러나 이러한 특징들은 홍콩 요리가 전 세계에 중국 요리를 알리는 세일즈맨이긴 해도 한 나라를 대표하는 수도의 맛은 아니라는 한계를 더욱 확실히 보여준다고도 할 수 있다. 반환 이후의 홍콩에서는 미각의 핵심을 차지하던 개성적인 냄새가 사라지고 거친 맛의 굵은 조개 관자가 자취를 감추면서 요리가 점차 순해지고 있다. 최근에는 광둥을 본떠 신선한 식자재를 사용하게 되면서 공작새와 너구리, 아르마딜로 따위 진기한 야생 동물을 애용하기도 한다. 1990년대 초 일본에서 버블이 꺼졌을 무렵 홍콩 요리의 새로운 변화도 막을 내리고, 프랑스 요리의 '오리고기 오렌지 찜'이 '닭고기 튀김 레몬즙 찜'이라는 형태로 일반적 홍콩 요리에 정착했다.

그런데 이 광둥 요리, 홍콩 요리가 지금 또다시 새로운 방향을 모색하고 있는 것처럼 보인다.

광둥 요리의 뿌리

그렇다면 홍콩 요리의 근간에 있는 광둥차이(廣東菜, 광둥 요리)란 무엇일까?

광둥은 크게 광저우, 차오저우, 둥장(東江), 하이난(海南)의 네 개 지역으로 나눌 수 있다. 그중 차오저우에는 산터우(汕頭), 차오안(潮安), 차오양(潮陽), 푸닝(普寧), 후이라이(惠来), 루펑(陸豊) 등의 지방이 속해 있다. 근대에 들어와 해안 도시인 산터우가 상업의 중심지가 되었기에 차오저우를 차오저우와 산터우를 합해 '차오산(潮山)'이라 부르기도 한다. 산터우는 하이난의 사탕수수가 모이는 지역이며 상하이 문화권에 가깝기에 차오저우 요리에는 설탕이 많이 쓰이게 되었다.

차오저우 요리는 주변의 장쑤차이(江蘇菜)와 푸젠차이(福建菜)의 장점을 흡수해서 완성된 요리이다. 또 근대에 들어와 차오저우 사람이 동남아시아에 이주하여 현지인과 교류한 결과 사테*가 차오저우 요리에 도입되고 또 그렇게 변형된 차오저우 요리가 동남아시아 화교를 통해 광둥 요리로 소개되는 복잡다단한 발전 과정을 거쳐 왔다. 요리의 전파가 중국 내륙의 경우처럼 육로를 거친 게 아니라 해로를 통해 이루어졌다는 점도 특기할 만하다. 해로의 특징은 육로처럼 도중에 경유하는 지역의 문화가 섞여드는 일이 비교적 적다는 것이다.

하이난은 보통 잘 먹지 않는 특이한 재료를 요리해 먹기로 유명한 지역이다. 그리고 나중에 다시 설명하겠지만, 광둥 요리는 광저우 요리가 중심이 되었지만 광둥 요리의 전반적인 특징인 단맛은 원래 광저우에서 온 게 아니다. 광저우는 굳이 따지자면 짠맛이

사테(satay) 인도네시아, 말레이시아, 필리핀, 타이 등 동남아시아 여러 나라에서 먹는 꼬치구이 요리.

강한 문화권이었다.

마지막으로 둥장차이(東江菜)는 '커차이(客菜)'라고도 불리는 '객가(客家) 요리'다. 객가란 전란을 피해 링난(嶺南, 중국 남부 난링산맥 남쪽 지역)으로 이주한 한족인데, 산을 개척해서 살았기에 집에서 키운 가축을 주로 요리해 먹었다. 해산물로 만드는 요리는 거의 없다. 세계에 흐르는 광둥 요리의 흐름에는 객가의 맛도 들어 있다.

《수경주》* 제37권을 보면 "베트남에 가까운 중국 남방에는 쌀을 먹지 않는 사람들이 있다. 주류 중국인들과 교류가 없어 이들에 대한 기록은 거의 전해지지 않는다. 섬에 살며 새의 말을 할 줄 안다(南八蠻 彫題交趾 有不粒食者焉 春秋不見于傳 不通芋華夏 在海島 人民鳥語)."라는 내용이 있는데, 여기서 새의 말을 할 줄 아는 '쌀을 먹지 않는 사람(不粒食者)'이 조개를 비롯한 해산물을 먹는 광둥 사람이라고 전해지고 있다.

남송 때 시인 양만리(楊萬里, 1124~1206)도 광둥 사람을 일컬어 "게를 식량으로 삼으면서 쌀이 뭔지도 모르지 않는가?(煮蟹当糧哪識米)"라고 노래했다. 역시 남송 때 시인인 범성대(范成大, 1126~1193)의 《계해우형지(桂海虞衡志)》를 보면, 당시 광둥의 렌장(廉江) 지역에는 "해산물을 식량으로 삼는데 날것 그대로 먹는다(採海爲生

---

*《수경주(水經注)》 6세기에 역도원(酈道元)이 지은 것으로 추정되는 중국의 지리서. 수로(하천)를 위주로 기술된 내용인데, 3세기경에 나온 《수경(水經)》이라는 지리서에 주석을 붙였다고 하여 '수경주'라는 제목이 붙었다.

且生食之).”라는 풍습이 있었다.

옛날 광둥 사람은 월인(越人)이라 불리며 진(秦)나라 때부터 이미 한족과 융합하기 시작했는데, 중국이 사분오열한 삼국 시대에 광둥 지역만이 비교적 안정된 상태였기에 많은 한족이 뛰어난 조리 기술과 함께 중원에서 광둥으로 이주했다. 온갖 식자재를 활용하는 현재의 광둥 요리는 중원 식문화의 영향을 받아 당나라 때부터 그 원형이 드러났던 것이다. 또 이때 판위(番禺)를 중심으로 한 무역 기지에서 대외 무역이 발전한 것도 광둥 요리의 기반을 닦은 중요한 요소일 것이다.

당나라 때 학자 안사고(顏師古, 581~645)가 전한(前漢) 때부터 내려온 《급취편(急就篇)》에 단 주석을 보면 “다양한 맛의 장(醬)은 가히 장군 급이다. 장은 조미료 중에서 가장 중요한 지위를 차지하고 있다.(醬者 百味之將師 醬領百味而行)”라는 구절이 나온다. 광둥 요리에서 장에 대한 인식은 당시 중국에서 가장 선진적인 조리법을 낳았다. 다른 지방에서 완성된 요리에 장을 찍어 먹던 것과 달리 광둥에서는 장을 넣어 익혀 먹는 것이 일상적이었고 장을 발라 굽거나 장과 함께 연기에 그슬려 먹는 조리법도 점차 발달했다.

당나라 중기 광둥 요리는 현재와 거의 다름없는 조미료와 조리법이 이미 자리 잡은 상태였다. 그렇다고는 해도 그것은 동남아시아로 흘러 들어간 요리의 원형에 가까우며 오늘날 광둥 요리의 양상과 결코 똑같지 않다.

예를 들면 “광둥 사람이 새우를 살 때는 반드시 살아 있는 가느다란 것을 고른다. 산 새우의 껍질을 벗겨 장(醬)이나 초(酢) 따위의 조미료를 뿌린 뒤 생채소 잎으로 싸 먹는다. 이 방법을 '샤성[蝦生]'이라고 한다.(南人多買蝦之細者 生切 倬茉蘭香蓼等 用濃醬酢先潑活蝦 謂之蝦生)"는 기록이 남아 있다. 젓갈에는 베트남의 느억맘처럼 소금에 절인 생선으로 만드는 맑은 장도 있으니, '샤성'은 현재 동남아시아의 요리와도 비슷하다. 다양한 조개류를 먹는 방법도 고안되었다. 바지락이나 대합 등으로 만든 젓갈은 열 종류가 훌쩍 넘었다.

그러나 젓갈을 사용한 요리는 짜다. 현재 광둥 요리 일부에서 드러나는 단맛은 이때만 해도 아직 도입되지 않았다.

당나라 이후 중원에서는 더욱 격심한 전란이 이어졌지만, 광둥 지역은 십국(十國)중 하나인 남한(南漢)의 통치를 받고 있었기에 비교적 안정된 분위기를 유지했다. 앞서 이야기했듯 중원의 문화인들이 전란을 피해 속속 광둥으로 이주했다. 이에 따라 광둥 요리는 중원 식문화의 영향을 받았다. 즉 해산물 요리가 중심이었던 광둥에 중원의 육식 문화가 들어오게 되었다.

바닷게가 풍부한 연안 지방이었던 광둥에는 이때 이미 푸룽셰*의 원형이 있었다.(달걀보다 게살이 더 많다는 것이 현대의 푸룽셰와 다른 점이다.) 푸룽셰는 획기적인 요리였다. 해산물과 날짐승, 즉 게와 달걀은 오늘날에야 흔하게 볼 수 있는 조합이지만 푸룽셰가 생겨난 당시 광둥에는 해산물만으로 만든 요리밖에 없었다. 요리 체계

푸룽셰(芙蓉蟹) 게살을 찢어 넣어 익힌 달걀 요리인 푸룽셰는 일본에서 일본식 발음인 '후요하이'라고 불리며 대표적인 중국 요리로 사랑받고 있다.

가 새로운 국면에 접어든 것이다.

이질적인 식재료 두 가지가 만나면서 광둥 요리는 비약적으로 진보했다. 후세에 상하이 사람들이 '셰황(蟹黃, 암게의 등딱지 속에 든 누런 색 내장)'이라고 이름 붙인 붉은 게 껍질 속 노른자 같은 크림 형태의 내장에, 소면 정도 굵기의 가느다란 국수를 비벼 먹는 음식도 생겨났다. 당시 뭐라고 불렀는지 기록이 남아 있지는 않으나 이 음식은 지금도 고급 요리로 통할 게 틀림없다. 베이징에서는 흉내 낼 수 없는, 종류가 전혀 다른 섬세한 맛이다. 또 이 요리의 변종으로서 국수를 달걀 크기로 뭉친 것을 동글납작한 떡처럼 눌러서 셰황에 적신 뒤 한쪽만 구워 먹는 음식도 있었다고 한다. 구수한 맛의 진미였을 터인 이 요리는 이제 역사의 뒤안길로 사라졌다.

이러한 과정을 거쳐 명나라와 청나라 때에 들어서면 광저우를 중심으로 하여 광둥 곳곳에서 특색 있는 지방 요리가 완성된다. 산터우에서 나는 설탕에 영향을 받은 차오저우 요리가 광둥에 자리 잡은 한편, 달짝지근한 맛의 요리가 상하이에서 쑤저우로 흘러 들어왔다. 포산(佛山)의 주허우장(柱候醬) 요리, 신탕(新塘)의 '바오위(鮑魚, 전복)', 신후이(新會)의 '사오어(燒鵝, 거위 통구이)', 칭위안(淸遠)의 닭 요리, 그리고 광둥 밖 요리인 새끼돼지 통구이나 진링(金陵)의 '펜피야(片皮鴨, 집오리 석쇠구이)', 카이펑(開封)의 '퉁쯔지(桶子鷄, 나무통에 넣어 삶은 통닭)' 등이 광둥에 전해져 광둥 요리에 병합되었다. "먹을 것은 광저우에(食在廣州)" 있다고 일컬어지기 전에 먼저 식자재가 광저우에 모여든 것이다. 즉 광둥의 밍차이(名菜, 유명한 특산 요리)인 '추이피지(脆皮鷄, 닭 통구이)', '다량차오뉴

나이(大良炒牛奶, 닭 간과 우유 볶음)', '하이난예쯔(海南椰子, 야자껍질
속에 개구리와 함께 닭고기를 뼈째 넣은 찜)', '사오어(거위 통구이)', '사
오루주(燒乳猪, 새끼돼지 통구이)' 등은 원래 광둥 요리가 아니었다.

청나라 말기 아편전쟁(1840~1842)이 발발한 이후, 광저우는 확
고부동한 대외무역의 도시였다. 돈이 모이는 곳에 사람이 모이고
사람의 강력하고 거대한 소비 욕구에 의해 요리가 발전하는 것은
으레 있는 일이다. 중화민국 초기에 대규모 음식점은 이백 곳이 넘
었다. 귀련승(貴聯昇)의 '만한전석', 취풍원(聚豊園)의 단새우 라오
주(老酒) 절임, 남양당(南陽堂)의 오품 렁차이(冷菜), 품영승(品榮昇)
의 참깨로 양념한 닭 요리, 왕기(王記)의 새끼돼지 통구이, 대삼원
(大三元)의 상어 지느러미 통찜, 사왕만(蛇王滿)의 '룽후후이(龍虎
會, 뱀 풀코스 정식)', 도도거(陶陶居)의 게살 볶음, 태평관(太平館)의
비둘기 튀김 등의 요리가 당시 인기를 끌었다. "먹을 것은 광저우
에"라는 말이 바로 이때 생겨났다.

광둥은 주변 지역 요리와 중원의 요리를 종횡무진으로 흡수하
여 끊임없이 새로운 모습으로 다시 태어나길 거듭해 왔다. 그 광
둥 요리와 홍콩 요리의 만남만큼 강렬한 사건은 없으리라. 또한
홍콩 요리는 공산주의 중국에 대항한다는 새로운 존재감도 얻었
다. 화교 사회가 지닌 자본력을 배경 삼아 광둥 요리가 프랑스 요
리를 흡수하려 하면서 새로운 홍콩 요리의 탄생으로 나아간 것은
지극히 자연스러운 일이었다.

미식을 창조하는 '악'의 활력

　장차 홍콩 요리는 어떤 변화를 겪게 될까? 버블을 계기로 하여 그때까지 이미 홍콩에 들어가 있던 일본의 돈에 사십조 엔, 육십조 엔씩 추가로 들어갔다. 홍콩 요리 중 고급 식자재를 활용한 요리는 프랑스 누벨 퀴진의 형태를 빌려 상큼하고 산뜻한 느낌의 '일본화'를 이루었다. 그러나 한편으로는 때를 같이하여 홍콩 반환 이후를 걱정한 요리사들이 불안에 못 이겨 외국으로 떠나갔다. 외국에 간 뛰어난 요리사들은 주식을 소유한 중역이 되는 것을 조건으로 현지에서 취직했다. 그들은 금방 영주권을 손에 넣었다. 그러고는 온 가족에게 외국에서 생활할 기반을 제공하더니, 몇 년 지나지 않아 홍콩으로 되돌아갔다. 그리고 중국 본토에서 헤드헌팅 제안이 오길 기다리다 일설에 따르면 홍콩에서 받던 급료의 두 배는 되는 보수와 호화로운 집, 운전수가 딸린 자동차를 조건으로 상하이나 광둥 등 대도시에서 활약하기에 이르렀다.

　머지않아 중국이 상하이를 우선하여 경제적으로 보호하는 날이 오면 홍콩 출신 요리사의 숫자는 한층 더 늘어날 것이다. 그러나 그때 중국의 경제 상황은 과연 어떨까? 오히려 외국에서 터전을 찾으려는 요리사의 '망류'*가 또다시 일어나지는 않을까?

　자유로운 경제 활동이 이루어지는 나라에서 경제와 미각의 발달은 동시에 진행된다. 홍콩은 세계적으로 번성한 화교 네트워크

망류(盲流) 돈을 벌기 위해 노동자들이 살던 고장을 떠나 타지에 나가는 현상을 일컫는 중국어.

가 자랑하는 중국 요리의 본고장이었다. 전 세계의 지원을 받은 홍콩위안(元)은 자유롭게 오가는 정보가 자산이 되어 번영했다. 그 자유는 자본주의 국가에서 태어난 우리가 보기에도 고삐 풀린 망아지를 방불케 하는 무제한의 방임이었다. 그처럼 식민지 의식에 기반을 둔 무사태평한 윤리만 가지고 살다가 갑자기 정치 의식에 눈떴을 때, 무제한의 자유가 만든 문화와 풍속은 무너질 수밖에 없다.

인간의 의식이 바뀜에 따라, 같은 재료와 같은 요리법을 사용하더라도 요리사 본인이 고개를 갸우뚱할 만큼 완성된 요리의 맛이 달라지는 게 요리의 본질이다. 그리고 문화란 본디 하루아침에 무너져 내릴 수 있는 것이다. 음식 문화를 지탱하는 것은 무엇일까? 공산주의 국가에서 음식은 국가의 정치력을 그대로 반영하며, 자유주의 국가에서는 시대의 활력이 음식에 드러난다. 그 강인하고 농후한 사회 풍속이 미각의 수준을 지탱한다.

"아니다, 공산주의에도 풍속이 있다."라고 주장하는 사람도 있을 것이다. 공산주의적인 표현이나 감각이 대중 사이에 퍼지는 경우를 본다면 정치도 어떤 측면에서 풍속으로 논할 수 있다. 그러나 공산주의적 풍속이란 사회 현상 자체이며 동시에 정치 자체다. 정치의 권력주의야말로 과거나 현재나 중국 대륙의 미각을 떠받치는 바탕이리라. 거기서 미각의 방향성이 은근히 드러나긴 한다. 한편 자유주의 국가에서는 풍속이 아무리 확고하다 하더라도 그 풍속이 드러나는 사회 현상은 그저 표층에 지나지 않는다. 너무나도 연약한 것이다.

다시 말하건대 홍콩 땅의 맛이 지닌 특색은 '잡맛'과 '잡맛'의 결합에서 태어났다. 일반적인 경우에는 서로 상대가 지닌 맛을 죽여 버리는 조리법이다. 그러나 극단적 표현을 쓰자면 '악(惡)'의 매력이 넘쳐흐르는 미각은 강렬한 맛의 극치를 이끌어냈다. 그 맛을 갈고 닦아 최고 수준의 세련미까지 지니고 있던 것이 바로 홍콩 요리였다.

　홍콩에는 자본주의 경쟁 사회의 활력이 있는가 하면 앞서 이야기했듯 영국 식민지 특유의 자유방임 풍속이 존재했고, 그것이 그대로 사회 현상으로 나타났다. 물론 미각도 거기에 편승했다. 풍속에 요염한 매력이 있었기에 요리도 요염하고 색채가 뚜렷했다. 그랬던 홍콩 요리가 반환 후 지금은 그냥 평범한 '악'으로 전락하여 매력을 잃어 가는 것처럼 보인다. 이미 홍콩 요리계는 일손이 턱없이 부족하다. 앞으로 홍콩이 중국 요리의 중심으로서 군림할 힘을 회복하는 날이 올까? 미식의 측면에서 봤을 때 홍콩 반환은 역사의 엄청난 실수였다.

9장

고추와
쓰촨 요리의
탄생

고추, 가장 참신한 쾌락의 맛

　동북아시아에 속한 한 나라의 국민으로서 동북아시아에서 고추
가 밟아 온 역사를 쓰기란 쉽지 않다. 한국은 나라 전체가 고추 문
화권이다. 중국도 쓰촨성과 랴오닝성(遼寧省)을 중심으로 하여 고
추 요리를 애호하는 지대라고 볼 수 있겠으나, 그 배경에는 정치
적 의도가 도사리고 있으니 실상을 뜯어보면 복잡하고 미묘하다.
게다가 고추의 전파 시기와 경로를 둘러싸고 중국, 한국, 일본 각
국에서 독자적인 연구와 다양한 견해가 존재하기에 하나로 포괄
하여 논하기란 거의 불가능에 가깝다.

　현재 정설로 자리 잡은 고추의 전파 시기를 말하자면 일본에는
1542년, 조선에는 1592년부터 1598년 사이, 중국에서는 1640년에
전해졌다고 한다. 사실 여기서 일본은 빼야 한다. 1542년에 일본
은 통과 지점 역할을 했을 뿐이다. 일본인이 고추 맛을 처음 안 것
은 제2차 세계대전 이후 두부 김치찌개와 마파두부를 먹게 되었을
때다. 만약 두부란 것이 이 세상에 없었다면 일본인은 아직도 고

추의 톡 쏘는 매운맛을 모른 채 살고 있을지도 모른다.

많은 일본인이 지금도 고추가 중국 당나라에서 전해진 줄로 잘 못 알고 있다. 에도 시대 일본인은 '바다 건너에서 온 문물은 다 중국에서 온 것'이라고 안이하게 생각하는 버릇이 있었고, 중국을 포괄하는 이미지였던 '당(唐)'이라는 글자를 별 생각 없이 고추를 뜻하는 이름에 넣어 보통 명사로 정착시킨 탓이다(일본어로 고추 는 '도가라시唐辛子'다). 후세의 일본 사람들은 당나라 때 견당사(遺 唐使) 같은 이들이 중국에 갔다가 고추를 가져온 것이겠거니 하는 억측으로 조상이 뿌린 오해의 씨앗을 키워 왔다.

여하튼 세상에는 아직 고추의 매운맛에 익숙지 않은 사람이 압 도적으로 많다. 그들이 느끼기에 고추의 매운맛은 '맛'이라기보다 는 별안간 입속에 휘몰아치는 괴로운 통증이다. 물론 매우면 매울 수록 통증도 더 심해지며, 격심한 자극에 노출된 사람의 몸은 아 픔을 완화하도록 뇌에서 쾌락을 느끼게 하는 성분을 만들어낸다 고 한다. 그 쾌감을 '맛'이라고 한다면, 매운맛은 인류가 다양한 맛을 발견하고 즐겨 온 역사에서 가장 참신한 마조히즘적 미각이 라고 할 수 있을 것이다.

자, 그러면 조심스럽게 본론으로 들어가보도록 하겠다.

대항해 시대와 고추

명나라 왕조는 1368년에 세워졌다. 왕조 후반에 정권 내부의 권 력 투쟁과 쓰촨성 이웃에 있는 구이저우성의 대규모 반란을 계기로 하여 곳곳에서 민중의 폭동이 쉴 없이 일어났고, 1644년에 결국 멸망했다.

그리고 다음 왕조인 청나라 시대(1644~1912)가 시작되었다. 청나라 시대는 세계가 근대로 나아가는 격변기였다고 할 수 있다. 육지의 실크로드는 이미 한참 전에 과거의 유물로 밀려났고, 영국과 네덜란드가 각각 1600년과 1602년에 동인도회사를 설립하여 해상에서 교역을 하는 대항해 시대가 본격적으로 열렸다. 바다를 통해 전 세계가 이제까지 몰랐던 새로운 산물과 문화와 풍속을 접하고 경악과 경탄으로 뒤범벅이 된, 그야말로 폭풍 같은 시기였다.

중국에서 물건을 가리키는 명사에는 그 물건의 역사와 성격이 그대로 드러난다. 고추는 중국에 전래되었을 때 '하이자오(海椒)'라는 이름이 붙었다. '하이(海)'란 머나먼 '바다 건너 외국'에서 온 물건이라는 뜻이다. 중국에서 고추를 지칭하는 명사 중 가장 역사가 오래된 말이다. 나중에는 '판자오(蕃椒)'라고 불렀고, 이후 지금의 '라자오(辣椒)'로 정착했다. 이야기가 나온 김에 덧붙이자면 일본에서 유래한 물건의 이름에는 '양(洋)'을 붙인다. 일본에서 전파된 인력거는 '양차(洋車)'라고 했고, 이 단어는 일본인을 경멸적으로 일컫는 호칭으로도 쓰였다.

이러한 고추의 역사를 쓰촨이나 주변 성도(省都) 사람들은 아마도 알고 있을 테지만, 중국 전체를 살펴보면 일본인과 마찬가지로 바다가 아닌 실크로드를 거쳐 전해진 것이라고 믿는 사람이 많다.

실크로드를 지나온 물건의 이름에는 '후(胡)'라는 글자가 들어간다. '후(胡)'는 중국 북방과 서부 지역의 이민족을 낮잡아 부르

는 멸시 어린 호칭이다. '이(夷)'도 같은 뜻이다. '후(胡)'에서 온 것
에는 모두 '후(胡)'가 붙는다. '후마(胡麻, 참깨)', '후과(胡瓜, 오이)',
'후자오(胡椒, 후추)', '후타오(胡桃, 호두)', '후차이(胡菜, 유채)', '후
쏸(胡蒜, 마늘)', '후더우(胡豆, 누에콩)' 등 먹을거리 관련 어휘가 많
다. 전통 현악기 중에는 '얼후(二胡)'나 '징후(京胡)'처럼 '후(胡)'
가 들어가는 이름의 악기가 적잖이 있다. 나비를 가리키는 '후뎨
(胡蝶)'라는 단어도 있다. 일본어에서도 비슷한 경향을 엿볼 수 있
는데, 오랑캐(胡人)가 앉는 자세라고 하여 책상다리를 '아구라(胡
座)'라고 하며 '우산쿠사이(胡散臭い, 정체를 알 수 없다. 수상하다)'라
는 말도 널리 쓰인다. 앞서 예로 든 중국어 단어들 다수가 똑같이
쓰이기도 한다. 처음에는 '후'가 붙어 있었던 단어, 이를테면 '후마'
가 현대 중국에 녹아들면서 '즈마(芝麻)'로 변한 예도 있기는 하나
'후(胡)'는 지금도 많은 중국어 어휘에서 엿볼 수 있는 역사의 흔적
이다.

하지만 고추에는 '후(胡)'가 붙지 않았다. '하이자오(海椒)'라고
불리던 고추는 곧 '판자오(蕃椒)'로 호칭이 바뀌었다. '판(蕃)'은
'만(蛮)'과도 뜻이 통하는데, 육지를 경유해 외국에서 들어온 문물
을 막연하게 일컫는 말이다. '판'이 붙는 말로는 '판체(蕃茄, 토마
토)', '판과(蕃瓜, 파파야)', '판수(蕃薯, 고구마)', '판훙화(蕃紅花, 사프
란)', '판시류(蕃石榴, 석류)', '판난과(蕃南瓜, 호박)' 따위가 있다. 이
시점에서 고추는 '바다 너머인지 땅 저편인지 알 수 없는 막연한
외국에서 온 것'이라는 관념이 자리 잡았을 것이다. 한편 '판(蕃)'
이란 글자에는 왕성한 번식력이라는 뜻도 있다. '판자오(蕃椒)'라

는 이름에는 '원산지는 외국이지만 이제 우리 것'이라는 의식도 담겨 있었으리라. 그리고 마침내 '라자오(辣椒)'라는 이름을 붙이면서 원산지를 지우고 고추가 온전히 중국 채소로 정착했음을 확실히 주장하기에 이르렀다. 여하튼 고추는 북서부의 오랑캐(胡)에게서 전해진 것이 아니며, 중국 본토종은 더더욱 아니다.

그러면 '고추'는 언제, 어디서 중국으로 들어온 것일까?

중남아메리카가 원산지인 가지과 식물 고추는 1493년에 콜럼버스가 대서양을 왕복하면서 처음으로 유럽에 들여왔다. 그다음에는 유럽에서 동방을 향하여 희망봉을 돌아 1542년 인도에 들어왔다. 중국에 도착한 것은 그로부터 100년 넘는 세월이 더 흐른 뒤였다.

최근 후난성에서는 1640년 타이완을 바라보는 항구 마을 취안저우(泉州)를 통해 고추가 전래되었다는 주장이 나오고 있는데, 이 설이 현재 중국에서 가장 많은 사람들이 옹호하는 견해이다 보니 어느새 정설이 되어 퍼졌다. 한편 충칭에서는 '청나라 가경제(嘉慶帝) 재위 시기(1796~1820)에 수입품 유통이 활발하던 충칭 촨둥(川東) 지구에서 고추를 심어 처음 정식으로 수확할 수 있게 되었다'고 직할시가 되기 전부터 구체적으로 공언하면서, 지금도 고추를 '충칭라쯔(重慶辣子)'나 '디라쯔(地辣子)' 같은 이름으로 부른다고 한다. 충칭의 주장은 청나라 시대 도광(道光) 2년(1823년)에 나온 《도광 남천현지(南川県志)》 권오(巻五)의 '토산소채(土産蔬菜)' 장이 뒷받침해주고 있다.

취안저우에서 전해지는 설에 따르면 취안저우에 상륙한 고추는 산줄기를 따라 후난성에 들어왔다. 그러나 그리 고가로 팔릴 것 같지도 않은 식물 씨앗을 위험을 무릅쓰고 산등성이를 따라 가지고 올 이유가 있었을까? 그보다는 양쯔강(長江)에서부터 거슬러 올라 지류인 자링강(嘉陵江)으로 들어가는 수운을 타고 충칭 중심부에 직접 유입되었다고 하는 충칭 시의 주장이 더 합리적으로 보인다. 그러나 배후에서 두 설이 어떤 충돌을 겪었는지 몰라도, 충칭 시의 주장은 시중 서적에서 사라진 지 오래다.

후난성이 주장하는 1640년 설과 충칭 시가 주장하는 1796년 설 사이에는 현격한 시간 차가 있다. 이렇게 다른 주장이 나오는 이유는 무엇일까? 어쩌면 두 주장 다 일리가 있을 수도 있다. 고추가 너무 매워 1640년에 중국 땅에 상륙했더라도 사람들이 그 자리에서 맛보자마자 버렸을 수도 있고, 창고에 156년 동안 처박아 두었을지도 모른다. 그전까지 일상적으로 사용하던 향신료와는 달리 입안이 온통 얼얼해지는, 난생 처음으로 맛보는 낯선 자극이었을 테니 말이다.

고추가 등장하는 조선 문헌은 1614년의 《지봉유설(芝峰類說)》이 처음이다. 먹을거리를 다루는 장에 이런 기술이 있다. "남만초(南蠻椒)에는 강한 독(毒)이 있는데, 왜국(倭国)에서 처음 들어왔다. 그래서 왜개자(倭芥子)라는 속칭으로 부르기도 한다. 이 식물을 심어 키우는 주막에서 그 강렬한 맛을 이용하여 소주에 넣어 팔기도 하는데, 이것을 마시고 죽은 자도 있다." 《지봉유설》의 저자 이수광(李睟光, 1563~1628)이 보기에 이 붉은 열매는 독이 틀림없었다. 그전까지 고추의 매운맛을 모르던 사람으로서는 그렇게 생각하는 것도 당연한 일이다.

중국인들도 이수광과 같은 반응을 보였기 때문인지, 실제로 고추는 역사상 중국의 여러 항구에 상륙했을 가능성이 있는데도 어떤 항만 도시에도 정착하지 못했다.

중국은 1842년 난징 조약을 체결하며 광저우, 푸저우(福州), 샤먼(廈門), 닝보(寧波), 상하이 다섯 개 항구를 조약 항으로 지정하고, 치외법권이 부여되는 조계(租界)와 외국인 거류지를 둠과 동시에 개항했다. 난징 조약 이전에 외국 배가 중국에 자유롭게 입항한 적은 없다. 따라서 고추가 난징 조약 이전에 들어왔다면 중국인이 어디선가 가지고 온 것일 터이다. 고추가 들어왔을 가능성이 있는 항만은 닝보, 타이저우(台州), 원저우(溫州), 푸저우, 취안저우인데, 이 항구들이 있는 장쑤성, 저장성, 푸젠성, 광둥성은 현재도 기본적으로 매운 음식을 잘 못 먹는 지역이다. 요리가 다른 지방에 비해 훨씬 발달한 곳들이었으니 매운맛이라는 새로운 요소를 굳이 필요로 하지 않았을 터이다. 게다가 이 도시들에서 만드는 요리는 어패류와 채소 요리가 중심이다. 고추는 담백한 어패류보다 기름기가 많고 맛이 진한 고기와 잘 어울린다. 유럽에서 고기가 금세 후추와 짝이 된 것도 그 이유 때문이다.

문헌을 한번 살펴보자. 명나라 시대 만력(萬曆) 24년(1596년)에 간행된 《본초강목》에는 당연한 일이지만 고추가 나오지 않는다. 그러나 고추가 들어왔을 무렵인 1640년경 이후에도 중국 문헌에서는 한참 동안 고추의 자취를 찾을 수 없다. 1792년(건륭 57년)에 나온, 원매가 난징에서 쓴 《수원식단》에도 고추에 관한 내용은 전무하다. 장쑤성 출신이었던 원매가 북송, 남송 요리의 피를 잇는

전통 있는 장쑤 요리를 고추로 망가뜨리기 싫어서 일부러 뺀 것일
까?

고추가 믿을 만한 중국 문헌에 등장하는 것은 1861년이 처음이
다. 왕사웅(王土雄, 1808~1868)이 편찬한 《수식거음식보(隨息居飲
食譜)》라는 책에 '랄가(辣茄)'라는 작물의 명칭이 등장한다. 그러나
고추를 이용한 구체적인 요리는 전혀 실려 있지 않다. 그때까지도
도시 지역에는 고추 요리가 없었으리라 추측할 수 있다.

동북아시아에 도착하기 전에 고추는 어떤 여정을 거쳤을까? 중
국 책을 읽다 보면 남아메리카에서 태평양을 가로질러 필리핀 해
역에서 북상하여 타이완 건너편 취안저우에 위풍당당하게 다다르
는 항해도를 이따금 볼 수 있다. 그러나 고추가 갓 전파되었을 시
기에 이렇게 태평양을 횡단하는 것은 도저히 불가능한 일이었다.
유럽을 경유하는 것 말고는 길이 없었다. 여하튼 중국, 한국, 일본
이 고추가 마지막으로 전파된 지점이라는 것은 분명하다.

고추는 인도와 부탄까지는 '정식'으로 들어갔다. 실제로 부탄
요리 중에는 화끈하게 매운 음식이 많다. 그러나 그대로 직진하여
중국 서부의 칭하이성(靑海省)으로 가면 매운 요리를 찾아볼 수 없
다. 고추를 쓸 때도 최근 유행하는 스타일로 고춧가루를 뿌리는
경우가 고작이다.

부탄에서 많이 먹는 요리 중에 '펠메니'라는 것이 있다. 만두와
똑같은 이 '펠메니'는 아시아의 극동과 극북에서 베이징을 지나 동
유럽의 헝가리에 이르기까지 중앙아시아를 관통하여 이어지는 일

직선 위에 드넓게 분포하고 있는데, 어디가 원조인지는 알 수 없다. 이렇게 넓은 지역에서 같은 음식을 먹는 것을 보면 문화의 전파력은 참으로 대단하다.

한편 헝가리는 유럽에서 보기 드물게 고추(파프리카)를 애호하는 나라이기도 하다. 고추가 콜럼버스가 활약하던 당시 바다를 통해 전파되었다는 설과 중앙아시아 유목민에게서 전래되었다는 별난 주장이 다툴 만큼 고추가 널리 자리 잡고 있다. 정말 중국에서 동유럽을 향해 고추가 나아갔을지도 모른다고 상상해보면, 중앙아시아 초원에 새빨간 고추가 무성한 풍경이 머릿속에 그려지며 장대한 드라마를 느끼게 된다.

사족이지만 중근동 아라비아 요리에 고추가 쓰이지 않는 이유도 짚어보자. 고추가 실크로드가 아니라 바닷길로 아프리카를 돌아, 중근동을 거치지 않고 인도 방면을 향해 갔기 때문이다. 이것은 실크로드 요리에 고추가 쓰이지 않는 이유이기도 하다. 현재 실크로드의 요충지인 카슈가르는 중국에 병합되면서 고추와 마오쩌둥 동상을 받아들였지만 말이다.

일본에 고추가 전파된 과정에 관해서는 앞서 말했듯이 중국보다 이른 1542년에 포르투갈 사람이 가지고 왔다는 설이 유력하다. 이때는 일본에 자리 잡지 못하고 조선으로 넘어갔다가 나중에 일본에 다시 들어오게 된다. 한편 민간에서는 임진왜란 때 도요토미 히데요시(豊臣秀吉)나 당시 인기 있는 장수였던 가토 기요마사(加藤清正)가 조선에서 가지고 왔다는 이야기도 전해진다. 둘 다 너무 유명한 인물이라는 점에서 그대로 믿기는 조금 수상쩍다. 게이

초(慶長) 시기(1596~1615)에 남만(南蛮, 포르투갈)에서 담배와 함께 전래되었다는 설도 있다. 또 나라(奈良)에 있는 절 고후쿠지(興福寺)에서 1478년부터 1618년까지 140년간 당시 간사이(関西) 지방의 상황을 자세히 적은 책《다문원일기(多聞院日記)》의 1593년 2월 18일자 기록에는 고추를 처음 먹어보고 쓴 것으로 보이는 글이 남아 있다. "가지 씨앗처럼 납작한 씨앗이 붉은 주머니 속에 들어 있는데, 이 붉은 껍질의 맛과 톡 쏘는 느낌은 지금까지 알던 후추와 달리 혼이 빠질 만큼 비할 데 없이 맵다." 문헌을 뒤질수록 혼란만 더할 뿐이다. 게다가 한때 일본인은 고려에서 왔다는 생각에 고추를 '고려후추'라고 부른 적도 있다.

이처럼 고추의 전파에 얽힌 학설은 다양하고, 고추가 걸어온 길은 복잡하다. 각 나라에 고추가 전해진 순서도 추정할 수는 있으나 단언하기는 어렵다. 아무래도 고추는 성격상 방랑벽이 있는 것 같다.《삼국지》속 영웅들은 고추를 몰랐다는 것 정도가 틀림없는 사실이라고 할 수 있을 것이다.

"매운 것을 먹지 않으면 혁명을 할 수 없다"

고추와 쓰촨 요리에는 알 수 없는 수수께끼와 의문이 가득하다.

지금 상하이나 광둥에 가서 쓰촨이라는 지방에 대해 나이 든 중국인에게 물으면 이런 대답이 돌아온다는 것을 아시는지? 전부 명나라 말기가 배경인 이야기다.

① 쓰촨 인민이 일으켰던 농민 혁명이 실패하여 전부 죽임을 당했다.

② 쓰촨 권력자들 사이에 내분이 있어 서로 죽이다 민중까지 말려들어 전멸했다.

③ 어떤 계기로 군대, 관리, 민중이 서로 대립하여 삼파전을 치르다 서로 죽여 전멸했다.

④ 천재지변이 일어나 쓰촨 전체가 전멸했다.

⑤ 전염병이 돌아 쓰촨 전체가 전멸했다.

명나라 말부터 청나라 초까지 쓰촨 지방에는 봉기와 전란이 끊이지 않았고 그로 인해 인구가 엄청나게 줄고 경제가 쇠락했는데, 그러한 일을 두고 이렇게 다섯 가지 유형의 이야기가 전해지는 것이다. 하나 의아한 것은 일본과 비슷한 규모의 큰 지방에서 일어난 대사건이 중국 현대사 책에는 전혀 실려 있지 않다는 사실이다.

혹시 ①이나 ②가 사실이라면 중국공산당이 앞장서 선전할 게 틀림없다. 사회주의 국가 입장에서 ①은 인민의 손으로 일으킨 그야말로 '빛나는' 혁명 행동이며, ②는 인민이 압제에 의해 스러져 간, 사회주의 사회에서도 일어날 수 있는 애통한 역사다. 한편 ④ 같은 일은 요즘도 드물지 않아서, 몇 해 전만 해도 비극적인 대지진이 난 적이 있다. ④와 ⑤가 함께 벌어졌을 가능성도 없지 않다.

여하튼 쓰촨에서 그런 일은 전혀 없었다는 양 취급받는 이유는 무엇일까? 적어도 민중이 일으킨 혁명적 행동은 없었던 것이 사실

일 것이다. 한편 이 이야기들의 결말은 다음과 같다.

"그래서 개미 한 마리 안 남은 쓰촨 땅에 윈난(雲南)이나 티벳 오랑캐(蠻人), 중원에서 빌어먹고 살던 자들이 슬슬 눈치를 보다가 몰려들어 눌러앉은 게야. 그러니까 진짜 쓰촨 사람은 지금 한 명도 없다고."

이 이야기의 근거를 찾아보니 일본의 역사책에도 기록이 있었다. 중일전쟁이 발발한 다음 해인 1938년에 가타야마 시게오(片山繁雄)가 쓰고 산세이도(三省堂)에서 출간한 《지나전토(支那全土)》라는 책이다. 이 책에는 당시 중국 전역에 관한 정보가 자세히 나와 있는데, 쓰촨성을 다룬 장에 다음과 같이 쓰여 있다.

"빈번히 일어나던 혁명을 진압하고자 명나라 말기에 대학살이 벌어져 인구의 4분의 3이 소멸했다고 한다. 그리하여 인민의 숫자를 늘리기 위해 17세기 중엽 청나라 왕조는 각 지방에서 쓰촨성으로 이민을 오도록 하였다. 중국 전역의 여덟 개 성(省)에서 이민을 옴에 따라 충칭의 지방 회의소 안에 팔성부(八省部)를 만들어 대처했다. 여덟 개 성이라고 해도 이민자는 대부분 윈난이나 티베트 산악 지역의 원시적 미개인이나 다름없는 자들이 많았다. 동쪽 지역은 후난성에서 온 가족으로 구성되어 있기도 했다."(원문을 현대어로 바꿔 옮김)

인구의 4분의 3이라고 쓰여 있으니 다 죽었다는 말은 아니지만, 여하튼 쓰촨의 대부분이 본디 이어 오던 중국 수천 년 역사와 전통을 잃고 지금으로부터 400여 년 전인 명나라 말기에 새로운 주민으로 다시 채워진 것은 사실인 것 같다.

쓰촨 요리에 관해서는 이런 문헌도 있다. 1920년에 청두(成都)를 방문한 고토 아사타로(後藤朝太郎)가 쓴 《지나요리통(支那料理通)》의 한 구절이다. 고토는 당시 일본에서 누구보다도 중국에 정통한 언어학자로서 신분을 숨기고 시정에 어우러져 살던 인물이었다.

"그뿐 아니라 쓰촨 요리는 채소를 주로 쓰는데, 채소 요리답게 산뜻한 특색을 띠어 일본인의 입맛에 매우 잘 맞는다."

'맵다'는 말은 어디에도 없다. 뿐만 아니라 이 짧은 문장에서 음식점에서 파는 요리는 채소 요리였고 고기 요리는 적었다는 것을 엿볼 수 있다. 육식이 발달한 지역이 아니었다는 말이다.

청두와 충칭 한가운데에 현재의 쯔궁 시(自貢市)가 있다. 당나라 때부터 염도(鹽都)라는 별칭으로 불렸던 쯔류징*은 돌소금으로 유명하다. 전국 시대 말부터 소금 우물(鹽井)을 파서 천연 짠물을 퍼올린 뒤, 우물에서 나온 천연 가스를 사용해 양질의 '정염(井鹽)'을 만들어 왔다. 돌소금 특유의 높은 질과 부드러운 맛 덕택에 이 소금으로 조리한 채소 요리는 그 수준을 자랑할 만했을 것이다.

이 짠맛과 원래 자생하던 초피의 맛을 조합한 요리를 청두의 훌륭한 음식점에서 맛볼 수 있다. 외국인인 고토 아사타로에게 내놓고자 매운맛을 적당히 조절했을 수도 있다는 생각도 들지만, 그렇지는 않다. 그 뒤 1949년 신중국 건설 이전에 쓰촨을 방문한 중국인의 기록을 봐도 '쓰촨 요리가 매웠다'는 내용은 전무하다. 현재의 아리도록 매운 요리는 도대체 자취를 찾을 수 없는 것이다.

쯔류징(自流井) 중국 쓰촨성 쯔궁 시에 있는 구(區).

현재 중국 측 자료 중에서 "유구한 역사를 지녔으며 아주 매운 것으로 알려진 쓰촨 요리는 사실 옛날에는 맵지 않았다."는 서술을 겨우 하나 찾아내긴 했지만, 눈에 띄지 않는 구석에 처박혀 있는 듯한 인상을 받았다.

한편 뒤이어 "현재 쓰촨 요리가 태어난 것은 청나라 건륭제 시대(1735~1796)다. 정부가 권장하여 주로 후베이성과 후난성, 광둥성 등 중국 남부 지역에서 쓰촨성으로 방대한 규모의 이민이 있었다. 푸젠성에서 쓰촨성으로 가던 농민이 이삿짐에 넣은 콩에 벌레가 생기지 않도록 말린 고추를 넣은 데서 우연히 만들어진 것이 더우반장(豆瓣醬, 일명 두반장)이다. 이 더우반장의 영향으로 현재의 '매운' 쓰촨 요리가 태어났다."라고 쓰여 있는 것은 아무래도 좀 이상하다.

쓰촨으로 간 이민 대열에서 대부분을 차지하는 윈난 사람과 티베트 사람에 대해서는 어떤 정치적 의도가 있었는지 언급하지 않고, "쓰촨성은 새로운 한족(漢族)이 모여 만들어진 성(省)"이라고 단언하고 있다. 게다가 윈난 지방 산물인 더우반장을 한족의 발명품이라고 주장할뿐더러, 더우반장은 잠두콩으로 만든다는 사실도 무시하고 전설이라는 얄팍한 수를 써서 역사와 식품의 제조법을 날조하고 있다. 무엇보다 쓰촨 요리의 역사는 매운맛만 가지고 논할 수 없으며, 산간 지역에 사는 사람과 도시에 사는 사람의 식생활이 전혀 다른 것도 염두에 두어야 한다.

쓰촨성은 주위가 산악으로 둘러싸인 분지다. 산에 사는 사람들의 식사는 지극히 토속적이었다. 윈난에는 발효 기술이 있었기에 좀 달랐지만, 티베트 사람은 아리고 떫고 씁쓸한 맛이 나 그냥 먹기 힘든 산의 초목들을 절묘하게 향신료로 사용했다. 아마 새롭게 접한 고추도 비슷한 종류의 식재료로 다루었을 것이다. 소금을 약간만 써도 짠맛이 배가되는 효과를 기대했을 것이 분명하다. 티베트의 토속적인 요리는 몇몇 지방에서 타이 요리와는 또 다른 방향으로 진화하였는데, 어떤 측면에서는 '마약 요리'라고도 할 만큼 중독성 있는 맛이다. 사람들이 이 매력에 눈을 뜬다면 먼 미래에 언젠가는 티베트 요리가 요리의 혁신으로서 주목과 찬사를 받을지도 모른다.

청 왕조가 들어섰을 즈음에는 전 인구가 거의 멸망한 땅에 재건한 새로운 도시 쓰촨성 청두도 초피가 자생하는 땅으로 다시 태어난 상태였을 것이다. 그리고 호족(豪族)과 함께 베이징에서 파견된 우수한 산둥성 요리사들의 손으로 초피의 '마(麻, 얼얼하고 아린 맛)'를 이용한 수준 높은 요리가 많이 개발되었다. 초피의 효력은 아직 해명되지 않은 부분이 많다. 일본 요리에서도 초피는 원래 맛이 옅은 재료가 지닌 맛을 이끌어내거나 원래 맛이 진한 식재료의 개성을 더욱 강조하기 위해 쓰여 왔다. 초피의 '마(麻)'는 마취(麻醉)의 '마'다. 전기 마취와 닮은 자극이 뇌와 혀 사이를 잇는 회로를 엮어 미각을 예민하게 하는 것이 아닌가 하는 추론도 있다.

원시 신앙에서 많은 금기가 관습으로 자리 잡은 여진족이었기에, 게다가 명나라 말 쓰촨 멸망이 전염병 탓이었다고 친다면, 아무리 여진족이 동물 고기를 좋아했어도 육식을 피할 수밖에 없었을 것이다. 고기를 좋아하는 자는 육식의 위험을 안다. 그래서 산의 채소를 산에서 나는 조미료를 써서 먹게 된 것이 아니었을까. 여진족 호족의 입장에서 그렇게 선택한 채소 요리는 고기 요리보다 더 만족스러운 맛이 듬뿍 담겨 있어야 했을 테니, 당시 산둥 출신 요리사들이 했을 고생을 짐작할 수 있다. 갓 들어선 청 왕조가 궁중 요리의 모델을 산둥 요리로 정했기에 호족이 먹을 요리에 고추가 지닌 매운맛을 가미하는 것을 허용하지 않았을 것이다. 그러나 그것은 도시의 호족에만 해당하는 이야기고, 민간에는 벌써 고추가 퍼져 있지 않았겠느냐는 견해도 있다.

다시 말하지만 청나라 왕조가 베이징으로 수도를 옮기고 전 중국을 지배했던 것은 1644년부터의 일이다. 그리고 현재 사람들이 주장하는 고추의 중국 전래는 1640년대. 그 연대를 절대적인 근거로 삼는다면 역사는 통쾌하리만큼 재미있다. 청 왕조 성립과 거의 동시에 중국에 고추가 들어왔다는 말이 되는 것이다. 즉 고추를 사용한 쓰촨성 및 그 주변 성의 요리는 청나라 왕조와 동시에 출현했다고 달리 쓰더라도, 시간대만 봐서는 그리 틀리지 않다.

쓰촨 요리와 고추에 얽힌 수수께끼를 풀 또 다른 열쇠는 조선에 있다. 여진족의 애니미즘은 청나라 성립 이전부터 조선의 샤머니즘에 깊이 영향을 받았다. 아시아 각 지역에는 현재도 남아 있는 민속 신앙이 다수 존재했고, 조선과 중국에도 한때 다양한 샤머니즘이 있었다. 하나로 포괄하기에는 워낙 가지각색이나 무녀나 신관이 중심이라는 점에서는 차이가 없다. 천지(天地), 산천(山川), 기상(氣象), 동물 따위를 신으로 모시고 무녀가 영혼이나 정령과 사람 사이를 매개한다.

청나라 초기에는 궁궐 안에서 샤머니즘 의식을 거행했다. 당시 '귀신'은 어떤 측면에서 신과 동급으로 여겨졌고, 귀신이 인간에게 재앙을 가져온다는 생각은 조선에도, 여진족 사이에도 똑같이 있었다. 그도 그럴 것이, 귀신 개념은 조선에서 수입된 것이었다. 그전까지 여진족은 자신들에게 위해를 가하는 첫 번째 존재를 기상(氣象)으로, 그다음을 동물의 악령이라고 여겼다. 그랬던 그들에게 인간의 형태를 취한 귀신의 이미지가 얼마나 신선하게 다가왔을까.

청나라가 성립함과 동시에 직면한 것이 쓰촨 문제였다. 쓰촨성 전역을 휩쓴 재앙은 자연재해나 역병 때문이었을 가능성이 크다. 무엇이든 둘 다 귀신의 소행이다. 게다가 애초에 여진족은 쓰촨 땅을 꺼림칙하게 여겨 혐오했다. 북방 기마 민족은 자신들이 사는 곳에서 가장 먼 남서쪽 땅에 저승과 지옥이 있을 거라고 생각했다. 이를 나풍(羅酆)이라고 한다. 죽은 자는 나풍에 가서 자신의 죄를 심판받는다. 이는 기원전 265년부터 420년의 양진(兩晉) 시대의 도교 문헌에서 볼 수 있는 내용이었고, 북송 때 즈음해서 쓰촨성 중저우(忠州)의 핑두산(平都山)에 풍도지옥(酆都地獄)이 있다는 믿음이 퍼졌다. 이 믿음은 오랫동안 지속되었지만 문화혁명의 '사구타파(四舊打破)' 운동으로 사라졌다.

그렇다면 청나라가 귀신 퇴치의 일환으로 독(毒)으로 여겨지던 고추를 지목해 쓰촨에 전파한 것일지도 모른다. 고추의 다양한 효능 중 하나가 삿된 기운을 막아주는 것이라고도 여겼으니, 지옥의 입구이자 귀신 들린 곳인 쓰촨에 안성맞춤이라고 생각했을 수도 있다. 아니면 귀신이 싫어한다고 하는 붉은색과 매운맛으로 쓰촨을 가득 채워 정화하려고 한 것일지도 모르겠다. 그러나 결과적으로 귀신을 막는 고추의 압도적인 매운맛과 선명한 붉은색이 만능 조미료로서 매력을 지녔다는 것을 귀신이 아니라 사람들이 발견했다는 아이러니컬한 역사가 있지는 않았을까?

안타깝게도 "현대의 맵디매운 쓰촨 요리는 촉나라 때부터 존재한 전통적인 요리 체계"라는 식의 잘못된 주장이 중국 인민들 사이에 널리 퍼졌는데, 이제 와서는 쓰촨, 구이저우, 후난을 마치 만리장성처럼 휘감고 있다. 그런 주장에 맞서 싸울 시간도, 의욕도 내게는 없다. 그럼에도 "요리 문화가 발전하지 않았던 쓰촨 주변 산간 지역의 벽지(윈난, 티베트, 후난성)에서는 고추를 쓰기도 했지만, 쓰촨 내부의 도시 요리까지 매워진 것은 제2차 세계대전 이후다."라고 주장하고 싶은 마음이 남는다. 왜 중국은 고추로 만든 만리장성을 그처럼 하루하루 굳건히 쌓아 올리는 것인지, 알 수 없는 일이다.

한편 앞서 쓴 것처럼 중국에 고추가 최초로 전파된 곳이 '후난성'이라는 설이 최근 유력해지고 있다. 후난은 마오쩌둥의 출생지라는 것 말고는 생각나는 특징이 별로 없는 땅이다.

"매운 것을 먹지 않으면 혁명을 할 수 없다."

마오쩌둥에게 올바른 농민 요리의 대표는 고추를 쓴 것이었고, 고추는 인민공사(人民公社)가 자랑하는 이른바 모범적 작물이었다. 요리가 그리 발전하지 못한 후난성 벽지의 고향을 생각하며, 마오쩌둥은 고추를 꽉 깨물고 그 매운맛으로 도시를 섬멸하는 환상을 눈앞에 그렸던 것이 아닐까. 마오쩌둥은 자신의 권력 투쟁과 고추를 겹쳐 인민해방군 팔로군에 후난 요리의 매운맛을 장려했다. 그 시대에 매운맛을 좋아한다는 것은 곧 산간 지역의 시골뜨기라는 뜻이었다. 마오쩌둥이 후난성 출신인 것을 비롯하여 중요한 군 지휘관들이었던 리푸춘(李富春)과 탄전린(譚震林)과 타오주(陶鑄)가 역시 후난 출신이었고, 덩샤오핑과 천이(陳毅)와 녜룽전(聶榮臻)이 쓰촨 출신으로서 하나같이 매운맛을 즐겼다.

한편 사인방과 그 일파는 매운 것을 잘 못 먹는 산둥, 푸젠, 저장, 장쑤 출신이었다. 그렇다면 저우언라이는? 역시 장쑤 출신이다. 마오쩌둥이 마음 한구석에서 저우언라이를 믿지 않았다고들 하는 이유가 여기 있을지도 모르겠다.

둥베이, 조선족과 여진족이 만든 맛

한편 중국에서는 둥베이 지방도 요리에 고추를 많이 쓰는 지역이다. 둥베이 지방에는 옌벤(延邊) 조선족 자치주가 있다. 지린성(吉林省)에 위치한 이곳은 옛 고구려, 발해의 땅으로서 특히 둔화시(敦化市)에는 발해 초기 도읍이었던 동모산(東牟山)이 있다. 발해의 벽화 고분 육정산(六頂山) 정혜공주묘(貞惠公主墓)와 같은 유적이 지금도 존재한다.

이 지역에 여진족이 유입되어 선조 때부터 살던 조선족과 더불어 둥베이 지방을 개간했다. 조선에 고추가 들어오고 나서는 자연스레 새로 온 조선족이 둥베이 지방에 고추를 전파했고, 이 고추가 당시 몽골식 요리의 영향을 많이 받았던 여진족 요리와 어우러졌다. 여기에 산둥 요리가 섞였다.

만리장성의 맨 동쪽은 바다인데, 이곳이 산하이관(山海關)이다. 청나라 건국 전 명나라 왕조까지는 장성 바깥에 여진족의 땅이 있었는데, '관동(關東)'이나 '관외(關外)'라고 불리던 현재의 둥베이 지방이다. 여진족이 청나라를 세워 '관내(關內)'로 옮겨 살고 나서는 그들의 성지였던 관외를 더는 개발하지 않았고, 관외는 남은 조선족과 여진족, 일부 몽골족이 사는 사람이 드문 땅이 되었다.

청나라를 세운 여진족은 수렵 민족이기에 고기를 금기시하지 않았고 특히 양과 돼지를 좋아했다. 아마 여진족은 한족을 통치하면서 자신들의 애니미즘 사상에 기반을 둔 요리가 무너지고 있음을 곧 깨달았을 것이다. 육지의 산물과 바다의 산물을 조합하여 요리하는 것을 불결한 일이자 절대적인 금기로 여기던 관습이 빠르게 무너질 게 자명해 보였다. 이때 권력자의 자존심을 지키는 차원에서 만주의 여진족 요리를 원형 그대로 보호할 필요가 있었다.

그러나 사실 민간에서 여진족 요리는 조선에서 흘러들어 온 고추와 금세 어우러져 둥베이 요리로 정착했다. 바다를 통해 중국에 직접 전래된 고추와는 별개로, 고추가 조선족의 손으로 조선 땅에서 중국의 둥베이 지방으로 전파된 것이다.

서역 방면으로부터 벨트 모양으로 분포해 있었고 몽골의 이슬람교도가 많이 쓰던, 열세 가지 재료를 섞은 '십삼향(十三香)'이라는 향신료가 조선을 통해 들어온 고추와 이 둥베이 지방에서 만나게 된다. 본래 '십삼향'은 화자오(花椒, 초피), 후추, 정향(丁香), 초향(草香), 다후이(大茴, 대회향), 계피, 목향(木香), 사인(砂仁), 백지

(白芷), 산내(山柰), 생강 등의 조합으로서 만드는 사람에 따라 구성이 바뀌지만 열세 가지를 섞는 것은 같다. 이중에서 가장 중요한 것이 다후이, 즉 일본어로는 우이쿄(ういきょう), 영어로는 펜넬(fennel), 프랑스어로는 아니스(anise)라고 하는 향신료인데, 이집트나 그리스가 원산지이니 이 다후이도 긴 여정을 거친 셈이다.

'십삼향'의 정체성을 지키기 위해서인지 지금도 고추는 다른 그릇에 담겨 나오는 일이 많다. 그러나 다후이가 든 '십삼향'은 고추가 더해짐으로써 비로소 미각의 윤곽이 분명한 현대의 맛이 되었다. '십삼향'을 양고기에 발라 재운 뒤 꼬치에 끼워 구운 양러우촨(羊肉串)은 지금도 인기 많은 둥베이의 시시 케밥(şiş kebap)으로서 군림하고 있다. 고추가 섞여 '십사향'이 될 때도 있지만 말이다.

이 '십삼향'은 매우 재미있는 향신료다. 놀랍게도 북아프리카의 쿠스쿠스 요리 소스에 들어가는 조합 향신료와 구성이 판박이다. 물론 그리스에도, 터키에도 이와 비슷한 배합의 향신료가 있으며 이슬람권에도, 페르시아에도 있다. '십삼향'이 그리는 벨트는 참으로 길다.

본론으로 돌아오자면, 청나라 왕조는 1668년(강희 7년)에 관외(關外) 봉쇄를 명령하여 자신들의 고향인 만주에 한족(漢族)이 들어갈 수 없도록 함으로써 성지의 순수성과 여진족 혈통의 순결을 지키려고 했다. 그러나 19세기 후반에 들어와 러시아가 오호츠크 연안(즉 옛 발해)까지 진출하면서 시베리아에서 러시아인이 물밀듯이 쏟아져 들어왔다. 당시 청나라에는 이를 빌미로 삼아 러시아와 전쟁을 벌일 여력이 없었다. 그리하여 어쩔 수 없이 1860년 개방 정책으로 180도 태도를 바꿔, 관내의 산둥성과 베이징이 있는 허베이성 등에서 정주지 없이 살아가던 가난한 한족들에게 둥베이 지방으로 이주하기를 권장했다. 이주한 한족들은 랴오둥(遼東) 이북의 황무지를 개간하여 농업에 종사하였고 일부는 산둥 음식점, 즉 베이징 요리의 핵심을 구성하는 음식을 파는 가게를 만들었다. 1931년 만주사변이 일어날 때까지 민족 이동의 규모는 500만 명에 달했다. 현재 다롄(大連)은 주민 대부분이 산둥성 출신이다.

청나라가 편 이 정책을 '틈관동(闖關東)'이라고 한다. '관동(關東, 산하이관의 동쪽 관외)에 진출한다'는 뜻인데, 여하튼 이로써 둥베이에 산둥 요리라는 고급 요리 기술이 전해졌다. 산둥 이민자들은 봄에 와서 겨울에는 고향으로 돌아갔다. 그러나 그중 일부는 그대로 정착하여 황야를 자유롭게 경작하는 둥베이의 토착 농민이 되었고, 어떤 사람들은 노동자가 되었다. 그들은 태생이 관내의 한족이었기에 청나라 왕조의 보호 대상이었다. 이것이 옛 고구려 땅에 중국이 간섭하는 구실의 하나가 되었다.

덩샤오핑이냐, 마오쩌둥이냐

마오쩌둥은 1893년 후난성 샹탄현(湘潭縣) 사오산(韶山) 마을에서 아버지 마오이창(毛貽昌), 어머니 원쑤친(文素勤) 슬하 오형제의 세 번째 아들로 태어났다. 중국의 매운 요리는 그가 집권한 때부터 눈에 띄게 매운맛을 더했다.

베이징 인민대회당 뒤편에 왕족의 저택을 그대로 가게로 쓰던 쓰촨반점(四川飯店)이 있었다. 쓰촨의 매운맛을 그대로 살려 만들어 달라고 주문해도 아릿한 마(麻)가 60퍼센트에 화끈한 랄(辣)이 40퍼센트쯤 되는 느낌이라, 당시 일본 기준에서 보면 맵기는 매웠지만 고추의 화끈함보다 마(麻), 즉 혀끝이 마비되는 듯한 초피 맛이 더 두드러져 흥미로웠다.

그 뒤 마오쩌둥이 죽어도, 문화혁명이 끝나도 쓰촨반점의 매운맛은 그대로 유지되어 바뀌지 않았는데, 덩샤오핑이 국가를 이끌게 되고 개방 정책을 내걸고서 베이징의 거리가 활력을 되찾았을 때 별안간 표변하여 심하게 매워졌다. 먹어보면 땀과 눈물이 솟구치고 의식이 몽롱해질 만큼 매웠다. 중국인 손님 중에는 "덩샤오핑 만세!"를 연발하면서 연회를 여는 사람들도 있었다.

아직 젊었던 나는 이것은 무슨 뜻인가 하고 생각해보았다. 딱히 통찰력이 없어도 이해가 가는 모습이었다. 자, 이제 개인도 장사를 할 수 있다, 돈을 벌 수 있다고 흥겨워하는 기운을 반영한 부분도 있을 것이다. 그러니 이것은 정치의 장에 존재하던 역학 관계가 쓰촨반점에 드러난 것일지도 몰랐다. 쓰촨반점이 확실히 쓰촨 출신인 덩샤오핑 편임을 선언했다는 것이다.

그 뒤 십 년 넘게 계속 '쓰촨반점은 덩샤오핑의 맛'이라고 여겨져 왔으나, 장쩌민(江澤民, 1926~)의 주선으로 중국 국가대극원(國家大劇院) 건설이 결정되어 지수이탄(積水潭) 근처로 어쩔 수 없이 이사해야 했을 무렵 놀랍게도 메뉴에 후난 요리가 등장했다. 쓰촨반점은 정식 쓰촨 요리를 내는 곳으로서 초피의 마(麻)와 고추의 랄(辣)이 어우러진 요리가 전통이었는데, 마(麻)를 빼고 고추와 기름만 넣은 후난 요리라니 이게 무슨 일인가?

후난이라고 하면 마오쩌둥이다. 마오쩌둥은 아직 죽지 않았던 것이다. 베이징에 있다 보면 정치 세계에 마오쩌둥파라는 것이 있다는 이야기가 숨죽인 목소리로 들려왔다. 그러고 보면 마오쩌둥 사후에 중국 곳곳에 있었던 마오쩌둥의 거대한 석상과 동상을 철거하는 것이 유행이었지만, 시대를 거슬러 올라간 듯 마오쩌둥이 여전히 당당하게 남아 있는 도시가 있다.

유명한 것부터 나열해보겠다.

랴오닝성 성도 선양(瀋陽)의 중산광장(中山廣場)에 있는, 상당히 전통적인 위용을 자랑하는 마오쩌둥 상.

푸젠성 푸저우 시(福州市)의 우이광장(五一廣場)에 있는 높이 10.1미터의 마오쩌둥 상.

후난성 성도 창사 시(長沙市)의 중국에서 유일한 청년 마오쩌둥 상.

충칭에 있는 중국 최대 높이를 자랑하는 37미터짜리 마오쩌둥 상.

신장 위구르 자치구 카스 시(喀什市)의 카슈가르 인민 광장에 있는 마오쩌둥 상.

이 목록을 가만히 보다가 각 지역이 인민해방군의 군구(軍區)였다는 것을 깨달았다. 그렇군, 지금도 군대의 최고위층은 극우란 말이군. 중국 군구는 2012년 현재 7개로서 선양, 베이징, 란저우(蘭

■■■ 랴오닝성 선양의 중산광장에 있는 높이 18미터짜리 마오쩌둥 동상. 1976년 마오쩌둥이 사망한 후 그의 거대한 석상과 동상을 철거하는 것이 유행이었지만, 선양의 이 동상처럼 지금도 여전히 남아 있는 것들이 많다.

州), 지난, 난징, 광저우, 청두로 나뉘어 있다. 좀 더 파고들자면 거대한 마오쩌둥 동상이 철거된 것은 베이징 군구(작은 것은 아직 남아 있을지도 모른다)와 지난 군구뿐이다.

베이징 군구 : 허베이성, 산시성(山西省), 네이멍구(內蒙古) 자치구와 베이징 시, 텐진 시
지난 군구 : 산둥성과 허난성

나머지 다섯 개 군구에는 거대한 마오쩌둥이 살아 있다. 창사와 충칭에 있는 것은 새로 만든 상이다.

선양 군구 : 랴오닝성, 지린성, 헤이룽장성(黑龍江省), 네이멍구 자치구의 구(舊) '3맹 1시'(후룬베이얼맹呼倫貝爾盟, 싱안맹興安盟 또는 힝간맹, 저리무맹哲里木盟, 츠펑 시赤峰市. 현재 후룬베이얼맹은 시市로 승격되었고, 저리무맹은 폐지되어 퉁랴오 시通遼市로 바뀌었다.)
란저우 군구 : 산시성(陝西省), 간쑤성(甘肅省), 닝샤 후이족 자치구, 칭하이성, 신장 위구르 자치구
난징 군구 : 장쑤성, 저장성, 안후이성, 푸젠성, 장시성, 상하이 시
광저우 군구 : 후베이성, 후난성, 광둥성, 광시 좡족 자치구, 하이난성
청두 군구 : 쓰촨성, 윈난성, 구이저우성, 티베트 자치구, 충칭 시

2012년 반일 시위 때 시위대가 가장 과격했던 곳이 이 일곱 개

군구 안이었다는 것은 우연이었으리라 생각하고 싶다. 지금까지는 반일 시위가 당 주도 아래 온건한 분위기에서 이루어졌는데, 이래서야 이번 시위가 군 주도라는 것을 폭로하는 것이나 마찬가지 아닌가. 평소보다 훨씬 난폭하게 훈련받은 시위대는 당 시설에까지 밀어닥쳐 습격했다.

다롄 시장에서 충칭 당 서기에 올라 미니 마오쩌둥이라고도 불렸던 보시라이(薄熙來)의 실각에 얽힌 마오쩌둥파와 현재 당권파 사이의 반목, 당과 군 사이의 갈등, 그리고 당이 군의 요구를 결과적으로 받아들여 외국에서 패권을 넓힐 길을 터주고 만 것에도 그 배경 어딘가에 고추가 숨어 있다.

그나저나 쓰촨성, 신장성, 랴오닝성까지 남에서 북에 걸쳐 군구 속 고추의 매운맛 벨트가 실크로드 톈산북로(天山北路)로 이어져 있다는 것은 재미있는 사실이다. 현재 중국의 매운맛은 군대가 만들고 있다. 다섯 개 군구의 각 도시 외곽에 있는 군대 장교용 레스토랑에서는 그 도시에 있는 어떤 음식점보다도 더 매운 요리를 낸다. 마치 군대끼리 매운맛을 겨루는 듯하다. 둥베이 지방 요리가 지극히 매운 원인도 여기에 있을 것이다.

덩샤오핑을 부정하면 쓰촨 요리에서 초피가 줄어들고, 군의 세력이 더욱 커지면 마랄(麻辣), 즉 아리고 화끈한 맛이 공존하는 쓰촨 요리가 마오쩌둥의 고추만 잔뜩 든 후난 요리로 바뀌어 가는 것이 중국의 현재 모습인 듯하다. 이 변화가 마무리되면 고추가 보무도 당당하게 후난에 상륙했다는 설이 역사적 사실로 정착될지도 모르는 일이다.

텐차오 예인 궈바오탄 씨가 베이징 북쪽 민요를 어느 날 밤 연
회에서 불러주었다.

채근장(菜根長)

새콤하고 매운 생선 국물, 푹 익힌 대장(大腸) 간장 찜.
무게가 반 근이나 되는 게에는 흑초와 신선한 생강,
노란 부추*의 어린 싹과 기름기 도는 고기를 채워 넣은 사오마
이(燒賣).
거기다 술지게미와 비둘기 알 소스로 삶은 곰 발바닥,
눈처럼 하얀 제비 집과 비둘기 수프.
(아, 웬일인가, 웬일인가)

_____

노란 부추(黃韭) 싹이 나기 전 그루터기를 감싸 빛을 차단하여 키운 부추. 연노란 색깔
을 띠고 달며 부드럽다.

돈 많은 한량에게 한마디 하자면, 지금 누리는 호사는
눈 깜짝할 새에 사라진다네.
농가의 식사는 그렇게 맛있지는 않지만,
채소 뿌리처럼 소박한 것은 질리지 않고 오래 간다네.
산에서 나는 진미만 먹고 살면 내일은 어찌될지 모른다네.
지금 사치를 부리면 안 된다네.

중국 요리의 '미궁'을 탐험하는 쾌락

    가쓰미 요이치 씨의 이 책과 처음 만났을 때 느낀, 말로 다 할 수 없는 신기한 감각을 지금도 뚜렷하게 기억하고 있다.

    두 번째로 파견된 베이징 특파원 일을 마치고 도쿄로 돌아온 것이 2000년 6월 초. 워싱턴에 반년 체류한 뒤 방콕의 아시아 본부로, 베이징의 중국 본부로 거듭 전근을 다니다 보니 도합 5년 정도를 외국에서 지냈다. 오랜만에 일본에 돌아가면 온천에 목까지 푹 담그고 신선한 생선을 먹고, 그래, 간다 진보초(神田神保町)에 나가 책방을 돌아보며 산책도 해야지……. 베이징에서 이삿짐을 다 꾸린 뒤 잠시 마음 가는 대로 몽상에 잠기곤 했다.

    귀국한 뒤 장맛비가 내리던 어느 날, 학창 시절부터 즐겨 찾던 간다의 서점 거리로 출격할 기회가 찾아왔다. 새 서점, 옛 서점을 몇 군데 구경하다 조금 피곤해져 단골 찻집에 들어갔다. 커피를 홀짝이며 책장에서 엄선해 온 수확물을 찬찬히 음미했다. 더없이 행복한 시간이었다.

거기서 집어 든 한 권이 신서판(新書判)으로 갓 나온 《혁명의 맛》이었다. 나중에 천천히 읽어야겠다고 생각하며 가벼운 마음으로 책장을 펼쳤는데, 앉은 자리에서 끝까지 읽고 말았다. 펼치자마자 책에 쑥 빠져든 것이다.

바로 얼마 전까지 살았고 일터이기도 했던 베이징. 중국인과 친해지려면 식사를 같이 하는 것이 빠르다고 들었기에 유명한 음식점에도 여러 차례 다녔고, 시간 날 때마다 후통이라고 하는 골목길을 걸으며 서민의 삶 냄새를 실컷 맡아보았다. 그럭저럭 '베이징 통'이 되었다고 자만하던 나의 코가 보기 좋게 납작 찌그러졌다.

이렇게 신기하고 기묘한 공간이 베이징에 아직 있었단 말인가? 그렇군, 그 가게에 이런 곡절과 인연이 있었다니! 금시초문인 정보가 꼬리에 꼬리를 물고 등장하는 책이었다.

도대체 저자가 어떤 인물이기에!

뒤표지의 저자 약력을 보니 수수께끼는 더더욱 깊어질 뿐이었다. "아니, 문화혁명 초기부터 베이징 중앙문물연구소에서 미술품을 감정했다고?"

마오쩌둥이 일으킨 문화혁명은 중국 사회를 일대 혼란에 빠뜨렸다. 지금은 '10년의 동란'이라고 일컬어지는 문화혁명 당시 중국에 거주하던 소수의 외국인들은 행동을 제한받았으며 쇄국 상태였기에 외국인의 입국도 곤란했을 터이다. 그런데 어떻게 베이징에 그렇게 장기 체류할 수 있었던 것일까?

붉은 완장을 두른, 홍위병이라고 불리던 젊은이들은 마오 주석에게 '조반유리'라는 '허가증'을 받아 거리낌 없이 온갖 행패와 난동을 부렸다. 그 전형이 '사구타파'라는 명목 아래 옛 문화, 옛 풍속, 옛 사상, 옛 관습을 철저히 파괴한 것이다. 고궁 박물원도 문을 닫고서 그저 태풍이 지나가기만을 기다리고 있었다. '미술품 감정' 같은 것을 할 상황이 아니었을 텐데⋯⋯.

수수께끼 가득한 저자의 수수께끼 가득한 책. 하지만 '미궁'처럼 끝없이 속으로, 속으로 들어가는 느낌이 드는 이색적인 중국에 관한 책. 그것이 첫 만남에서 느낀 강렬한 인상이었다.

나중에 가쓰미 씨와 안면을 트고 나서 수수께끼가 어느 정도 풀리긴 했지만, 여전히 알 수 없다고 할까, '미궁'처럼 느껴지는 수수께끼도 있다. 예를 들어 문화혁명 시기 아직 십대였던 가쓰미 씨를 중국으로 불러들였다고 하는 수수께끼의 인물 X씨가 그렇다. 첫 만남은 1960년대 후반이었다고 한다. 고등학생이었던 가쓰미 씨는 할아버지가 도쿄 신바시에서 운영하던 미술품 가게의 소년이었다. 가게에 자주 드나들던 사십 대로 보이는 중국인 X씨와 어느새 인사를 나누는 사이가 되었다. X씨는 일본어를 조금 할 수 있었다. 어느 날 그가 말을 걸어왔다. "요이치 씨, 베이징에 관심이 없습니까? 같이 중국에 가지 않겠습니까?" 바로 입에서 나온 말은 "가고 싶어요."였다.

첫 중국 방문은 문화혁명이 한창이었던 1968년. 1966년에 시작된 문화혁명의 혼란이 규모의 측면에서도, 강도의 측면에서도 절정에 달한 시기였다. 중일 국교가 회복되기 전이었기에 북한과 마찬가지로 중국에 건너가는 데도 특별 허가가 필요했으며, 직행 항공편이 없었기에 홍콩에서 들어가는 우회 경로로 베이징에 도착했다. 베이징 공항에는 동행한 X씨를 예의 바르게 맞이하는 사람들이 기다리고 있었다. 아무래도 꽤 지위가 높은 인물인 것 같았다.

마침내 어렴풋이 그의 정체를 알게 되었는데, X씨는 마오쩌둥의 부인 장칭과 함께 문화혁명을 주도한 '사인방'과 연줄이 있는 거물이었다. 그런데도 문화혁명 뒤에 타도당하지 않고 살아남아 육체적, 정신적으로 '건재'했다고 한다. 가쓰미 씨에 따르면 X씨의 이름이 작년(2008년) 여름 오랜만에 중국 언론에 등장했다고 한다. 8월의 베이징 올림픽 개회식, 폐회식 때 초대받은 '국가 지도자' 명단에 그의 이름이 있었다는 것이다. 내가 중국 취재에서 얻은 지식에 따르면 중국에서 '국가 지도자'라고 불리는 것은 부총리 이상의 지위에 있는 간부다. 이들은 현역에서 물러난 뒤에도 동등한 자격(예를 들어 주택의 규모, 운전사가 딸린 공용 차, 가정부와 요리사)으로 대우받는다.

가쓰미 씨를 중국에 부른 X씨는 상하이 국영 공장의 규범(規範) 노동자로서 문화혁명 때 발탁되었고, 당 중앙위원까지 출세하여 '헬리콥터 간부'라고 불린 N씨가 아닐까 싶다. 만약 그렇다면 고개가 끄덕여지는 구석이 있다. 그는 '사인방'이 타도당한 뒤 자신의 수하에 있었던 노동자 그룹을 동원하여 문화혁명을 지지하던 노동자 파벌 집단의 진압에 나섰다고 한다. 그것이 사실이라면 문화혁명 수습에 '공헌'을 세웠다고 할 수 있다. '사인방'이 퇴장한 뒤에도 그가 살아남았던 것이 이해가 간다.

바로 가지고 있던 《중국 인명록》을 보았다. 역시 전 중앙위원답게 퍽 자세한 이력이 기술되어 있었는데, 1962년부터 1968년까지 활동에 관해서는 아무것도 쓰여 있지 않았다. 그 즈음에는 외부에 드러나는 활동 없이 줄곧 뒤에서만 움직이고 있었던 것일까. 특별 임무를 띠고 일본에 잠입했던 것이 아니었을까. 그만하자, 이 이상 들어가면 그야말로 '미궁'에 빠지고 말 것 같다.

가쓰미 씨는 "중국이라는 나라만큼 오래된 친구가 도움이 되는 곳은 없다."고 한다. 나의 경험에 비춰봐도 딱 맞는 말인 것 같다. 그 '친구'가 유력한 인물일수록 매력적인 '미궁'을 엿볼 수 있는 마법의 열쇠가 잇따라 쉽게 손에 들어온다.

'미술품 감정'이란 비상시에 외국인을 체류하게 하기 위한 명목에 지나지 않았던 것 같지만, 가쓰미 씨가 요청하면 X씨의 부하가 이곳저곳을 안내해주었다.

"정치적 사상도 뭣도 없는, 전후에 태어나 신바시와 긴자 등지에서 자란 '도련님'이 인민복만 걸친 사람들 속에 내팽개쳐진 이계(異界)의 여행이었다. 그야말로 흥미진진했다."

가쓰미 씨가 쓴 구절이다. 한편 그는 여기저기를 구경 다니는 것뿐만 아니라, 어느 때는 간부들이 모이는 호화 연회 자리에 끼기도 하고 또 다른 때는 후퉁 안쪽의 소박한 서민 식당에서 '노농병(勞農兵) 메뉴'를 맛보기도 하는 등 쉽게 경험할 수 없는 식문화 체험을 쌓았다.

신기한 점이 하나 더 있다. 그 뒤에도 X씨의 초청으로 여러 번 중국을 방문하는데, 어째서인지 가쓰미 씨는 방중할 때마다 베이징에서 역사적 사건을 조우했다.

1976년 가을에 찾아온 마오쩌둥의 죽음. 그해 봄에 일어난, 사인방을 비판한 민중 시위인 제1차 톈안먼 사건. 그리고 민주화 요구 운동이 무력으로 진압된 1989년 초여름의 제2차 톈안먼 사건에서는 단골 숙소 북경반점의 위층 테라스에서 학생들이 진을 친 톈안먼 광장을 바라보았다고 한다.

"요이치 씨 또래의 아들이 있었어." 문득 X씨가 이렇게 중얼거린 적이 있었다고 하는데, 그는 도대체 무슨 생각을 하고 있었던 것일까? 도저히 보통 사람의 깜냥으로는 이해할 수 없는 일이 일어나는 것이 중국의 심오함이며 불가해한 측면이다.

자, 본론인 책의 내용에 대한 이야기로 돌아가자. 내가 처음에 책의 차례를 보고 흥미가 생겨 신나게 책장을 펼친 부분이 5장 '공산당과 혁명의 맛'과 6장 '문화혁명과 평등의 맛'이었다.

모든 기성 질서가 거꾸로 뒤집힌 문화혁명이 시작되자 베이징의 전통 있는 음식점은 어디나 홍위병에게 공격을 받았다. 오래된 간판이 내팽개쳐지고 마오쩌둥 석고상이 가게 한가운데를 떡하니 차지했다. '노농병의 방문을 환영합니다'라는 포스터를 붙이고, 요리 하나와 옥수수 만터우, 건더기가 거의 없다시피 한 국이 전부인 소박한 '노농병 메뉴'만을 내놓게 했다고 한다.

'노농병'이란 문화혁명 때 가장 혁명적이라고 여겨졌던 노동자, 농민, 병사를 뜻한다. 반대로 지식인은 '노농병에게 배우라'고 하여 공장이나 농촌에 내려가 재학습을 하느라 땀을 흘렸다. 여담이지만 이 노농 개조 중에 돼지가 얼마나 해괴한 것을 먹고 자라는지 본 탓에 "그 뒤로 저는 평생 돼지고기는 안 먹기로 했어요."라고 하는 친구를 알고 있다.

가게 이름 역시 딱 봐도 뻔한 문화혁명 스타일로 강제로 바꾸어야 했다. 왕푸징에 있었던 베이징 카오야 전문점 '전취덕'은 '북경고압점'이 되었다. 양고기 샤브샤브로 유명한 '동래순'은 '민족찬청' 또는 '민족반장'으로 불렸다. 산둥 음식점 '풍택원'은 '춘풍반장'으로 간판을 바꿔 달아야 했다.

베이징 중심부의 남쪽, 주시커우다제(珠市口大街)에 있는 '풍택원'은 이 책의 본문에도 나오다시피 가쓰미 씨가 좋아하던 가게였다. 지금도 베이징의 요식업 관계자 대다수가 산둥 사람이라고 하는데, 베이징 요리는 사실 산둥 요리가 바탕이다. 바다에 접해 있으며 기후가 온화한 산둥성은 다채로운 산물을 요리 재료로 활용하고 고도의 요리 기술이 발달한 고장이라 솜씨 좋은 요리사를 배출해 왔다.

그 산둥 요리를 대표하는 유명 레스토랑 '풍택원'은 사실 나도 1980년대 후반 첫 번째 중국 주재 시절 즐겨 다니던 가게다. 지금 시내 구석구석에 음식점이 넘쳐나는 베이징을 보면 상상하기 힘들지만, 당시 베이징에 위생을 정비하여 외국인이 안심하고 먹을 수 있는 음식점은 두 손으로 꼽을 정도밖에 없었다.

문화혁명은 막을 내렸지만 아직 거리에는 오래된 사회주의 분위기가 짙게 감돌고 있었다. 외국인 손님은 '와이빈(外賓)'이라고 불렸으며 1층의 일반석에 못 앉고 자동으로 2, 3층 외빈석으로 안내되었다. 외빈석에서는 식자재나 식용유를 다소 나은 것으로 쓴 요리가 나왔지만 나중에 1층과는 자릿수가 다른 청구서를 받고는 했다.

'풍택원'에 대해서도 이 책에는 내가 몰랐던 이야기가 가득 담겨 있다. 그중 하나는 1930년에 창업한 이래 가게가 밟아 온 곡절 많은 역사다. 개점한 뒤 얼마 지나지 않아 산둥성 지난 출신 요리사의 솜씨가 입소문을 타면서 라오찬(老餐, 미식가)이나 메이란팡 같은 경극 명배우와 문화인들도 자주 드나들어 가게는 대성황을 이뤘다. 그러던 중 정부가 경영에 개입하여 '사영'에서 '공사합영'이 되었고, 결국 '국영' 레스토랑으로 탈바꿈하고 만다.

저자의 말을 빌리자면 "풍택원만큼 정치 투쟁 때문에 자주 문을 닫은 가게도 흔치 않았다."라고 할 만큼 풍택원은 당시의 정세에 좌지우지되었다. 문화혁명 때는 젊은 요리사들이 네 개의 파벌로 갈라져 주방에서도 격렬한 투쟁이 이어졌다고 한다.

이 유명한 산둥 요리 레스토랑의 유명 메뉴는 '충사오하이선(葱燒海蔘)'이었다고 가쓰미 씨는 이야기하는데, 나도 강력하게 동의하는 바다. 깊은 맛의 해삼에 파 향을 가미한 그 맛은 잊을 수가 없다. "파의 단맛과 소스가 어우러진 해삼의 풍미가 느껴지는 과정에는 모두 목구멍으로 넘어가는 최고의 정점이 계산되어 있어 …… 섬세함과 호방함이 공존하는 미각의 조합과 조리법에 의해 …… "와 같은 저자의 탁월한 묘사에 저도 모르게 침을 꿀꺽 삼키게 된다.

가쓰미 씨는 파리에 머물 때 레스토랑 가이드북 편집부에 고용되어 몰래 레스토랑에 가서 음식을 먹고 평가하는 아르바이트를 하는 등 확실한 '혀'의 소유자로 정평이 난 인물이다. 물론《혁명의 맛》의 매력은 '맛있다'는 단어를 연발하는 평범한 중국 음식, 맛집 소개 책자와는 다른 차원에 있다.

이 책에서 가쓰미 씨는 '중국 요리'라는 관점을 통해 사실 중국의 파란만장한 근현대사와 복잡하고 미묘한 정치·사회에 관해 자연스러운 필치로 이야기한다. '식(食)'에 관한 중국의 옛말로 '이식위천(以食爲天)', '고복격양(鼓腹擊壤)'이라는 말이 있다. '먹을 것이야말로 생활의 근본이다', '배를 두드리며 태평을 만끽한다'는 뜻이다. 옛날이나 지금이나 중국인은 먹는 것을 중요하게 여기고 즐겨 왔다. 그 중국의 식문화를 살펴보는 가쓰미 씨의 탁월한 글을 읽으면서 정체를 알 수 없는 어떤 '미궁'을 헤치고 들어가는 듯한 감각에 사로잡히는 것은 실로 행복한 기분이다.

현재의 베이징에 수도가 세워진 것은 약 600년 전 명나라 때 일이다. 그 전의 원나라 때는 몽골족 왕조였고, 명나라 이후 청나라는 만주족 왕조였다. 오랫동안 이민족 왕조의 지배를 받아 온 복잡한 역사의 흐름 속에서 형성된 '베이징 요리'에 관해, 해박한 지식을 바탕으로 가쓰미 씨가 풀어놓는 이야기는 각별한 맛이 있다.

사회주의 중국이 탄생한 지 올해(2009년)로 60주년이다. 사람으로 치면 환갑이다. 돌이켜보면 60년 중 절반은 문화혁명 이후 시작한 '개혁·개방의 시대'였다.

이 30년 동안 개혁·개방 정책으로 베이징도, 중국도 크게 변화한 것은 독자 여러분이 아는 바와 같다. 그 변화의 격렬함은 중국인 자신들도 주춤할 만큼 대단한 것이었으니 우리가 미처 따라가지 못하는 것도 당연한 일이다. "현재의 베이징은 겉만 보면 자본주의 국가의 도시와 다를 바가 없다. 특히 자본주의의 악랄한 점을 그대로 복사해 가져왔으면서도, 핵심에서는 공산주의가 유지되고 있다."라는 가쓰미 씨의 관찰은 정곡을 찌르는 예리한 지적이라고 생각한다.

성난 파도처럼 밀려온 '개혁·개방'의 거대한 흐름에 휩쓸려, 나와 가쓰미 씨가 사랑한 산둥 음식점 '동화거(同和居)'는 1980년대에 사라졌다. '풍택원'과 '다오샤오멘(刀削麵)'으로 유명한 산시 음식점 '진양반장'은 지금도 영업을 계속하고 있으나 옛날 맛과 분위기는 이제 거기에 없다.

왕사망망(往事茫茫, 옛일이 아득하다). 미각에 관해서는 '편협한 보수파'를 자처하는 나로서는 다소 허전하게 느껴지는 작금의 베이징이다. 그런 한탄을 입에 담았더니 가쓰미 씨가 음식점을 하나 소개해주었다. 공항에서 가까운 레스토랑인데 자라 요리가 맛있다고 한다. 다음에 기회가 되면 한번 들러봐야겠다.

가토 치히로(加藤千洋)
도시샤대학 교수·전 〈아사히 신문〉 편집위원

가쓰미 요이치(勝見洋一) 선생님께 《혁명의 맛》(원제 : 중국 요리
의 미궁)을 한국에 소개하고 싶다고 연락한 것이 2012년 여름이었
다. 당신이 보고 겪은 문화혁명 당시의 중국을 한국 독자들에게
전할 기회가 생겼다는 것을 선생님은 크게 기뻐하셨다. 뜻밖에도
한국어판에 실릴 추가 원고를 집필하시겠다고 하여 넉 달 만에 당
초 계획보다 분량이 훨씬 늘어난 원고를 보내주시기도 했다. 이 책
의 마지막 장 '고추와 쓰촨 요리의 탄생'을 읽은 뒤 이 페이지를 펼
친 독자라면 이미 아시겠지만, 가쓰미 선생님에 따르면 고추는 중
국의 정치 상황에 따라 그 위치가 바뀌어 온 채소다. 고추에 대한
장을 더했을 때 비로소 《혁명의 맛》은 한 권의 완성된 책이 된다고
선생님께서는 생각하고 계셨다. 그 완전판이 한국어판으로만 나
온다는 것이 뿌듯하기도 하고 아쉽기도 하다.

고추를 다룬 장을 넘겨주시면서 선생님은 얼굴 한 번 보지 못
한 외국인 번역자인 내게 새 원고의 편집권을 일임해주셨다. 선생

님과 상의하며 원고를 보충하고 정리할 계획이었지만 개인적인 사정으로 일을 빨리 진척하지 못하여 결국 원고를 한국어로 옮기는 데만 2년 남짓한 시간이 걸리고 말았다. 2014년 봄 선생님께 보낸 메일에 답장이 없어 의아해하던 나는 선생님이 당시 루게릭병으로 투병 중이시라는 사실을 모르고 있었다. 그 뒤 선생님의 안부를 알게 된 것은 같은 해 4월 17일자 신문의 부고 기사를 읽고서였다.

번역을 좀 더 빨리 마쳤더라면 선생님께 한국어판을 보여드릴 수 있었으리라는 생각에 자책이 든다. 한국 독자들을 만나는 것을 "새로 품게 된 꿈"이라고 표현하시며 육순이 넘은 연세에도 소년처럼 설레어하시던 선생님을 생각하면 안타깝고 죄송하다. 고추를 다룬 원고는 소제목을 달고 꼭 필요하다고 여겨지는 선에서 문장 순서를 약간 바꾸는 정도로 최소한만 손질할 수밖에 없었다. 하지만 놀랍고 흥미로운 통찰을 제공하기에는 그대로 부족함이 없으리라 믿는다.

각주를 달고 중국어 고유명사의 발음을 적는 데 우칭궁(吳慶功), 장푸퉁(張福棟)의 도움을 받았다. 감사를 전한다.

임정은(林廷恩)

고려대학교에서 언론학과 사학을 전공하고 와세다대학교 문화구상학부에서 출판을 공부했다. 번역한 책으로 《적군파》, 《덴데라》, 《나는 알래스카에서 죽었다》, 《인간은 왜 박수를 치는가?》, 《아내에게 바치는 1778가지 이야기》, 《아빠는 뺑쟁이》가 있다.

혁명의 맛

2015년 1월 15일 초판 1쇄 발행
2015년 3월 5일 초판 2쇄 발행

- 지은이 ─────── 가쓰미 요이치
- 옮긴이 ─────── 임정은
- 펴낸이 ─────── 한예원
- 편집 ───────── 이승희, 조은영, 윤슬기
- 본문 조판 ───── 성인기획
- 펴낸곳   교양인
    우 121-888 서울 마포구 포은로 29 신성빌딩 202호
    전화 : 02)2266-2776 팩스 : 02)2266-2771
    e-mail : gyoyangin@naver.com
    출판등록 : 2003년 10월 13일 제2003-0060

ⓒ 교양인, 2015
ISBN 978-89-91799-02-8   03910

이 도서의 국립중앙도서관 출판시도서목록(CIP)은 서지정보유통지원시스템 홈페이지(http://seoji.nl.go.kr)와 국가자료공동목록시스템(http://www.nl.go.kr/kolisnet)에서 이용하실 수 있습니다.(CIP제어번호: